SRI AUROBINDO

MANTRISCHE DICHTUNG und DIE ENTFALTUNG DES MENSCHEN

EINFÜHRUNG in SAWITRI die GEDICHTE und SCHAUSPIELE

1. Auflage 1975
2., erweiterte Auflage 1999

ISBN 81-7058-582-1
© Sri Aurobindo Ashram Trust 1975
Übersetzung: Hans Peter Steiger mit Ruth
Initialen und Bild: Ruth
Verlag: Sri Aurobindo Ashram Publication Department
Druck: Sri Aurobindo Ashram Press, Pondicherry, Indien

INHALT

Das Mantra in Weda und Upanischad
Weda – das Wort, das Wahrheit entdeckt ... 3
Das göttliche Wort, Sprache unserer Sprache ... 9

Mantrische Dichtung der Zukunft
Erster Teil
Das Mantra ... 19
Das Wesen der Dichtung ... 22
Rytmus und Bewegung ... 30
Stil und Substanz ... 34
Dichterische Schau und das Mantra ... 37
Die Ausfaltung dichterischer Sprache ... 43
Zweiter Teil
Der urbildliche Spirt der Dichtung ... 57
Die Sonne dichterischer Wahrheit ... 67
Der Atem größeren Lebens ... 79
Die Seele dichterischer Wonne und Schönheit ... 88
Die Macht des Spirts ... 102
Die Form und der Spirt ... 111
Das Wort und der Spirt ... 124
Schlusswort ... 131

Das Wort als Mantra in Sawitri ... 138
Sri Aurobindo: Briefe über *Sawitri* ... 157
Einführung zu Sawitri
Die Mutter über *Sawitri* ... 179
A.B. Purani ... 182
K.D. Sethna ... 186
Nolini Kanta Gupta ... 194
Jesse Roarke ... 213

ANHANG
Deutschprobleme: Einsichten und Ausblicke

Die Mutter über zwei deutsche Wörter	229
Sri Aurobindo über Neuwortprägungen	230
Geist und Spirt	231
Sri Aurobindos Großschreibung	237
Zur Übersetzung	238
Worthinweise	240
Das WORT von Sri Aurobindo und der Mutter in deutscher Sprache	242

DAS MANTRA IN WEDA UND UPANISCHAD

Seer deep-hearted, divine King of the secrecies,
Occult fountain of love sprung from the heart of God,
Ways thou knowest no feet ever in time had trod.
Words leaped shining, the flame-billows of wisdom's seas,
Vast in thy soul was a tide washing the coasts of heaven,
Thoughts broke burning and bare crossing the human night,
White star-scripts of the gods born from the presses of Light
Page by page to the dim children of earth were given.[1]

Seher, tiefherziger du, Herr der geheimnisse,
quell der liebe die sprang mitten aus Gottes herz,
wege kennst du die kein fuß in der zeit je ging.
Hell auflodern wortwogen vom weisheitsmeer,
tief in dir brandete flut weit an des himmels küsten;
bloß und klar querten die nacht glühende urgedanken,
sternschriftzeichen aus Licht-pressen der götter, weiß,
seit um seite den erdkindern, den dunklen, geschenkt.[2]

1. Sri Aurobindo: COLLECTED POEMS p. 603
2. Sri Aurobindo: SÄMTLICHE GEDICHTE s. 505

Weda – das Wort, das die Wahrheit entdeckt[1]

er Wedanta war für die frühen seher das Wort, das die Wahrheit entdeckt und die mystischen bedeutungen des lebens in bild und sinnbild kleidet. Er war ein göttliches entdecken und enthüllen der wirksamkeiten des worts, seines geheimnisvollen offenbarungs- und schöpfungsvermögens – nicht das wort des logischen, überlegenden oder ästhetischen verstandes, vielmehr die intuitive und inspirierte rytmische äußerung, das Mantra. Bild und mythos wurden frei verwendet, nicht als fantasievolles schwelgen, sondern als lebendige gleichnisse und sinnbilder von dingen, die für ihre sprecher sehr wirklich waren und anders nicht ihre ureigne und innige äußerungsgestalt finden konnten, und die einbildungskraft selbst war ein priester größerer wirklichkeiten als jene, die dem auge und geist begegnen und sie besetzt halten, beschränkt durch die äußeren anregungen des lebens und des physischen daseins. Dies war ihre vorstellung vom heiligen dichter – ein geist, besucht von höchstem licht und dessen ideen- und wortformen, ein seher und hörer von Wahrheit, *kawajaḥ satjaschrutajaḥ*[2]. Die dichter des Wedischen verses sahen ihr wirken gewiss nicht so, wie moderne gelehrte es darstellen, sie hielten sich nicht für eine art höhere medizinmänner und beschwörende hymniker eines rohen und barbarischen volksstamms, sondern für seher und denker, *rischi, dhīra*. Diese sänger wussten sich im besitz einer hohen mystischen und verborgenen wahrheit, erklärten, träger einer für göttliches wissen annehmbaren sprache zu sein und ihre äußerungen als geheime worte zu sprechen, die ihren vollen sinn allein dem seher kundgeben. Und für die nach ihnen kommenden

---

1. *aus* Sri Aurobindo: The Foundations of Indian Culture, Hymns to the Mystic Fire, The Secret of the Veda
2. In diesem für die allgemeinheit bestimmten buch verwenden wir eine eindeutschende schreibung für Sanskritwörter, damit sie richtig, als worte der kraft, gelesen werden können. (a.d.ü.)

war der Weda ein buch des wissens, ja des höchsten wissens, eine enthüllung, ein großer ausdruck ewiger, überpersönlicher wahrheit, wie sie in innerer erfahrung inspirierter und halb göttlicher denker gesehen und gehört worden war. Selbst die kleinsten umstände, um welche die hymnen gedichtet waren, sollten eine sinnbildliche und psychologische bedeutungskraft tragen, wie den verfassern der alten Brahmanas [Weda-kommentare] wohlbekannt war. Die heiligen verse, jeder für sich voll göttlichen sinns, wurden von den denkern der Upanischaden als die tiefen und trächtigen keimworte der von ihnen gesuchten wahrheit gehalten, und die höchste gültschaft, die sie ihren eignen erhabenen äußerungen geben konnten, war ein stützender ausspruch ihrer vorgänger mit der formel: »Dies ist das vom Rigweda gesprochene wort«.

Rischi Dirghatamas sagt von den Riks, den Mantren des Weda: »Sie wesen in einem höchsten äther, unvergänglich und unwandelbar, wo alle götter tronen«, und fragt: »Wer Das nicht kennt, was kann der mit dem Rik tun!« Er spricht weiter von vier ebenen, aus denen die sprache stammt, drei davon verborgen in der heimlichkeit, während die vierte menschlich ist, aus der das gewöhnliche wort kommt; aber wort und denken des Weda gehören zu den höheren ebenen. Anderswo wird das Wedische Wort als die höchste und erhabenste, die beste und makelloseste sprache geschildert, etwas, das aus der verborgenheit herausschreitet und sich offenbart. Es ist in die wahrheitsseher, die Rischis, eingetreten und lässt sich finden, indem man der spur ihrer sprache folgt. Aber nicht alle können in seinen geheimen sinn eindringen. Wer die innere bedeutung nicht kennt, ist wie einer, der sehend nicht sieht und hörend nicht hört; nur dem einen oder andern, ihn begehrend, legt das Wort wie eine schöngewandete frau ihrem gatten den leib bloß. Andere, unfähig von der milch des Wortes, der Wedischen kuh, zu trinken, gehen mit ihr um, als hätte sie keine milch zu geben; solchen ist das Wort wie ein baum ohne blüten oder früchte.

Unter dem druck der notwendigkeit, den sinn mit symbolen zu

Das Mantra in Weda und Upanischad

verhüllen, um das geheimnis zu wahren, legten die Rischis doppelbedeutungen fest, was im Sanskrit leicht geht, wo ein wort oft verschiedenes heißen kann. So bedeutete z.b. das wort für kuh, *go*, auch licht oder einen lichtstrahl. Die kühe des Weda waren die Herden der Sonne, die Sonnenstrahlen der Wahrheit, des Lichts und des Wissens.

Eines der großen schlüsselwörter ist *ritam*, Wahrheit; Wahrheit war das hauptziel der suche, spirtliche oder innere Wahrheit, eine wahrheit unsrer selbst, eine wahrheit der dinge, eine wahrheit der welt und der götter, eine wahrheit hinter allem, was wir und sämtliche dinge sind.

Die Platoniker, die ihre lehre von den frühen mystikern her entwickelten, waren der ansicht, dass wir zu zwei welten in beziehung stehen – einer welt höherer wahrheit, die spirtlich genannt werden kann, und dieser, in der wir leben, die welt der verkörperten seele, zwar abgeleitet von der höheren, aber auch herabgesetzt in eine niedrigere wahrheit und ein niedrigeres bewusstsein. Die Wedischen mystiker vertraten diese lehre in konkreterer und pragmatischerer form, denn sie hatten die erfahrung beider welten, der mit viel falschheit und irrtum vermischten niedrigeren, *anritasja bhūreḥ*, und einer welt der heimat der Wahrheit, *sadanam ritasja*, des Wahren, Rechten und Weiten, *satjam ritam brihat*, wo alles Wahrheitsbewusstsein ist, *ritatschit*. Dazwischen liegen viele welten bis hinauf zu den dreifachen himmeln und ihren lichtern, doch dies ist die welt des höchsten Lichts – die welt der Wahrheitssonne, *swar*, oder der Große Himmel. Dorthin müssen wir den weg finden, den Wahrheitspfad, *ritasja panthāḥ*, manchmal pfad der götter genannt. Dies ist die zweite mystische lehre. Die dritte besagt, dass unser leben ein kampf ist zwischen den mächten des Lichts, der Wahrheit, der Götter, welche die Unsterblichen sind, und den mächten der Finsternis. Wir müssen die Götter zu hilfe rufen, um den widerstand dieser Dunklen zu brechen, die vor uns das Licht verbergen oder es uns rauben, das fließen der Wahrheitsströme hemmen, *ritasja dhārāḥ*, der Himmelsströme, und in jeder weise den anstieg der seele behindern. Wir müssen durch das innere opfer die Götter beschwören und sie durch das Wort in uns hereinrufen – das ist die besondere kraft des Mantra –, ihnen die gaben des opfers darbringen und uns damit ihrer gaben versichern, sodass wir dergestalt den weg anlegen für unsern aufstieg zum ziel. Die elemente des äußern opfers werden im Weda als symbole für das innere opfer, die selbstdarbringung, verwendet; wir geben was wir sind und haben, damit der reichtum der göttlichen Wahrheit und des Lichts in unser leben herabsteige und zu elementen unsrer inneren geburt in die Wahrheit werde: rechtes denken, rechtes verstehen und rechtes handeln, das jener höheren Wahrheit, muss sich in uns entwickeln, und damit müssen wir uns in ihr erbilden. Unser opfer ist eine wanderung, eine pilgerfahrt und ein kampf – eine reise den Göttern entgegen, und wir machen sie mit *Agni*, der inneren Flamme, als unserm pfadfinder und führer. Unsre menschendinge werden vom mystischen Feuer zum unsterblichen Sein, in den Großen Himmel erhoben, und die göttlichen dinge kommen zu uns herab. Wie die lehre des Rigweda der keim der unterweisung des Wedanta ist, so ist seine innere übung und selbstzucht ein keim für die spätere übung und selbstzucht des Joga. Den gipfel der lehre Wedischer mystiker stellt das geheimnis der einen Wirklichkeit dar, *ekam sat*, oder *tad ekam*, die das mittelste wort der Upanischaden wurden. Die Götter, die mächte des Lichts und der Wahrheit, sind mächte und namen des Einen; jeder Gott ist selbst alle Götter oder trägt sie in sich: es gibt die eine Wahrheit, *tat satjam*, und die eine seligkeit, zu der wir aufsteigen müssen.

Die ganze welt ist ein stummes und hilfloses opfer, worin die seele gebundene selbstdarbringung an ungesehene Götter ist. Es gilt das befreiende Wort zu finden, im herzen und im geist des menschen die erleuchtende hymne zu formen und sein leben in eine bewusste und freiwillige hingabe zu wenden, in der die seele nicht länger opfer, sondern meister der darbringung ist. Durch rechte darbringung und mit dem allschöpferischen und allausdrückenden Wort, das aus seinen tiefen als erhabene hymne an die Götter aufsteigt, kann der mensch alle dinge vollbringen. Er wird seine vollendung erringen, die Natur wird als willige und sehnende braut zu ihm kommen, er wird ihr seher werden und als ihr König walten.

Die Wedischen Götter sind namen, mächte und persönlichkeiten der Allgottheit, und jeder stellt ein wesenhaftes vermögen des Göttlichen Seins dar. Sie offenbaren den kosmos und sind in ihm offenbar. Finder des Lichtes, Söhne des Unendlichen, erkennen sie in der seele des menschen ihren bruder und verbündeten und wünschen ihm zu helfen und ihn wachsen zu lassen, um seine welt mit ihrem licht, ihrer stärke und schönheit zu erfüllen. Die Götter rufen den menschen zu göttlicher gefährtenschaft und innigem bund; sie ziehen ihn an und heben ihn in ihre lichte geschwisterschaft, laden seine hilfe ein und bieten die ihre an gegen die Söhne der Finsternis und Trennung. Der mensch seinerseits ruft die Götter zu seinem opfer und bietet ihnen alles seinige an. Er empfängt sie in sein wesen und ihre gaben in sein leben, lässt sie in sich wachsen und gestaltet ihre großen und leuchtenden wesenheiten vollkommen – wie der schmied das eisen, sagt der Weda.

Auf der weltbühne und in der einzelseele wird das gleiche wirkliche schauspiel aufgeführt.[1]

Das Göttliche ist sowohl Männlich als auch Weiblich. Im weiblichen Göttlichen steht zuhöchst *Aditi*, die unendliche Mutter der götter, und dann sind da fünf mächte des Wahrheitsbewusstseins: *Mahi* oder *Bharati*, das weite Wort, das uns alle dinge aus der göttlichen quelle bringt; *Ila*, das starke urwort der Wahrheit, das uns deren tätige schau verleiht; *Saraswati*, deren fließender strom und das wort von deren einspirtung; *Sarama*, die himmlische spürhündin, die in die höhlen des unterbewussten hinab-

---

3. Hier diese bilderwelt durch mehr zitate im einzelnen darzustellen, würde zu weit führen – der leser sei auf die eingangs erwähnten werke verwiesen.

Sri Aurobindo und Die Mutter haben die in vergessenheit geratenen erfahrungen und verwirklichungen jener fernen Morgenröte spontan abermals gemacht und fortgeführt, auf einer weiteren umdrehung der spirale der ausfaltung unserer seinsoffenbarung. Dies buch möchte als einführung in ihren neuen Weda dienen. (a.d.ü.)

pirscht und dort die versteckten erleuchtungen findet; *Dakschina*, deren wirken darin besteht, richtig wahrzunehmen, das handeln und die darbringung einzurichten und jeder gottheit das ihre zuzuteilen. Auch hat jeder gott seine weibliche energie.

Brahman bedeutet im Weda gewöhnlich das Wort oder Mantra in seinem tiefsten aspekt als ausdruck der aus den gründen der seele oder des wesens aufsteigenden eingebung. Es ist eine stimme des rytmus, welche die welten erschaffen hat und sie beständig weiter erschafft. Die ganze welt ist ausdruck oder offenbarung, schöpfung durch das Wort. Bewusstes Sein, das seine inhalte aus sich in sich selbst offenbart, *ātman*, ist das überbewusste; sie dunkel in sich haltend, ist es das unterbewusste. Das höhere, selbstleuchtende steigt nieder in die dunkelheit, die nacht, die in finsternis gehüllte finsternis, wo wegen der bewusstseinszerteilung alles in formlosem sein verborgen ist. Durch das Wort steigt es aus der Nacht wieder auf, um im bewussten seine weite einheit neu herzustellen. Dies weite Sein, dies allenthaltende, allformende bewusstsein ist Brahman. Es ist die Seele, die im Menschen aus dem unterbewussten auftaucht und dem überbewussten entgegensteigt. Und das wort schöpferischer Kraft, das uns aus der seele heraufquillt, ist ebenfalls *brahman*.

Das Göttliche Wort – Sprache unserer Sprache

 knew the tedious bars
    That I had fled
To be His arms whom I have sought; I saw
    How earth was made
Out of His being; I perceived the Law,
    The Truth, the Vast,
From which we came and which we are; I heard
    The ages past
Whisper their history, and I knew the Word
    That forth was cast
Into the unformed potency of things
    To build the suns.
Through endless Space and on Time's iron wings
    A rhythm runs
Our lives pursue, and till the strain's complete
    That now so moans
And falters, we upon this greenness meet,
    That measure tread.[1]

[...] Die schranken durchschaute ich
    daraus ich entflohen
als die arme Dessen den ich gesucht;
    ich sah wie die erde
geschöpft ward aus Seinem sein, erkannte das Recht,
    das Wahre, Weite
aus dem wir stammen und das wir sind; ich hört
    die vergangnen zeiten
flüstern ihre geschichte, vernahm das Wort
    das ausgesprochen
ins ungeformte wirkvermögen hervor
    zu bau'n die sonnen.

1. *aus* ›The Rishi‹, COLLECTED POEMS, p. 303

Durch endlosen Raum und auf eh'rnen flügeln der Zeit
schwingt sich ein rytmus
dem folgt unser leben, und bis die sangweise ganz
die jetzt so stammelt
und stöhnt noch, treffen wir uns auf diesem grün,
gehn jenes schrittmaß.[1]

Anfang der Kena-Upanischad[2]

1. Von wem entsandt trifft der geist im schuss sein ziel? Von wem angejocht bewegt sich der erste lebensatem vorwärts auf seinen pfaden? Von wem angetrieben ist dies wort, das menschen sprechen? Welch ein gott hat auge und ohr an ihre arbeit gesetzt?
2. Das, was gehör unsres hörens, geist unsres geistes, sprache unsrer sprache ist, das ist auch leben unsres lebensodems und sicht unsrer sicht. Die weisen werden darüber hinaus befreit, und sie gehen von dieser welt und werden unsterblich.
3. Dort reist die sicht nicht, noch sprache noch der geist. Wir kennen Es nicht noch können wir wissen, wie Es zu lehren wäre: denn Es ist anders als das bekannte; Es befindet sich oberhalb des unbekannten. So haben wir von den altvordern gehört, die Das userm verstehen kundtaten.
4. Das, was unausgedrückt ist vom wort, das, wodurch das wort ausgedrückt wird, wisse: Das ist das Brahman und nicht dies, dem die menschen hier nachfolgen.
5. Das, was nicht durch den geist denkt, das, durch welches der geist gedacht wird, wisse: Das ist das Brahman und nicht dies, dem die menschen hier nachfolgen.
6. Das, was nicht mit dem auge sieht, das, durch welches des auges sichten gesehen werden, wisse: Das ist das Brahman, und nicht dies, dem die menschen hier nachfolgen.

---

1. *aus* ›Der Rischi‹, SÄMTLICHE GEDICHTE, s. 211
2. *aus* SRI AUROBINDO: THE UPANISHADS

Upanischad heißt inneres wissen, die geheime kunde, die in die endgültige Wahrheit eintritt und sich darin niederlässt.

Das Mantra in Weda und Upanischad 11

7. Das, was nicht mit dem ohr hört, das, durch welches des ohres hörungen gehört werden, wisse: Das ist das Brahman und nicht dies, dem die menschen hier nachfolgen.

8. Das, was nicht mit dem odem atmet, das, durch welches der lebensodem auf seinen pfaden vorangeführt wird, wisse: Das ist das Brahman und nicht dies, dem die menschen hier nachfolgen.

Sri Aurobindos Kommentar
Die Upanischad, unsre übliche reihenfolge logischen denkens umkehrend, das Geist und Sinn oder Leben zuerst und Sprache zuletzt als untergeordnete funktion aufführen würde, beginnt ihre negative beschreibung von Brahman mit einer erläuterung jenes bemerkenswerten satzes: Sprache unsrer sprache. Und wir können sehen, dass sie eine Sprache oberhalb der unsrigen meint, einen unbedingten ausdruck, von dem menschensprache nur ein schatten und gleichsam eine künstliche nachahmung ist. Welche vorstellung liegt dieser aussage der Upanischad und diesem dem sprachvermögen zugeordneten vorrang zugrunde?

Beim studieren der Upanischaden müssen wir moderne ansichten beiseite legen und die gedankenverbindungen, die hinter dem frühen Wedantischen wortgebrauch liegen, so klar wie möglich erfassen. Wir müssen uns daran erinnern, dass in der Wedischen anschauung das Wort die schöpferin war; durch das Wort erschafft Brahma die formen des weltalls. Und zuhöchst versucht menschensprache lediglich, durch enthüllung und einspirtung einen unbedingten Wahrheitsausdruck wiederzuerlangen, der bereits im Unendlichen oberhalb unsres geistigen verständnisses besteht. Jenes Wort muss also über unserm geistigen konstruktionsvermögen sein.

Alle schöpfung ist zwar ausdruck durch das Wort; aber die ausgedrückte form ist nur ein sinnbild, eine darstellung des seienden. Wir sehen dies in der menschensprache, die dem geist bloß eine geistige form des gegenstands bietet; aber der gegenstand, den sie auszudrücken sucht, ist selbst bloß form oder darstellung einer anderen Wirklichkeit. Jene wirklichkeit ist Brahman. Brahman drückt durch das Wort eine form oder darstellung seiner selbst in den gegenständen von sinn und bewusstsein aus, die das weltall ausmachen, so wie das menschenwort ein geistiges bild jener gegenstände ausdrückt. Jenes Wort ist in tieferem und ursprünglicherem sinn schöpferisch als menschensprache, und zwar mit einer macht, von der das äußerste schöpfertum menschlicher sprache nur eine ferne und schwache entsprechung sein kann.

Das hier für äußerung gebrauchte wort heißt eigentlich ein zum vorschein bringen, um dem geist zu begegnen. Brahman, sagt die Upanischad, ist das, was so nicht durch sprache vor den geist gebracht werden kann.

Wie wir sehen, bringt menschensprache nur die darstellung einer darstellung hervor, die geistige figur eines gegenstands, der selbst nur eine figur der alleinen Wirklichkeit, Brahman, ist. Sie hat zwar ein vermögen neuer schöpfung, aber dies erstreckt sich bloß auf die schaffung neuer geistiger bilder, also anpassungsfähiger formungen, die auf vorhergehenden geistigen bildern beruhen. Solch ein beschränktes vermögen gibt keinen begriff von der urschöpferischen macht, die die alten denker dem göttlichen Wort beimaßen.

Gehen wir aber ein wenig tiefer unter die oberfläche, so gelangen wir zu einem vermögen in menschlicher sprache, das uns ein fernes bild des urschöpferischen Wortes gibt. Wir wissen, dass tonschwingung die macht hat, formen zu schaffen und zu zerstören; dies ist der modernen wissenschaft wohlbekannt. Nehmen wir an, dass hinter allen formen eine schöpferische tonschwingung gewesen ist.

Wenn wir dann die beziehung menschlicher sprache zum ton im allgemeinen untersuchen, sehen wir sogleich, dass sprache nur eine besondere anwendung des tonprinzips ist, eine beim durchgang durch hals und mund vom atemdruck erzeugte schwingung. Zuerst muss sie spontan und natürlich gebildet worden sein, um die durch einen gegenstand oder ein vorkommnis erregten gemütsbewegungen auszudrücken, und erst nachher vom geist aufgenommen, um zunächst den begriff des gegenstands und dann begriffe über ihn zu äußern. Daher mag der wert von sprache als bloß darstellend und nicht schöpferisch erscheinen.

Das Mantra in Weda und Upanischad 13

Tatsächlich aber ist sprache schöpferisch. Sie schafft gemütsformen, geistbilder und handlungsantriebe. Die alte Wedische theorie und praxis erweiterte dies schöpferische sprachwirken um den gebrauch des Mantras. Die theorie des Mantras besagt, dass es ein wort der kraft ist, geboren aus den geheimen tiefen unsres wesens, wo es von einem tiefern bewusstsein als dem geistigen bebrütet worden ist, im herzen gestaltet und nicht vom verstand konstruiert, im geist gehalten, wiederum vom geistigen wachbewusstsein gesammelt erwogen und schließlich schweigend oder stimmlich hervorgebracht – wobei das schweigende wort wohl für noch machtvoller gehalten wird als das gesprochene –, eben zu schöpferischem wirken. Das Mantra kann nicht nur neue subjekthafte zustände in uns erschaffen, unser inneres wesen verändern, wissen und fähigkeiten enthüllen, die wir vorher nicht besessen hatten, kann nicht nur gleiche ergebnisse in andern geisten verursachen, sondern kann auch in der geistigen und lebentlichen atmosfäre schwingungen erzeugen, die wirkungen, handlungen und selbst die erschaffung stofflicher formen auf der physischen ebene zur folge haben.

Ja, auch normalerweise, sogar täglich und stündlich, erzeugen wir in uns gedankenschwingungen, die entsprechende lebentliche und physische schwingungen hervorrufen, auf uns selbst und auf andere einwirken und in mittelbarer erschaffung von handlungen und formen in der physischen welt enden. Der mensch wirkt beständig auf den menschen ein, sowohl mit dem schweigenden wie mit dem gesprochenen wort, und so wirkt und erschafft er, wenn auch weniger unmittelbar und machtvoll, selbst in der übrigen Natur. Doch weil wir einfältig von den äußern formen und erscheinungen der welt in anspruch genommen sind und uns nicht die mühe machen, deren feinartige und nichtphysische vorgänge zu untersuchen, bleiben wir in unkenntnis über dies gesamte wissenschaftsfeld dahinter.

Der Wedische gebrauch des Mantras ist lediglich eine bewusste anwendung dieser geheimen macht des wortes. Und begreifen wir die ihm zugrunde liegende theorie zusammen mit unsrer vorausgehenden hypothese einer schöpferischen tonschwingung hinter jeder formung, dann beginnen wir die vorstellung vom urschöpferischen Wort zu verstehen. Nehmen wir einen bewussten gebrauch der tonschwingungen an, die entsprechende formen oder formveränderungen bewirken. Nun ist in der alten anschauung die Materie ja nur die unterste der daseinsebenen. Führen wir uns dann vor augen, dass eine tonschwingung auf der stofflichen ebene eine ihr entsprechende auf der lebentlichen voraussetzt, ohne die sie nicht hätte ins spiel kommen können, und diese weiterhin eine entsprechend hervorbringende schwingung auf der geistigen, diese wiederum eine ebensolche auf der übergeistigen an der ureigentlichen wurzel der dinge. Aber eine geistige schwingung schließt gedanken und wahrnehmung ein, eine übergeistige ihrerseits eine höchste schau und erkenntnis. Alle tonschwingung auf jener oberen ebene ist daher voll dieser höchsten erkenntnis einer wahrheit in dingen, die sie auch ausdrückt, und zugleich schöpferisch, voll einer höchsten macht, die die erkannte wahrheit in formen prägt und sie schließlich, von ebene zu ebene herabsteigend, in der von ästhetischem klang in Materie geschaffnen physisch gegenständlichen form wiedergibt. So sehen wir, dass die theorie der schöpfung durch das Wort, das unbedingter ausdruck der Wahrheit ist, und die theorie der stofflichen schöpfung durch tonschwingung im äther einander entsprechen und zwei logische pole der gleichen idee sind. Beide gehören zum selben Wedischen system.

Dies ist also das höchste Wort, Sprache unsrer sprache. Es ist die schwingung reinen Daseins, voll des wahrnehmenden und urschöpferischen unendlichkeitsvermögens und allmächtigen bewusstseins, gestaltet vom Geist hinter dem geist in das unausweichliche wort der Wahrheit der dinge; durch ihre schöpferische mittlung tritt der physische formausdruck hervor, aus welcher substanz und auf welcher ebene auch immer. Der das Wort verwendende Übergeist ist der schöpferische Logos.

Das Wort hat seine keimlaute – erinnernd an die ewige silbe des Weda, A U M, und die keimlaute der Tantriker –, welche die prinzipien der dinge in sich tragen; es hat seine formen, die hinter der zu des menschen höchsten fähigkeiten kommenden enthüllenden und eingespirteten sprache stehen, und jene prägen die formen der dinge im weltall; es hat seine rytmen – denn es ist

Das Mantra in Weda und Upanischad 15

keine ordnungslose schwingung, sondern tritt in große kosmische maße hinaus –, und dem rytmus entsprechen gesetz, anordnung, harmonie und vorgänge der welt, die sie baut. Das Leben selbst ist ein rytmus Gottes.

Was aber ist das vom Wort in der welt ausgedrückte oder vor das bewusstsein gebrachte? Nicht Brahman, sondern formen und erscheinungen von Brahman. Brahman wird vom wort nicht ausgedrückt; er gebraucht das wort nicht, um sich auszudrücken, wird vielmehr von seinem eigenen selbstgewahrsein gekannt, und auch die hinter den formen der dinge stehenden wahrheiten sind in seiner ewigen schau stets selbstausgedrückt. Brahman wird von sprache nicht ausgedrückt, vielmehr wird sprache selbst von Brahman ausgedrückt.

Darum müssen wir letzten endes nicht die geschehnisse und erscheinungen der welt als ziel unsres trachtens annehmen, sondern Das, was aus sich selbst das Wort hervorbringt, durch welches ihnen gestalt verliehen wurde für unsre betrachtung durch das bewusstsein und für das trachten unsres willens. Das höchste Dasein also, das alles erzeugt hat.

Menschensprache ist nur ein abgeleiteter ausdruck und zuoberst ein schatten des göttlichen Wortes, der keimlaute, der befriedigenden rytmen, der enthüllenden klangformen, welche die allwissende und allmächtige sprache des ewigen Denkers, Harmonikers und Schöpfers sind. Die höchste eingespirtete sprache, die der menschengeist erreichen kann, das am unerklärlichsten erhabene wahrheit ausdrückende wort, die machtvolle silbe oder das Mantra kann nur seine ferne darstellung sein.

MANTRISCHE DICHTUNG

ERSTER TEIL

Auszüge aus SRI AUROBINDO: THE FUTURE POETRY (erstmals 1917-20 im ARYA veröffentlicht, in den 30er jahren und 1950 revidiert.) Eine vollständige deutsche übersetzung von Wilfried Huchzermeier ist 1990 im eigenverlag in Karlsruhe erschienen. In der vorliegenden auswahl ist das meiste ausgelassen, was sich spezifisch mit der entwicklung der englischen literatur befasst; alles allgemeingültige und zukunftweisende ist hier zusammengefasst und kann als die bestmögliche einführung in Sri Aurobindos eigenes dichterisches gesamtwerk dienen, an dem er bis 1950 gearbeitet hat. (a.d.ü.)

Das Mantra

u einem höchsten, einem unbedingten ihrer selbst, zu einem unendlichen und äußersten hin, zu einem letzten punkt der vollendung ihrer eigenen möglichkeiten strebt alles wirken der Natur intuitiv in ihren unbewussten gestaltungen, und wenn sie diesen punkt erreicht, dann hat sie ihr dasein vor dem spirt gerechtfertigt, der sie erschaffen, und hat den geheimen schöpferischen willen in ihr erfüllt. Sprache, das ausdrucksvolle Wort, hat einen solchen gipfel, ein solches unbedingtes, eine vollendung, welche der hauch des unendlichen auf ihren endlichen möglichkeiten ist und des Schöpfers siegel auf ihr. Dies unbedingte des ausdrucksvollen wortes kann Mantra genannt werden, der name, den die inspirierten seher des Weda dafür gefunden. Dichtung insbesondere beansprucht diesen für ihre vollendete äußerung in den hymnen des Weda. Doch ist er nicht auf diese bedeutung beschränkt, sondern erstreckt sich auf alle sprache, der höchste oder unbedingte macht eignet; das Mantra ist das wort, das die gottheit oder die macht der gottheit in sich trägt, das es vermag, sie und ihr wirken ins bewusstsein zu bringen und darin zu befestigen, dort das schauern des unendlichen, die kraft von etwas unbedingtem zu erwecken, das wunder der höchsten äußerung zu verewigen. Diese oberste gewalt der sprache und besonders der dichterischen sprache wollen wir untersuchen, ihr geheimnis aufspüren, den dichtungsstrom betrachten als langen lauf der bemühung menschlicher sprache, jene zu finden. Ihr verbreiteteres vorkommen weist auf eine letztliche ausfaltung dichterischen bewusstseins hin, seine höchsten gipfel zu erklimmen.

Die dichtung der zukunft wird sich in einem wichtigen umstand von der vergangenen unterscheiden, indem sie nämlich, in welcher sprache auch immer geschrieben, mehr und mehr vom allen völkern gemeinsamen geist und deren motiven bewegt sein wird. Die menschheit wird nun inmitten all ihrer rassischen und nationalen verschiedenheiten hingezogen zu einer beispiellosen grundsätzlichen einheit von denken und kultur.

Es ist gesagt worden, dass kunst nie kopie des lebens sein könne. Doch ist dies wohl auch nicht das ziel des meisten realismus, gleich was er über sich aussagen mag; realismus ist tatsächlich eine art niederer idealismus, manchmal eine umgekehrte, ja verdrehte romantik, welche mit wirkungsvoller darstellungskraft, mit intensität, oft auch übertreibung am entgegengesetzten ende der vielgestaltigen lebenserscheinung eine enthüllung schöpferischer wahrheit zu erlangen sucht. Alle kunst setzt beim sinnlichen und sinnfälligen an, nimmt es als ständigen bezugspunkt oder benutzt es wenigstens als sinnbild und bildquelle; auch wenn sie sich in unsichtbare welten erhebt, schwingt sie sich doch von der erde auf; aber ebenso muss alle kunst, die diesen namen verdient, über das sichtbare hinausgehen, muss enthüllen, muss uns etwas verborgenes aufzeigen und in ihrer gesamtwirkung nicht bloß wiedergeben, sondern erschaffen. Wir können sagen, der künstler erschaffe seine eigene ideale welt, nicht unbedingt im sinne idealer vollkommenheit, aber eine welt, die in der idee besteht, in der vorstellung und schau des schöpfers. Richtiger gesagt, er prägt eine wahrheit, die er gesehen hat, in bedeutsame form, sei es eine wahrheit der hölle oder eine des himmels, eine unmittelbare wahrheit hinter irdischen dingen, oder irgendeine andere, die aber nie nur die äußere erdenwahrheit ist. Nach jener bildnerischen wahrheit und der macht, vollkommenheit und schönheit seiner darstellung und äußerung ist sein werk zu beurteilen.

Dichtung schwankt stets zwischen den beiden richtungen, dem vorherrschen subjekthafter schau und der betonung objekthafter darstellung, doch kann sie sich auch über diese hinaus zu einer spirtlichen ebene erheben, wo die unterscheidung überstiegen, die gegensätzlichkeit versöhnt ist.

Möglich ist die entdeckung einer größeren annäherung an das,

Das Mantra

was wir das Mantra in der dichtung nennen können, jene rytmische sprache, welche nach der aussage des Weda zugleich aus dem herzen des sehers und aus der fernen heimat der Wahrheit aufsteigt – die entdeckung des wortes, der göttlichen bewegung, der gedankenform, die jener wirklichkeit eignet, die, wie hervorragend formuliert worden ist, »im erfassen von etwas beständigem hinter der unbeständigkeit von wort und tat liegt, einer widerspiegelung der grundleidenschaft der menschheit nach etwas jenseits ihrer selbst, einem abglanz des göttlichen dranges, der alle schöpfung treibt sich auszufalten und aus ihren begrenzungen heraus ihren gottgleichen möglichkeiten entgegenzusteigen.« Dichtung hat dies in der vergangenheit in augenblicken höchster erhebung versucht; in der zukunft mag sie es zu einem bewussteren ziel und in beständigerem streben tun.

Das Wesen der Dichtung

as ist die natur der dichtung, ihr wesensgesetz? Welch höchste macht können wir von ihr verlangen, welch erhabenste musik kann der menschengeist, indem er zu seinen eigenen weitesten breiten, tiefsten tiefen und obersten gipfeln empor, hinein und hinaus strebt, von diesem werkzeug des selbstausdrucks erhalten? Und wie erhebt sich daraus dessen verwendungsmöglichkeit als Mantra des Wirklichen?

Dem gewöhnlichen geist, der dichtung beurteilt, ohne wirklich in sie einzudringen, scheint sie nichts weiter zu sein als ein ästhetischer genuss der vorstellung, des intellekts und des ohrs, eine art höherer zeitvertreib. [...] Genuss dürfen wir von der dichtung, wie von aller kunst, gewiss erwarten; aber der äußere genuss der empfindung und auch der innere der vorstellung sind nur erste elemente. Denn diese müssen nicht bloß verfeinert werden, um den höchsten erfordernissen des verstandes, der vorstellung und des ohrs zu genügen, sondern danach sind sie noch weiter zu erhöhen und in ihrer natur über ihre eignen edelsten ebenen hinaus zu erheben, damit sie stütze für etwas größeres jenseits von ihnen werden können; sonst können sie nicht zu der höhe führen, auf welcher das Mantra lebt.

Denn weder der verstand, die vorstellung noch das ohr sind die eigentlichen, die tiefsten oder höchsten empfänger der dichterischen wonne, so wenig wie deren eigentliche oder höchste schöpfer; sie sind nur kanäle und werkzeuge: der eigentliche schöpfer, der eigentliche hörer ist die seele. Je schneller und durchlässiger die andern ihre übermittlungsarbeit tun, je weniger sie ihre gesonderte befriedigung verlangen, desto unmittelbarer erreicht das wort die seele und sinkt in sie ein, und desto größer ist die dichtung. Darum hat dichtung ihr werk, jedenfalls ihr höchstes werk, nicht eigentlich vollbracht, bis sie den genuss des werkzeugs erhoben und in die tiefere seelenwonne umgewandelt

Das Wesen der Dichtung 23

hat. Ein göttliches Ananda[1], deutend, schöpferisch, enthüllend, gestaltend – gewissermaßen eine rückstrahlung der freude, welche die Allseele bei ihrer großen freisetzung von energie empfand, als sie in die rytmischen formen der welt hinaus die spirtliche wahrheit, die weite deutende idee, das leben, die macht und das gemüt von allem tönen ließ, gefasst in eine schöpferische urschau –, solche spirtliche freude spürt die seele des dichters, und wenn er die menschlichen schwierigkeiten seiner aufgaben bewältigen kann, vermag er sie auch in all jene zu gießen, die bereit sind sie aufzunehmen. Diese wonne ist kein bloßer gottgleicher zeitvertreib, sondern eine große gestaltende und erleuchtende kraft.

Bei aller kunst ist gute technik zwar der erste schritt auf vollendung zu; doch gibt es viele weitere schritte, ja eine ganze welt darüber hinaus, bevor dem gesuchten nahezukommen ist; so wird selbst eine nicht ganz korrekte ausführung eine intensive und begabte seele nicht davon abhalten große dichtung zu schaffen, die ihren einfluss auf jahrhunderte ausübt. Außerdem nimmt technik, wie unerlässlich sie auch ist, in der dichtung wohl weniger raum ein als in jeder anderen kunst; denn ihr werkzeug, das rytmische wort, ist an subtilen und unstofflichen elementen voller, und weil es das vielfältigste, geschmeidigste, bedeutungsreichste aller werkzeuge des künstlerischen schöpfers ist, eignen ihm mehr möglichkeiten – fast endlose in vielen richtungen – als irgendeinem andern. Das rytmische wort hat ein subtil empfindliches element, seinen klangwert, etwas ganz unstoffliches, weiter seinen bedeutungs- oder gedankenwert; und sie, klang und sinn, haben jeder für sich und beide zusammen einen seelenwert, eine unmittelbare spirtliche macht – das unendlich wichtigste an ihnen. Obwohl dies mit einem kleinen, den gesetzen der technik unterliegenden element hervorgebracht wird, schwingt sich eine kraft fast sogleich, fast von anbeginn seines fluges, über den bereich irgendwelcher gesetze mechanischer konstruktion hinaus,

---

1. Ananda ist in der sprache der spirtlichen erfahrung Indiens die wesenhafte seinswonne, die das Unendliche an sich selbst und seiner schöpfung empfindet. Durch des unendlichen Selbstes Ananda besteht alles, für des Selbstes Ananda ist alles erschaffen.

und diese sprachgestalt trägt in sich auf ihren gipfeln ein element, das sich dem reich des unsagbaren nähert.

Dichtung bestimmt weitgehend ihre eigene form; durch keinerlei mechanisches oder für sie äußeres gesetz wird ihr diese auferlegt. Am wenigsten von allen künstlern braucht der dichter beim schaffen sein auge angespannt auf die technik zu richten. Er muss sie zwar beherrschen, aber im feuer des schöpfungsvorgangs wird das intellektuelle daran zu etwas untergeordnetem oder einem bloßen unterton in seinem geist, und in seinen besten augenblicken braucht er in gewisser hinsicht gar nicht an sie zu denken. Denn dann kommt die vollkommenheit seiner klangbewegung und seines stils ganz als die spontane form seiner seele: sie äußert sich in eingespirtetem rytmus und ureigenem, enthülltem wort, so wie die Allseele die harmonien des weltalls aus dem insgeheim in ihr wesenden ewigen wort erschaffen hat, wobei sie ihre unterbewusste Natur in einer wallung verborgner spirtlicher erregung die mechanische arbeit tun lässt. Diese höchste sprache ist das äußerste, ist das unsterbliche element in seiner dichtung, und ein wenig davon reicht aus, sein übriges werk vor dem vergessen zu retten.

Diese kraft macht das rytmische wort des dichters zur höchsten dem menschen zu gebote stehenden sprachform, seine selbstschau oder seine weltschau auszudrücken. Bemerkenswerterweise neigt auch die tiefste erfahrung, die rein spirtliche, welche in dinge eintritt, die sich nie ganz ausdrücken lassen, instinktiv dazu, oft die rytmischen formen der dichtung und fast immer die ihr eigentümliche sprachweise zu gebrauchen, sobald sie dennoch versucht, diese auszudrücken und nicht bloß verstandesmäßig zu erklären. Aber dichtung trachtet, diese art der schau und der äußerung auf alle erfahrung, auch die gegenständlichste, auszudehnen, und darum eignet ihr der natürliche drang, etwas von jenseits der bloßen anscheine des gegenstands auszudrücken, selbst wenn sie sich gleichsam lediglich an diesen erfreut.

Es mag nützlich sein, zunächst einen blick nicht auf das letzte unsägliche geheimnis zu werfen, sondern auf das erste element dieser steigerung und eindringlichkeit, die der dichterischen

Das Wesen der Dichtung

äußerung eignet. Gẹwöhnliche rede gebraucht sprache meist zu beschränktem praktischen zweck der mitteilung; sie verwendet sie zum leben und um den dafür notwendigen oder nützlichen gefühlen ausdruck zu geben. Dabei behandeln wir wörter als konventionelle zeichen für begriffe und achten nur beiläufig auf ihre natürliche kraft, so wie wir uns irgendeiner üblichen vorrichtung, eines gängigen gerätes bedienen; wir gehen mit ihnen um, als wären sie zwar für das leben nützlich, selbst aber ohne leben. Wollen wir sie mit lebendigerer macht versehen, so müssen wir ihnen solche aus uns selber leihen, durch deutliche stimmbetonungen, durch gemütskraft oder vitale energie, die wir in den klang hineinlegen, um das herkömmliche wortzeichen mit etwas ihm nicht zugehörigem aufzuladen. Wenn wir aber in der sprachgeschichte zurückgehen und vor allem, wenn wir die anfänge betrachten, finden wir, dass es sich mit menschenrede nicht immer so verhielt. Nicht nur hatten wörter ein wirkliches und kräftiges eigenleben, sondern der sprecher war sich dessen auch mehr bewusst, als wir mit unsern mechanisierten und überfeinerten intellekten es sein können. Dies ergab sich aus der ursprünglichen natur der sprache, die in ihrer ersten bewegung nicht so sehr dazu angelegt war – oder es nicht darauf anlegte –, für bestimmte begriffe des verstandes zu stehen als vielmehr für gefühle, empfindungen und weite unbestimmte geistige eindrücke mit winzigen eigenschaftstönungen in ihnen, denen nachzuspüren wir heute nicht mehr interessiert sind. Der verstand in seiner genauigkeit muss ein späteres element gewesen sein, das in dem maße vorherrschender wurde, wie sich die sprache bei dessen ausfaltung weiterentwickelte.

Denn der grund, warum klang dazu kam, feste begriffe auszudrücken, liegt nicht in irgendeiner natürlichen und angestammten entsprechung von klang und seiner intellektuellen bedeutung, denn eine solche gibt es nicht; intellektuell mag ein beliebiger klang eine beliebige bedeutung ausdrücken, wenn man sich darauf geeinigt hat; es begann mit einer undefinierbaren eigenschaft im klang, die in der lebensseele des menschen, in seinem sinnenwesen, seinem gemüt, seinem schlichten geist bestimmte schwingungen hervorrief. Das wort wolf zum beispiel, dessen ursprung uns nicht mehr gegenwärtig ist, bedeutet unserm verstand ein bestimmtes lebewesen, weiter nichts, das übrige müssen wir selbst erbringen: das sanskritwort *wrika*, ›reißer‹, gelangte letzten endes auch dahin; doch ursprünglich hatte es die empfindungsmäßige beziehung zwischen wolf und mensch ausgedrückt, die sein leben am meisten betraf, und zwar durch eine bestimmte klangeigenschaft, die sich bereitwillig mit der reißempfindung verband. Solches muss der frühen sprache ein machtvolles leben verliehen haben, eine greifbare stärke, in gewisser weise eine natürliche dichterische kraft, die, wieviel seitdem auch an genauigkeit, klarheit und nützlichkeit gewonnen wurde, verloren gegangen ist.

Dichtung geht nun gewissermaßen zurück und erlangt, obwohl auf andere weise, so viel wie möglich von diesem ursprünglichen element wieder. Sie tut dies teils, indem sie auf das bild wert legt, das die alte greifbare sinnenhaftigkeit ersetzt, teils indem sie der vielsagenden kraft des klangs, seinem leben, seiner macht und dem von ihm getragnen geistigen eindruck mehr beachtung schenkt. Sie verbindet das mit dem vom verstand beigesteuerten bestimmten gedankenwert und steigert beide aneinander. So gelingt es ihr zugleich, die sprachgewalt zum unmittelbaren ausdruck eines höheren erfahrungsbereichs als des intellektuellen oder lebentlichen zu heben. Denn sie bringt nicht nur den klar umrissnen verstandeswert des wortes heraus, nicht nur seine gemüts- und empfindungskraft, seinen lebentlichen hinweis, sondern durch diese helfer hindurch und über sie hinaus seinen seelenwink, seinen spirt. Damit erreicht dichtung die andeutung unendlicher sinngehalte jenseits des begrenzten intellektuellen wortsinns. Sie drückt nicht nur die lebensseele des menschen aus, wie es das urtümliche wort tat, nicht nur die begriffe des verstandes, wozu sprache jetzt gewöhnlich dient, vielmehr die erfahrung, die schau, die ideen der höheren und weiteren seele in ihm. Indem sie diese für unsre lebensseele wirklich und unserm verstand gegenwärtig macht, öffnet sie uns durch das wort die tore des Spirts.

Prosastil erhebt sprache zu einer weit höheren macht als ihre gewöhnliche verwendung, unterscheidet sich aber von dichtung

Das Wesen der Dichtung 27

darin, dass er diesen noch größern versuch nicht unternimmt. Denn er fußt fest auf dem verstandeswert des wortes. Er verwendet rytmen, die gewöhnliche sprache vernachlässigt, und erstrebt einen durchgehend flüssigen, harmonischen ablauf. Er sucht worte angenehm und klar anzuordnen, um dem verstand zu gefallen und ihn zugleich zu erhellen. Er trachtet nach genauerem, feinerem, geschmeidigerem und befriedigenderem ausdruck als dem der rauen verfahren gewöhnlicher rede. Eine höhere angemessenheit ist sein erstes ziel. Darüber hinaus mag er größere kraft und wirksamkeit bezwecken durch verschiedene sprachliche kunstgriffe, durch allerlei rhetorische mittel, die den nachdruck der intellektuellen eingängigkeit erhöhen. Diese erste grenze überschreitend, dies rechte oder starke, immer aber verhaltene maß, mag er einen eindringlicheren rytmus zulassen, das gemüt unmittelbarer und machtvoller bewegen, einen lebhafteren schönheitssinn ansprechen. Er mag sogar bilder so frei oder reich gebrauchen, dass er äußerlich der dichtungsweise nahezukommen scheint, doch setzt er sie schmückend, als beiwerk ein, auch um der intellektuellen schau der dinge oder gedanken, die er schildert oder kennzeichnet, mehr nachdruck und wirksamkeit zu verleihen; er verwendet das bild nicht für jene tiefere und lebendigere schau, nach welcher der dichter stets sucht. Und immer behält er seinen hauptzuhörer und -richter im auge, den verstand, und ruft andere mächte nur als wichtige helfer herbei, um dessen zustimmung zu gewinnen. Vernunft und geschmack, zwei verstandeskräfte, gelten dem prosaschriftsteller mit recht als höchste götter, dem dichter hingegen bloß als untergeordnete.

Überschreitet er diese grenzen, geht in seinen maßen auf eine trefflichere rytmische ausgewogenheit zu, verwendet bilder für reine schau und öffnet sich einem mächtigeren redeatem, dann steigt prosastil über sein übliches gebiet hinaus, nähert sich dem bereich der dichtung oder betritt ihn sogar. Er wird dichterische prosa, ja dichtung, welche die anscheinenden prosaformen als verkleidung oder loses gewand trägt. Hohe oder feine angemessenheit, wirksamkeit, intellektuelle helligkeit und eine sorgsam abgestimmte ästhetische befriedigung sind die natürlichen, seiner sprache eigentümlichen mächte. Aber des dichters vorrecht ist es, darüber hinauszugehen und jene eindringlichere spracherleuchtung zu entdecken, jenes inspirierte wort, jene höchste unausweichliche äußerung, wo die einheit göttlicher rytmischer bewegung zusammentrifft mit tiefe des sinns und gewalt unendlicher andeutung, emporwallend unmittelbar aus den urquellen des spirts in uns. Zwar mag er es nicht immer oder nicht oft finden, aber danach zu suchen ist das gesetz oder zumindest das höchste streben seiner äußerung, und kann er es finden und auch prägen mit einer tief enthüllten wahrheit des spirtes selbst, dann äußert er das Mantra.

Aber stets, sei es bei der suche oder beim finden, ist der gesamte stil und rytmus ausdruck und bewegung, uns entquellend aus spirtlicher erregtheit, verursacht durch eine schau in der seele, die sie begierig ist mitzuteilen. Die schau mag irgendetwas betreffen in der Natur, in Gott oder im menschen, im leben der geschöpfe oder im dasein der dinge; es mag eine schau von kraft und tat sein, von empfindbarer schönheit, von gedankenwahrheit, von gemütsregung, lust und schmerz, von diesem oder jenseitigem leben. Es genügt, dass was sieht die seele ist und auge, sinne, herz und denkgeist willfährige werkzeuge der seele werden. Dann bekommen wir die wirkliche, die hohe dichtung. Ist aber das handelnde allzusehr erregung des verstandes, der vorstellung, der gemütswallungen, der lebentlichen tätigkeiten, die rytmischen und starken ausdruck suchen, ohne dass jene größere spirtliche erregung sie umfängt, oder sind all diese nicht genügend in die seele vertieft, von ihr durchdrungen, mit ihr verschmolzen, und tritt der ausdruck nicht durch eine art spirtliche wandlung geläutert und erhoben hervor, dann sinken wir auf niedrigere dichtungsebenen ab und erhalten werke von weit ungewisserer unsterblichkeit. Und wendet sie sich ganz an minderes in uns, an den bloßen geist, dann treten wir aus dem eigentlichen bereich der dichtung heraus; wir nähern uns dem gebiet der prosa oder erhalten prosa, die sich in scheinformen von dichtung verkleidet, und das werk unterscheidet sich vom prosastil nur oder hauptsächlich durch seine mechanischen elemente, eine gute versform oder vielleicht einen gedrängteren, gefälligeren oder wirkungsvolleren ausdruck, als der prosaschriftsteller seiner leichteren und loseren sprachweise gewöhnlich zumuten wird. Sie wird das wahre wesen der dichtung nicht oder nicht genügend aufweisen.

Denn bei allem, was sprache ausdrücken kann, gibt es zwei elemente, das äußere oder werkzeughafte und das eigentliche oder spirtliche. Im denken z.b. findet sich die intellektuelle idee, dasjenige, was der verstand für uns umreißt und präzisiert, sowie die seelenidee, jenes, was das verstandesmäßige übersteigt und uns in die nähe oder wesenseinheit mit der gesamten wirklichkeit des ausgedrückten bringt. So sucht der dichter bei der gemütsbewegung nicht die bloße wallung, sondern die seele davon, *das* in ihr, um dessen wonne willen die seele in uns und der welt gefühlserfahrung begehrt und annimmt. So verhält es sich auch mit dem poetischen sinn für dinge, dem versuch des dichters, in seiner sprache wahrheit des lebens oder der Natur zu verkörpern. Diese größere wahrheit mit ihrer wonne und schönheit sucht er; schönheit, die wahrheit, und wahrheit, die schönheit ist und darum eine freude für immer, weil sie uns die wonne der seele bei der entdeckung ihrer eignen tieferen wirklichkeiten bringt. Dies größere element kann die zaghaftere und gemäßigtere prosasprache uns manchmal andeuten, aber der gehobene und furchtlose stil der dichtung bringt es lebendig nah, und die höheren tongefälle der dichtung tragen auf ihren schwingen herbei, was der stil allein nicht erbringt. Dies ist der born jener eindringlichkeit, die dichterische sprache und deren bewegung kennzeichnet. Sie rührt vom druck der seelenschau hinter dem wort her; sie ist die spirtliche erregung einer rytmischen reise der selbstentdeckung inmitten der zauberinseln von form und name in diesen innern und äußern welten.

Rytmus und Bewegung

as Mantra, dichterischer ausdruck der tiefsten spirtlichen wirklichkeit, ist nur möglich, wenn drei höchste eindringlichkeiten dichterischer sprache zusammenkommen und untrennbar einswerden, eine höchste eindringlichkeit rytmischer bewegung, eine höchste eindringlichkeit ineinander verwobner sprachgestalt und gedankensubstanz, des stils also, sowie eine höchste eindringlichkeit der wahrheitsschau der seele. Alle große dichtung entsteht durch einklang dieser drei elemente; das unzulängliche des einen oder andern bewirkt die schwankungen im werk auch der größten dichter, und das versagen eines dieser elemente ist der grund für ihr gelegentliches scheitern, für die schlacken in ihrer vollbringung, deren sonnenflecken. Erst auf einer bestimmten höchsten stufe der verschmolzenen eindringlichkeiten wird das Mantra möglich.

Von einem gewissen standpunkt aus ist der rytmus, die dichterische bewegung, das wichtigste; denn dies ist das erste, grundlegende und unerlässliche element, ohne das alles übrige, von welchem wert auch immer, für die dichtungsmuse unannehmbar bleibt. Ein vollkommener rytmus verleiht nicht selten sogar einem werk unsterblichkeit, das an schau gering und von den höhern eindringlichkeiten des stils weit entfernt ist. Doch nicht bloß metrischen rytmus, auch nicht technisch perfekten, meinen wir mit dichterischer bewegung; solche vollkommenheit ist nur ein erster schritt, eine physische grundlage. Es bedarf einer tiefern und feineren musik, einer rytmischen seelenbewegung, die in die metrische form eintritt und sie oft überflutet, ehe die eigentliche dichterische leistung beginnt. Eine bloß metrische vortrefflichkeit, wie fein, reich und vielfältig auch immer, wie völlig sie auch das äußere ohr befriedigt, genügt den tiefern zielen des schöpferischen spirtes nicht; denn es gibt ein inneres gehör mit einem größeren anspruch, und es zu erreichen und zu befriedigen ist das wahre ziel des schöpfers von melodie und harmonie.

Rytmus und Bewegung

Nichtsdestoweniger ist metrum, womit wir ein festes und ausgewognes system der klangmaße meinen, *mātrā*[1], nicht nur die herkömmliche, sondern sicher auch die rechte physische grundlage für die dichterische bewegung. Eine neuere strömung lehnt diese überlieferung ab und verwirft das versmaß als einengenden zwang, ja als nichtige künstlichkeit, als verfälschung des wahren, freien und natürlichen dichtungsablaufs. Dieser standpunkt kann, scheint mir, letzten endes nicht die oberhand behalten, weil er das nicht verdient. Er kann nicht triumfieren, außer er rechtfertigt sich durch beste rytmische leistungen, denen gegenüber sich die höchsten werke der großen meister dichterischer harmonie als klar unterlegen erweisen. Das ist noch nicht geschehen. Im gegenteil, freier vers hat sein bestes geleistet, wenn er sein rytmusziel entweder auf eine art singende, poetische prosa beschränkte oder sich auf eine unregelmäßige und komplexe metrische bewegung gründete, die in ihrem innern gesetz, wenngleich nicht in ihrer form, an griechische chordichtung erinnert.

Vergessen oder missachtet wurde der spirtliche wert des reims mit seiner macht, den anklang melodischer, harmonischer wiederkehr zu verstärken und zu festigen – ein hauptelement in der gemessenen bewegung von dichtung –, mit seiner neigung, der einspirtung versiegelte tore zu öffnen, mit seiner fähigkeit, jenem überintellektuellen in uns schönheit anzudeuten und zu enthüllen, welches zu erwecken der musik obliegt.

Als die menschheit das vermögen fand, denken und gefühl in feste wiederkehrende klangmaße zu bringen, die geist und seele bewegen und ergreifen, entdeckte sie nicht bloß ein künstlerisches mittel, vielmehr eine subtile psychologische wahrheit, deren bewusste theorie in der Wedischen überlieferung bewahrt ist. Es liegt wohl eine wahrheit in der Wedischen vorstellung, dass der Schöpferspirt alle bewegungen der welt durch *tschandas* prägte, gewisse feste rytmen des gestaltenden Worts, und dass die grundlegenden weltabläufe unwandelbar fortdauern, weil sie den kosmischen metren treu bleiben. Ausgewogene harmonie,

---

1. mātrā: maß

aufrechterhalten durch ein system feiner wiederholungen, ist die grundlage von unsterblichkeit in geschaffnen dingen, und metrische bewegung ist nichts andres als schöpferischer klang, der sich dieses geheimnisses seiner eignen kräfte bewusst geworden ist.

Dichter von beträchtlichem vermögen, manchmal selbst die größten in ihren weniger erhobenen augenblicken, begnügen sich gemeinhin mit einer festgelegten harmonie oder melodie, die das äußere ohr sehr befriedigt und das ästhetische empfinden mitträgt in einer art gleichförmigem, unterschiedslosem vergnügen, und in diese gussform leichter melodie und harmonie gießen sie ihre wimmelnden oder strömenden vorstellungen ohne schwierigkeit oder einhalt, ohne bedürfnis nach eindringlicherer erhebung, größerer vertiefung. Es ist schöne poesie, sie befriedigt das ästhetische empfinden, die vorstellungskraft und das ohr; aber da endet der reiz. Haben wir den rytmus einmal gehört, gibt es nichts neues mehr zu erwarten, keine überraschung für das innere ohr, keine gefahr, dass die seele plötzlich ergriffen und in unbekannte tiefen hinweggetragen wird.

Nicht der kunstverstand oder das lauschende ohr ist am meisten am werk, vielmehr etwas im innern, das versucht den widerhall einer verborgenen harmonie herauszubringen, einem geheimnis rytmischer unendlichkeiten in uns auf die spur zu kommen. Nicht eine arbeit des erfindenden verstands oder des ästhetischen sinns vollbringt, sondern eine bemühung des spirtes in sich selbst, etwas aus dem wogen der ewigen tiefen zu entlassen. Die anderen fähigkeiten sind zwar da an ihrem platz, aber der dirigent der orchestralen bewegung ist die seele, die auf einmal machtvoll hervortritt, um ihr eigenes werk durch ihre eigenen unanalysierbaren verfahren vollbringen zu lassen. Das ergebnis ist wortloser musik so nahe, wie wortmusik ihr kommen kann, mit der gleichen macht von seelenleben, seelengefühl und tiefer überintellektueller bedeutung. In diesen höheren harmonien und melodien wird der metrische vom spirtlichen rytmus aufgenommen; er wird erfüllt und scheint manchmal einverleibt und aufgehoben in einer musik, der tatsächlich ein anderes, ungreifbares und spirtliches bewegungsgeheimnis eignet.

Dies ist die eindringlichkeit dichterischer bewegung, aus der sich die größte ausdrucksmöglichkeit ergibt. Wo die metrische bewegung als grundlage bleibt, aber ein element größerer klangwelt enthält oder selbst darin darin enthalten ist, das sie übersteigt und dennoch all ihre möglichkeiten herausbringt, da macht sich die zum Mantra fähige musik hörbar. Es ist der triumf des verkörperten spirtes über die schwierigkeiten und beschränkungen des physischen werkzeugs. Und der zuhörer ist jener andere, weitere und doch wesenseine ewige spirt, von dem die Upanischad spricht als von dem ohr des ohrs, dem hören alles hörens; »hinter den unbeständigkeiten von wort und sprache« lauscht er auf die tiefen unausweichlichen harmonien seines eigenen denkens und seiner eigenen schau.

Stil und Substanz

ytmus ist vorrangig im dichterischen ausdruck, denn die klangbewegung trägt auf ihrer welle die gedankenbewegung im wort, und das musikalische klangbild hilft am meisten, den gedanklichen, den gemüthaften oder lebentlichen eindruck zu füllen, zu weiten, zu verfeinern, zu vertiefen und den sinn über sich hinaus zu heben in einen ausdruck des verstandesmäßig unausdrückbaren – immer die besondere macht der musik. Diese wahrheit wurde von den alten im großen und ganzen besser verstanden oder zumindest durchgängiger empfunden als vom modernen geist und ohr, vielleicht weil sie es mehr gewohnt waren ihre dichtung zu singen oder zu redsingen, während wir uns mit lesen begnügen, was das verstandes- und gemütselement herausbringt, aber den rytmischen wert ungebührlich unterdrückt. Anderseits hat moderne dichtung weit größere feinheit, vortrefflichkeit im einzelnen und besondere andeutungstiefe in stil und denken erlangt, als sie den alten möglich war, vielleicht um den preis einigen verlustes an macht, höhe und schlichter weite.

Wie die verwandten künste der malerei, bildhauerei und architektur wendet sich dichtung durch bedeutsame bilder an den menschengeist, und es macht keinen wesentlichen unterschied, dass in diesem fall das bild geistig und worthaft, nicht stofflich ist. Die eigentliche macht des dichterischen wortes besteht darin, uns sehen, nicht uns denken oder fühlen zu lassen; denken und fühlen (äußeres gemüt- und sinnenhaftes fühlen, nicht spirtliches empfinden und seelenregung, die unweigerlich die sicht der seele begleiten) müssen aus dem sehen hervorgehen und in ihm enthalten sein, aber sehen ist die ur- und hauptgewalt dichterischer sprache. Denn der dichter muss uns in der seele und im inneren geist und herzen erleben lassen, was gewöhnlich im äußeren geist und in den sinnen gelebt wird, und dazu muss er uns erst durch die seele, in ihrem licht und mit ihrer tieferen

Stil und Substanz 35

schau sehen lassen, was wir gemeinhin in begrenzterer und unschlüssigerer weise durch sinne und verstand sehen. Er ist, wie die alten wussten, ein seher und nicht bloß ein reimeschmied, nicht bloß ein spielmann, rapsode oder troubadour, und nicht bloß ein denker in zeilen und strofen. Er sieht über die sicht des oberflächengeistes hinaus und findet das enthüllende wort, nicht bloß das angemessene und wirksame, vielmehr das erleuchtete und erleuchtende, das eingespirtete und unausweichliche wort, das auch uns zu sehen zwingt. Jenes wort zu erlangen ist das ganze trachten dichterischen stils.

Die wesenhafte dichterische vorstellung bleibt nicht stehen bei selbst den feinsten wiedergaben äußerer oder innerer dinge, beim reichsten oder köstlichsten spiel der fantasie oder bei der schönsten tönung von wort oder bild. Sie bringt weder tatsächliches noch erfundenes hervor, sondern wirklicheres und wirklichstes; sie sieht die spirtliche wahrheit der dinge – von der es wiederum viele abstufungen gibt – und mag entweder das tatsächliche oder das urbildliche zum ausgangspunkt nehmen. Das ziel der dichtung, wie aller wahren kunst, ist weder eine fotografische oder sonstwie realistische nachahmung der Natur noch eine romantische aufmachung und färbung, noch eine idealistische verbesserung ihres bildes, sie ist vielmehr durch bilder, die sie selbst uns nicht nur auf einer, sondern auf vielen ebenen ihrer schöpfung gewährt, eine deutung dessen, was sie vor uns zwar verbirgt, aber, wenn wir uns ihr auf rechte weise nähern, bereit ist zu enthüllen.
    Dies ist das wahre, weil höchste und eigentliche ziel der dichtung; doch gelangt der menschengeist nur durch eine folge von schritten dorthin, deren erster recht weit davon entfernt scheint. Es beginnt damit, dass er seine handgreiflichsten und äußerlichsten meinungen, gefühle und empfindungen von dingen in hinlänglicher, nicht gerade hochwertiger sprache auf einen faden von versen aneinanderreiht. Aber auch wenn er zu größerer angemessenheit und wirksamkeit gelangt, ist das oft nicht mehr als lebentlich, gemüthaft oder verstandesmäßig. Es gibt eine starke lebentliche dichtung, die machtvoll unsre empfindungen

und unser lebensgefühl anspricht; eine starke gemüthafte dichtung, die unsre gefühle erregt und uns die leidenschaften eingehend verbildlicht; eine starke verstandesdichtung, die unsre neugier auf das leben und sein triebwerk befriedigt, seine psychologischen und andern ›probleme‹ behandelt oder unsre gedanken auf wirksame, schlagende und oft unwiderstehlich zitierbare weise für uns formt. Das alles hat seine freuden für den geist und die oberflächenseele in uns, und es ist gewiss völlig berechtigt, sie auf unserm anstiegsweg stark und lebhaft zu genießen; aber wenn wir uns damit begnügen, kommen wir nie sehr hoch hinauf am berg der Musen.

Dichterische Schau und das Mantra

iese höchste eindringlichkeit von stil und bewegung, die der gipfel des dichterischen dranges in seinem selbstausdruck ist, der punkt, wo das ästhetische, das lebens- und das verstandeselement dichterischer sprache in das spirtliche übergehen, vollendet sich, wenn sie der leib einer tiefen, hohen und weiten spirtlichen schau ist, wohinein lebensgefühl, denken, gemüt und reiz der schönheit im entdeckten und dessen ausdruck – denn alle große dichterische äußerung ist entdeckung – auf der woge der gesteigerten dichterischen einspirtung sich erheben und in eine ekstase von sehen aufsteigen.

Schau ist das den dichter kennzeichnende vermögen, so wie unterscheidendes denken die wesentliche begabung des philosophen und zergliederndes beobachten die natürliche fähigkeit des wissenschaftlers ist. In der vorstellung der alten war der *Kawi*[1] seher und enthüller von wahrheit, und obgleich wir von jenem leitbild so weit abgewichen sind, dass wir von ihm nur vergnügen des ohrs und unterhaltung des ästhetischen sinns verlangen, bewahrt doch alle große dichtung instinktiv etwas von jener höheren ausrichtung ihres ziels und ihrer bedeutung. Tatsächlich muss dichtung als kunst uns zum sehen bringen, und weil sie sich an die inneren sinne wendet – denn das ohr ist nur ihr physischer eingang, durch den sie ein inneres gehör anspricht – und weil es ihr anliegen ist, uns innerlich erleben zu lassen, was der dichter in seinem vers verkörpert hat, öffnet es eine innere sicht in uns, und diese muss in ihm sehr eindringlich gewesen sein, bevor er sie in uns erwecken kann.

Der archetypische dichter in einer welt von urbildern ist, so können wir sagen, eine seele, die in sich selbst innig diese und

---

[1] Im Wedischen sanskrit: der dichter-seher, der die Wahrheit sah und in feinem wahrhören das eingespirtete wort seiner schauung fand

alle andern welten, Gott, Natur und das dasein von wesen sieht und aus der eignen mitte einen strom von schöpferischem rytmus und weltbildern wogen lässt, die zum ausdruckskörper der schau werden. Die großen dichter sind jene, die in gewissem maße diese urschöpfung wiederholen, *kawajaḥ satjaschrutaḥ*, seher dichterischer wahrheit und hörer ihres wortes.

Heutzutage neigt der geist dazu, in der dichtung dem denken einen überragenden wert beizumessen. Wir leben immer noch in einer zeit großer intellektueller unruhe und gärung hinsichtlich des lebens und der welt, wo der menschenverstand enorm entwickelt wird, um sich mit dem dasein auseinanderzusetzen und es zu meistern – oft auf kosten anderer kräfte, die für die selbsterkenntnis nicht weniger wichtig sind. Beständig und in vielen richtungen suchen wir mit hilfe des verstandes das rätsel der dinge zu lösen, das geheimnis der welten zu ergründen, und meist sind wir mit leben und denken viel zu beschäftigt, um muße zu finden stillzusein und zu sehen. Wir erwarten vom dichter, dass er uns mit seiner sprachmeisterschaft bei diesem bemühen unterstütze; wir wünschen von ihm nicht so sehr vollkommene sangesschönheit oder weite schöpferische schau als vielmehr eine botschaft für unsre verwirrten und suchenden intellekte. Darum hören wir so oft von der ›weltanschauung‹ eines dichters, wobei bewunderer auch die hartnäckigsten ausschmücker von gemeinplätzen mit einer ›philosophie‹ beehren. Man verlangt also nicht, dass der dichter ein erhabenster sänger oder ein inspirierter seher der welten sei, sondern ein philosoph, ein prophet, ein lehrer, ja vielleicht sogar eine art religiöser oder sittenprediger. Wenn ich dagegen für den dichter die rolle eines Wahrheit-sehers fordere und die quelle großer dichtung in einer großen und enthüllenden schau von Gott, den göttern, dem menschen oder der Natur finde, so meine ich keineswegs, er benötige eine intellektuelle lebensphilosophie oder eine botschaft für die menschheit, die er dank metrischer und bildhafter begabung in verse bringt, oder er schulde uns eine lösung der probleme des zeitalters oder sei gesandt, die menschheit zu veredeln, ›die welt besser zu hinterlassen, als er sie vorfand‹, wie man sagt. Als mensch mag er über solches verfügen, aber je weniger er dem erlaubt, über seine

Dichterische Schau und das Mantra 39

dichterische begabung die oberhand zu gewinnen, desto vorteilhafter für die dichtung. Stoff für diese mag es liefern, einen einfluss auf sie darf es ausüben, sofern es durch den dichterischen geist in schau und leben umgesetzt wird, doch kann es weder die seele noch das ziel der dichtung sein, noch dem schöpferischen und dessen ausdruck das gesetz geben.

Der dichter-seher sieht anders, denkt anders und drückt sich ganz anders aus als der philosoph oder der prophet. Der prophet verkündet die Wahrheit als das Wort, das Gesetz oder das geheiß des Ewigen, er übermittelt die botschaft; der dichter zeigt uns Wahrheit in ihrer schönheitsmacht, in ihrem bild oder sinnbild oder enthüllt sie uns im wirken der Natur oder des lebens. Hat er das vollbracht, ist seine ganze arbeit getan; er braucht nicht ihr ausdrücklicher sprecher oder ihr offizieller bote zu sein. Die aufgabe des philosophen ist es, Wahrheit unterscheidend zu erkennen und ihre bestandteile und blickseiten verstandesmäßig zueinander in beziehung zu setzen; die des dichters ist es, jene blickseiten in ihren lebendigen beziehungen zu ergreifen und zu verkörpern, oder weniger philosophisch gesagt: die züge der Wahrheit zu sehen und, von der schau begeistert, in der schönheit ihres bildes zu schaffen.

Freilich mag der prophet in sich einen dichter haben, der oft in sprache ausbricht und die direktheit seiner botschaft mit der bunten atmosfäre des lebens umgibt. Der philosoph mag farbe und bild zu hilfe nehmen, um seinem nüchternen vernunftlicht mildere tönung zu verleihen und seinen dürren pfad der abstraktionen mit etwas heilsamem tau der poesie zu netzen. Doch ist das verzierung und nicht die substanz seiner arbeit; macht der philosoph sein denken zur substanz von dichtung, so hört er auf, philosophischer denker zu sein und wird ein dichter-seher von Wahrheit. So haben die strikteren metaphysiker vielleicht recht, wenn sie Nietzsche nicht einen philosophen nennen; denn Nietzsche denkt nicht, sondern immer sieht er, verschwommen oder klar, richtig oder entstellt, aber stets mehr mit dem auge des sehers als mit dem gehirn des denkers.

Die dichterische schau des lebens ist nicht eine kritik des lebens, nicht eine verstandesmäßige sicht davon, vielmehr eine seelensicht, ein erfassen durch den inneren sinn. Auch das Mantra ist in seiner substanz oder seiner form nicht eine verkündung philosophischer wahrheiten, sondern eine rytmische enthüllung oder eingebung aus der schau der seele von Gott, Natur, ihr selbst, der welt und der inneren, dem äußern auge verborgnen wahrheit alles sie bevölkernden, den geheimnissen des lebens und seins.

Der dichter schöpft eigentlich aus sich selbst und nicht aus dem, was er außen sieht: ihm dient äußeres sehen nur dazu, die innere schau zu ihrem werk anzuregen. Sonst wäre seine arbeit mechanische verfertigung und zusammensetzung, nicht lebendige schöpfung.

Bei allem, was nicht das wesentliche betrifft, mag der dichter tun, wie ihm beliebt. Gedankliches mag vorherrschen in seinem werk oder lebentliches überwiegen. Er mag mit schierer darstellungskraft verfahren oder mit unmittelbarem deutungsvermögen. Er mag diese welt zu seinem text machen, in gegenden darüber wandern oder geradenwegs ins reine empyreum des unendlichen aufsteigen. Um zum Mantra zu gelangen, mag er bei der farbe einer rose anfangen, bei der macht oder schönheit eines charakters, bei der herrlichkeit einer tat oder, weg von solchem, in seine eigene geheime seele und ihre verborgensten regungen einkehren. Notwendig ist einzig, dass er fähig ist, über das verwendete wort oder bild, über die form des gesehenen hinauszukommen, sich davon nicht einschränken zu lassen, sondern in das licht dessen zu gelangen, was sie zu enthüllen vermögen und sie damit zu überfluten, bis sie von dessen eingebungen überströmen oder gar in der enthüllung und der offenbarung zu verschwinden scheinen. Zuhöchst geht er selber in der sicht auf; die persönlichkeit des sehers ist in der ewigkeit der schau verloren, und allein der spirt von allem scheint da zu sein und seine eignen geheimnisse hoheitlich kundzutun.

Aber wie alles andere folgt die dichterische schau notwendig der ausfaltung des menschengeistes, und je nach zeitalter und umgebung hat sie ihre auf- und abstiege, ihre hochländer und ihre niederungen. Gewöhnlich nimmt sie den verlauf eines jähen anstiegs mit nachfolgendem raschen verfall. Das auge des frühen

Dichterische Schau und das Mantra 41

menschen ist auf die physische welt um ihn herum gerichtet, sein interesse gilt der lebensgeschichte mit ihren grundvorstellungen und -gefühlen; er sieht nur den menschen und seine welt, oder nimmt er die andern welten mit ihren göttern und wesen wahr, so ist es immer noch seine eigne physische welt in vergrößertem und erhöhtem bild. Er beansprucht von der dichtung nicht mehr als eine eindrücklichere schau vertrauter dinge, sowohl wirklicher als auch allgemein vorgestellter, die ihm hilft, sie umfassender zu sehen und stärker zu fühlen, ihn auch anregt sie machtvoller zu leben. Als nächstes – doch dieser übergang ist manchmal kurz oder gar ganz übersprungen – kommt ein abschnitt, wo er freude, neugier und reiches abenteuer der erweiterten lebenskraft in sich spürt, die leidenschaft und das romanzenhafte des daseins, und von der kunst und dichtung erwartet er, dass sie dies in all dessen lebhafter farbe ausdrücke und ihn durch einbildungskraft und gemütsbewegung mit zauber und macht befriedige. Danach beginnt er das denken vorwalten zu lassen, aber immer noch über denselben stoff; er verlangt nun vom dichter eine von der inspirierten vernunft erhellte sicht der dinge, schön gestaltet von der ersten starken und klaren freude seines entwickelten ästhetischen empfindens. Eine lebentliche dichtung, die durch den sinnengeist und die gemütsregungen die vorstellung anspricht, und eine dem verstand das leben deutende dichtung sind die frucht dieser zeiten. Spätere dichtung neigt stets dazu, mit noch verfeinerterem verstand und reicherer lebenserfahrung zu diesen formen zurückzukehren. Aber so weit gekommen, kann sie nicht weiter, und ein niedergang setzt ein.

Großes mag von dichtung in diesen grenzen und der beschränkten lebenszeit vollbracht werden, die sie einer literatur gewährt; aber es ist klar, dass der dichter nur schwer zu einer tieferen schau gelangen kann, weil er sich ganz auf das äußere denken und die oberflächenform stützen muss; er ist ihnen hörig, weil sie der einzig sichere halt sind, den er kennt, und wahrheit, die jene übersteigt, erreicht er nur durch deren dichten schleier, der noch immer zwischen ihm und größerem licht liegt. Eine höhere stufe kann kommen, die mit sich die möglichkeit erneuerten und verlängerten fortgangs des dichterischen antriebs bringt, wenn der menschengeist die kräfte hinter dem leben, die durch unser einzeldasein verborgnen mächte, inniger zu sehen beginnt. Der dichter kann versuchen, diese unvermuteten bereiche und ursachen zu enthüllen und das äußere physische, lebentliche und gedankliche sinnbild nur als andeutung größerer dinge zu verwenden. Eine noch höhere stufe kann erreicht werden, tiefere tiefen, weitere horizonte, wenn die in dingen sich bergende seele dem menschen näherkommt, oder wenn andere als die physischen welten sich ihm öffnen. Und die völlige befreiung der dichterischen schau in das tiefgründigste sehen und das dichterische vermögen zu seinem höchsten werk kommt dann, wenn das spirtliche selber von den größten geistern besessen wird und das zeitalter vor seiner enthüllung steht.

Es genügt also nicht, dass dichtung hohe eindringlichkeiten von wort und rytmus erreicht; sie braucht, um diese zu erfüllen, eine entsprechende eindringlichkeit der schau und immer neue und mehr und mehr erhobene oder innere erfahrungsbereiche. Und das hängt nicht allein vom persönlichen schauvermögen des dichters ab, sondern auch vom geist seiner zeit und seines landes, von dessen denk- und erfahrungsstufe, der angemessenheit von dessen sinnbildern, der tiefe von dessen spirtlicher erreichung.

Größer als alles bisherige ist die verheißung der nun anbrechenden zeit, sofern das menschengeschlecht seine höchsten und weitesten möglichkeiten erfüllt und nicht in vitalistischem morast versinkt oder in die materialistische koppel gepfercht bleibt; denn es wird eine zeit sein, wo alle welten ihre schleier vor dem blick des menschen zu heben beginnen und seine erfahrung einladen, und er wird der enthüllung des spirtes nahe sein, von dem jene, ganz nach unserer wahl, die verdunkelnden hüllen, die bedeutsamen formen und sinnbilder oder die durchscheinenden gewänder sind.

Die Ausfaltung dichterischer Sprache

ie bei allem, was nach vollkommenheit trachtet, gibt es auch bei der dichtung stets zwei elemente, den ewigen wahren wesensstoff und die durch das zeitliche gebrachten beschränkungen und beiläufigkeiten. Auf ersteres allein kommt es eigentlich und immer an, und jenes muss unsre einschätzung, unser unbedingtes urteil oder vielmehr unser wesenhaftes ansprechen auf dichtung bestimmen. Eine seele, die mit dem wort als werkzeug den ewigen spirt der Wahrheit und Schönheit durch einige der unendlichen abwandlungen des schönen ausdrückt, das ist der dichter letztlich, und an eine gleiche seele in uns, die denselben spirt sucht und auf ihn anspricht, wendet er sich. Und wenn wir diese antwort in ihrer größten reinheit, ihrer unmittelbarsten und höchsten wachheit leisten können, dann ist unser vermögen dichterischer würdigung am sichersten und eindringlichsten. Der unpersönliche genießer schöpferischer schönheit in uns, so können wir sagen, spricht auf den unpersönlichen schöpfer und deuter von schönheit im dichter an. Denn durch dessen persönlichkeit sucht der unpersönliche spirt der Wahrheit und Schönheit sich auszudrücken, und dieser, nicht der persönliche verstand, findet seine eignen worte und scheint in den höchsten augenblicken der einspirtung selber durch den dichter zu schaffen. Und diesem unpersönlichen geht es nur um die schöpferische idee und das schönheitsmotiv, die ausdruck suchen; seine einzige absicht ist es, den vollkommnen ausdruck, das unausweichliche wort und den enthüllenden rytmus zu finden. Alles andere ist untergeordnet, beiläufig, rohstoff und bedingendes mittel dieses wesenhaften bemühens.

Bei allgemeiner betrachtung der zeitgenössischen dichtung fällt sogleich auf, dass dies eine übergangszeit ist, noch nicht eine neue zeit, vielmehr die vorbereitung auf ein neues zeitalter der menschheit. Überall gibt es ein suchen nach etwas neuem, eine unzufriedenheit mit den mustern, vorstellungen und kräften der vergangenheit, einen geist der neuerung, ein verlangen, an tiefere kräfte von sprache, rytmus und form heranzukommen, weil ein tieferes und weiteres leben geburt annimmt, tiefere und bedeutsamere dinge gesagt werden wollen als bisher gesagt worden sind, und dichtung, das höchste wesen der sprache, muss dafür eine passende stimme finden.

Das streben nach einer neuen rytmuskraft ist das erste zeichen des kommenden wandels. Nicht ganz so ausgeprägt, lange nicht so augenscheinlich wie eine veränderung in der dichterischen ausdrucksart und -kraft, ist es doch ein hinweis; rytmus ist die feine seele der dichtung, und ein wandel im spirt des rytmus muss kommen, wenn der spirt der dichtung sich ganz entdecken und seine ureigne größe und vollendung insgesamt verwirklichen soll. Die menschheit bewegt sich in ihrem denken und leben zu einem anderen spirt hin, gegründet auf eine andere, tiefere und umfassendere wahrheit ihres innern wesens, als sie es in ihrer masse bisher zu sehen, zu halten und in lebensform zu bringen vermocht hat. Dieser wandel muss in der dichtung seinen widerhall, seine deutung, ja etwas von seiner enthüllungs- und einweihungsmacht finden, und um diesen größeren spirt auszudrücken, muss dichtung einen tieferen, weiteren, bildsameren, sozusagen vielfältiger ausdrucksvollen rytmus finden, als die großen dichter der vergangenheit zu verwenden genötigt waren; etwas von der gleichen wandlung gilt es zustande zu bringen, wie er in der musik gelungen ist.

Es gibt etwas ausgedehntes, vielseitiges und beständig wandelbares im leben, denken und spirt von heute, das, um ebenbürtig ausgedrückt zu werden, weiter und strömender bewegungen bedarf, auch knapper, jäher und abrupter schritte oder deren abwechslung sowie dazwischenliegender und abweichender längen und verläufe: dem modernen denkgeist eignet etwas zugleich prall volles und bis ins winzigste ungemein subtiles, was im beschränkten spielraum der feinheiten, abwandlungen und klangfüllen irgendeines bestehenden dichterischen versmaßes nur

Die Ausfaltung dichterischer Sprache 45

schwer unterzubringen ist. Warum also nicht – so wird gefragt – sich losreißen von all den alten hinderlichen einschränkungen und ein neues harmonieprinzip finden, im einklang mit der freiheit, der umfassenden blickweite, der feinheit von gefühl und empfinden des modernen geistes, irgendeine form, die die unabhängigkeit der prosa genießt und dennoch über das gesteigert wechselnde auf und ab des dichterischen tongefälles verfügt. Ja, warum nicht, sofern es getan werden kann – der beweis dafür liegt in der ausführung; doch mag die richtigkeit des verfahrens bezweifelt werden. Jedenfalls ist es noch nicht einmal in den händen seiner größten oder geschicktesten verfechter voll gerechtfertigt worden.

Es bleibt abzuwarten, ob sich die notwendigen neuerungen nicht in die anerkannte, der dichtung eigene bewegung einführen lassen und sich dort besser bewähren als in einem kompromiss mit dem gang der prosa. Der genius dichterischen maßes, den pfad beschreitend, den die uralte entdeckung von tonfall und gesammeltem rytmus eröffnet hatte, ist noch nicht erschöpft, und es liegt kein beweis vor, dass er seine macht nicht an neue erfordernisse anzupassen vermöchte, auch kein zeichen, dass er nur in vergreistem stillstand überleben oder in verfeinerte entartung sinken könne.

Bei allen schriftstellern dieser form [›freier vers‹], die sich zu großer höhe erheben, finden wir, dass sie bewusst oder unbewusst zum gleichen geheimen grundsatz gelangen, nämlich zum wesensprinzip der griechischen chorischen und dithyrambischen dichtung, nun angewandt auf das gesetz einer sprache, die nicht über die starke hilfsquelle der zeitwertigkeit[1] verfügt.

Offenkundig lässt sich mit diesem rytmischen verfahren viel erreichen. Aber es ist doch zweifelhaft, ob in sprachen, die der unterstützung zeitwertigen maßes entbehren, dichterischer ausdruck in dieser form überhaupt mit gleicher kraft gelingen kann wie in den überlieferten weisen der wortmusik.

Dieser freien versform scheinen schwankungen anzuhaften,

---

[1] Verweilen der stimme; das horizontale gewicht quer durch die silbe in den alten sprachen. (a.d.ü.)

und da sie ihrer natur nach ein beständiges abgleiten vom trachten nach anhaltender vollendung sind, mindern sie doch wohl die ansprüche dieses ›freien verses‹ beträchtlich. Bei geringern schriftstellern ist die unzulänglichkeit noch deutlicher; sie erheben sich ein wenig, fallen wieder oder schleppen sich in leicht befriedigter selbstgenüge ebenerdig dahin. Dass aber dichter von großer kraft sich mit solchen mängeln ihres werkzeugs zufrieden geben und ihre kultiviertesten leser sie fraglos akzeptieren, zeigt eine minderwertigkeit, ja fast eine verdorbenheit im modernen ohr an, zumindest ein nachlassen, eine nachlässigkeit im ernst des suchens nach vollendung. Es wird nun manchmal gesagt, die zeilen der dichtung sollten denen des lebens folgen, und das leben, ja auch das denken sei doch von solcher art, und der dichtungsablauf gewinne an aufrichtigkeit, wenn er diesen folge. Aber kunst ist eben nicht von solcher art, der dichterische spirt ist nicht von solcher art; die natur der kunst ist es, sich auf den flügeln der einspirtung zu den höchsten eindringlichkeiten emporzuschwingen und, ihnen immer nahe, so weit wie möglich weiterzufliegen.

Mir scheint auch, dass diese art vers der sprache des dichters ihren vollen spirtlichen wert vorenthält. Der wirkliche dichterische tonfall hat diese macht, und von ihr voll gebrauch zu machen kennzeichnet die größten meister; ihr eignet etwas zauberisches, unmittelbares und wundergleiches, ein unerklärlicher triumf des spirtes. Doch der andern bewegung fehlt diese prägung, sie leistet nicht viel mehr als eine hochkonzentrierte prosa, und zwar weil sie von den drei unerlässlichen eindringlichkeiten der dichtung wohl die des denkens und der seelensubstanz sowie die des ausdrucks haben mag, jedoch die des rytmus, des dichters grunderfordernis, herabgesetzt und gemindert ist, bis zu einem gewissen grad sogar in ihren chorischen bewegungen: durch diese herabsetzung leiden auch die beiden andern eindringlichkeiten, der dichter selbst neigt dazu, sie auf die ebene seiner gangart gleiten zu lassen.

Wenn aber die neue zeit sich mit der höchsten dichterischen macht ausdrücken soll, muss dies durch neue entdeckungen innerhalb des eindringlicheren dichterischen rytmus geschehen.

Die Ausfaltung dichterischer Sprache **47**

Die neueren oder noch lebenden meister mögen das nicht getan haben, außer vielleicht ein paar anfänge davon, doch steht das neue zeitalter ja auch erst an seinem beginn; die entscheidenden aufbrüche, die unvorhergesehnen schöpfungen mögen noch bevorstehen, welche es mit einem oder mancherlei werkzeug ausstatten werden, entsprechend der weite, tiefe und feinheit des kommenden spirts.

Etwas beharrliches, das in der dichtung der zeit zu werden und sich auszudrücken strebt, findet sich in einer ersten erleuchtung, tritt als bewusste kraft zutage und sucht nach angemessener form und rytmus.

Dies feinere element, obgleich noch weit davon entfernt, über die tradition der vergangenheit oder die lautstärkeren kräfte der gegenwart zu obsiegen, ist das ursprünglichste, das unbearbeitetste und für eine größere zukünftige dichtung verheißungsvollste. Eine ausgeprägt spirtliche ausrichtung, das streben nach einer tieferen, machtvolleren, überintellektuellen und überlebentlichen schau der dinge ist sein innerstes geheimnis schöpferischer kraft. Die höchste neigung des menschengeistes bekundet nun zunehmend eine weite öffnung seiner schau sowohl auf das selbst und die person des menschen als auch auf den spirt der Natur, auf die übernatur, das kosmische, das allheitliche und ewige, jedoch ohne die gewalt über das leben und die erde im geringsten einzubüßen, und sie dürfte überleben und das denken und schaffen sowie die formen unsres daseins beherrschen, wenn die gegenwärtige vielheit von standpunkten, das ganze gegen- und durcheinander mannigfaltiger suche und neugestaltung sich im einklang eines mittebezogenen und umfassenden ausblicks aufgelöst hat. Jene unendliche selbstentdeckung wäre das folgerichtige ergebnis der bewegung der vergangenheit und des gegenwärtigen jahrhunderts und die weiteste möglichkeit und beste aussicht, die sich dem menschenspirt bietet; das denken der zeiten aufnehmend in einen mächtigeren bogen der deutung und verwirklichung, wäre sie die krönung des einen zyklus und die eröffnung eines neuen und größeren.

Eine natürliche eigenheit der dichtung, die ihr ihre seele der überlegenheit über andere weisen menschlicher äußerung verleiht, ist das bestreben der deutenden art ihres geistes, stets über den gegenstand hinauszuschauen, ja hinter ihn zu gelangen und von etwas, das im innern auf uns wartet, dessen unausweichliche sprache, dessen ureignen rytmus heraufzubeschwören. Diese innerlichkeit ist der triumf großer dichterischer sprache, ob der dichter nun sein auge wie Homer auf den physischen gegenstand und die macht der handlung gerichtet hält, samt dem verkörperlichten gedanken- und gemütsvorgang, den diese im oberflächengewoge des lebens hervortreten lassen, oder ob er wie Shakespeare auf die brandung des lebensgeistes und dessen formen von charakter und leidenschaft, von wellen selbstdeutenden denkens und sinnens blickt, oder auf das spiel des halb oder ganz losgelösten sehenden verstandes und der inspirierten vernunft, oder die anstrengungen der wunschseele des menschen, in den tausendfarbigen fäden des doppelgewebes unsres daseins die wonne der dinge zu finden. Die art und der ertrag einer dichtung sind verschieden je nach dem, wie tief wir in jenes innere etwas schicht um schicht vordringen, das durch manche zwischenstofflichkeit verborgen ist, sich aber in jeder von ihnen wundervoll darbietet und sich schenkt, doch auch stets sich zurückzuziehen scheint und zu tieferer verfolgung und entdeckung einlädt; sie sind verschieden je nach dem beharren des auges auf dem gegenstand oder dem befreitsein in die größere bedeutung, von welcher der gegenstand nur das greifbare sinnbild ist, oder je nachdem wir von stofflichkeit behindert werden oder durch sie hindurchstoßen zu irgendeiner wahrheit des einen in allem, welches in diesen verschiedenen hüllen so mannigfache reichtümer hervorbringt an form, farbe und andeutung von idee und klang, das aber für die seele, die ihre ewige einheit entdecken kann, in allem eines ist.

Diese neue sehweise ist eine erste bemühung, durch gegenstand und zwischenstoff hindurchzugelangen und sie nur als andeutende werkzeuge zu verwenden, über lebenskraft und gemüt, vorstellung und begriff hinauszusteigen, sich von diesen nicht aufhalten zu lassen, vielmehr den innersten lebensdruck,

Die Ausfaltung dichterischer Sprache 49

das innerste entlastungsvermögen des gemüts, das innerste eintauchen der vorstellung oder ihre suchendste form-, farb- und sinnbildgewalt sowie die innerste durchdringungsfeinheit des begriffsvermögens zu benutzen, um zum seelensinn, zum seelenklang und soweit wie möglich zum seelenwort zu kommen, das in allen gegenständen eine noch tiefer enthüllende wahrheit deutet. Die meiste neuere dichtung von rang enthält, hier weniger, dort mehr, etwas von dieser art bestrebung, kraft, nachdruck auf klang, wort und schau, und obwohl sie oft seltsam dunkle und abgelegene pfade einschlägt, behindert durch das drängen der oberflächlichen wunschseele oder niedergebeugt durch den verstand – die beiden mächte in uns, die die moderne menschheit zu übertriebener vorherrschaft entwickelt hat –, ist sie doch auf diese bemühung ausgerichtet, unser innerstes auf innerste weise zu sehen, und wenn sie sich freimacht, entbindet sie stimmen von höchster kraft, schau und reinheit. Und wohin diese dichtung schließlich auch führt, sofern sie ihr ziel erreicht und nicht stecken bleibt oder irgendeiner andern lockung folgt, das muss ein unmittelbares sehen der seele durch die seele sein, oder des selbstes überall in seiner eignen entbundenen schauungskraft – der unmittelbaren schau der Indischen sehnsucht, *ātmani ātmānam ātmanā*[1] –, nicht das sinnliche, vorstellungshafte, verstandesmäßige oder lebentliche drängen, sondern eine größere Wirkraft, die diese gebraucht und übersteigt, der Seele ureigne entbundene selbstschau in allen dingen und die wonne ihrer größe, ihres lichtes und ihrer schönheit. Dies ist die geistesart, die jetzt in der bemühung vernehmbar wird, wenn auch noch nicht in voller meisterschaft, gestammelt hier, dort gesungen mit leichter, köstlicher und feiner lieblichkeit oder mit anfänglicher fracht von seltener oder wimmelnder andeutung, aber immer noch des meistergesanges harrend, der sich erhebt in das licht des spirits.

Wir schenken der psychologie des dichterischen schaffens kaum beachtung und begnügen uns mit der aussage, das wort des

---

1. das selbst im selbst durch das selbst (BHAGAWADGITA 13.25)

dichters sei die sprache der einbildungs- oder vorstellungskraft, und er arbeite mit inspiration, mit einspirtung. Doch genügt das nicht; denn vorstellung ist von vielfacher art, und einspirtung berührt den geist auf verschiedenen ebenen und bricht durch mancherlei zwischenstoffe, bevor sie durch die tore schöpferischer vorstellung heraustritt. Mit einspirtung meinen wir, dass der antrieb zum dichten uns aus einer überbewussten quelle oberhalb der gewöhnlichen geistigkeit kommt, sodass das geschriebene nicht erzeugnis des denkgeistes zu sein scheint, vielmehr etwas hoheitlicheres, von oben eingehauchtes oder eingeströmtes. Das ist das erfülltsein vom göttlichen *enthusiasmos*, wovon Plato gesprochen hat. Aber selten entspringt das gesamte unmittelbar aus jenem born, jener urlichthöhle, voll ausgeformt und mit der reinen prägung seines göttlichen ursprungs: im allgemeinen geht es durch einen abgeleiteten vorgang im denkgeist selbst, empfängt wohl antrieb und ungestalteten gehalt von oben, setzt ihn jedoch verstandesmäßiger oder andrer irdischen wandlung aus; darin findet sich zwar stets ein mächtigeres vermögen aus der erregung durch das höhere bewusein, doch auch eine beimischung unsrer sterblichkeit. Und charakter, wert und kraft des dichterwortes sind verschieden je nach dem wirken jener teile unsrer geistigkeit, die bei der wandlung vorherrschen – der lebentliche geist, das gemüthafte temperament, der vorstellende oder sinnende verstand oder die höhere intuitive, eingebungshafte intelligenz. Die Tantrische theorie der sprache – die eingespirtet sehende und schöpferische göttin in ihren unterschiedlichen gestalten an immer höheren standorten in unsern verschiedenen seelenzentren tronend – wird hier tatsächliche, lichtvoll erkennbare wahrheit unsres wesens. Doch gibt es in uns auch ein unmittelbar verbindendes zwischen jener göttlichen und dieser menschlichen geistigkeit, einen eingebungshaften seelengeist, der das übrige stützt und sowohl an der übermittlung als auch am eigentlichen schaffen teilhat, und wo er ins offene wirken hinausgelangt, seine gestaltende berührung enthüllt oder seine mittlersstimme hören lässt, da erhalten wir die wirklich unsterblichen sprachtöne und schöpfungshöhen. Und jene epochen, wo im geist einer rasse ein enthusiastischer

Die Ausfaltung dichterischer Sprache 51

ausbruch oder ein ruhig erhabenes wirken dieser eingebungsmacht – mittlerin der einspirtungen des spirtes oder seiner enthüllungen –, sich ereignet, sind die großen zeitalter der dichtung.

Ein von der kritischen, wissenschaftlichen oder philosophischen intelligenz beherrschtes zeitalter der vernunft ist gewöhnlich ungünstig für große dichterische schöpfung, kann ihr auch bei vorurteilsloser weite nicht wirklich förderlich sein. Der reine verstand kann nicht dichten. Inspirierte oder vorstellende vernunft spielt zwar eine wichtige, manchmal eine führende rolle, doch kann dies nur eine stütze oder ein einfluss sein; der denkende geist mag helfen, eine endgültige form zu geben, eine erhaben-machtvolle gestalt, *sam mahemā manīschajā*[1], wie die Wedischen dichter vom Mantra sagten, doch muss das wort erst von einem wesenhaften sinn im herzen des innern wesens ausgehen, *hridā taschtam*[2]; der spirt innen und nicht der geist außen ist der dichtungsborn. Auch dichtung legt wahrheit aus, jedoch in formen von ihr eignender schönheit, nicht so sehr von intellektueller wahrheit, den wahrheiten, die der kritische geist anbietet, als vielmehr von inniger seinswahrheit. Sie beschäftigt sich weniger mit gedachtem als mit geschautem, nicht mit den richtigkeiten des zergliedernden geistes, sondern mit denen der zusammenschau und des sehenden spirts. Die abstraktionen, verallgemeinerungen und winzigen genauigkeiten unsrer gewöhnlichen intellektuellen gehirntätigkeit gehören nicht zu ihrem wesen oder ihrer beschaffenheit, dafür eignen ihr andere, leuchtendere und feinere, durch die zwischenstofflichkeit zu uns gelangte, im licht des eingebungshaften und enthüllenden geistes getränkte. Und wenn daher die allgemeine denktätigkeit vorwiegend in ersterer art verläuft, dann neigen die werke der letzteren, angesteckt von der alldurchdringenden luft, zu blutarmut; dichtung hört entweder auf, fällt in geringere ausdrucksweise oder nimmt zuflucht zu virtuositäten ihrer äußern werk-

---

1. mögen wir mit unserm denken zu größe gestalten (Rigveda 1.94)
2. vom herzen geprägt

zeuge und hilfsmittel, und wenn sie dennoch etwas beträchtliches schafft, fehlt ihr die höchste spontanheit, die natürliche vollkommenheit, das gefühl strömender leichtigkeit oder uneingeschränkter meisterschaft, was der hauch des spirts auch inmitten der erfülltesten oder strengsten schöpfungsarbeit offenbart.

Aber diese unvereinbarkeit ist nicht endgültig. Die von dichtung ausgedrückte wahrheit nimmt zwei formen an, lebenswahrheit und wahrheit des im leben wirkenden, des inneren spirts. Sie mag sich auf das äußere leben einstellen und in inniger wesenseinheit mit ihm arbeiten, wobei sie etwas licht von eingebungshaften dingen, etwas enthüllungskraft von der schönheit, welche wahrheit, und der wahrheit, welche schönheit ist, in die äußeren lebensdinge bringt, selbst die gewöhnlichsten, offenkundigsten, alltäglichsten. Sie mag aber auch in die wahrheit des inneren spirts einkehren und in inniger wesenseinheit, in naher beziehung oder tiefer hinwendung zu ihm schaffen, wobei sie eine neue enthüllung unsres wesens, unsres lebens und denkens, der Natur, der okkulten und spirtlichen welten schenkt. Diesem bestreben scheint sie in ihren bezeichnendsten, wirksamsten und schönsten offenbarungen näherzukommen. Doch kann sie sich in diesem sinn nicht voll entfalten, ehe der allgemeine zeitgeist jene wende nimmt. Es gibt anzeichen, dass dies sich tatsächlich aus der vom modernen geist eingeschlagenen neuen richtung ergeben wird, nicht eine intellektuelle versteinerung oder ein langes rollen in den gleisen eines kritischen intellektualismus, sondern ein höheres und echteres denken und leben. Die menschliche intelligenz scheint am rande eines versuchs zu stehen, durch die intellektuelle in eine intuitive geistigkeit aufzusteigen; sie ist nicht länger damit zufrieden, den verstand und die welt unzweifelhafter tatsachen für alles zu halten und die intellektuelle vernunft als ausreichenden mittler zwischen leben und spirt zu betrachten, vielmehr beginnt sie wahrzunehmen, dass es einen spirtlichen geist gibt, der uns zu einer größern und umfassenderen schau zulassen kann. Dies bedeutet kein aufgeben der errungenschaften der vergangenheit, sondern deren heben und erweitern sowohl durch ein suchen der innern und der äußern wahrheit der dinge als auch all dessen, was

Die Ausfaltung dichterischer Sprache 53

sie zusammenhält, und deren einbringen in wahre beziehung und einheit.

In einiger jüngeren dichtung gibt es manches krankhafte, verdrehte oder verdorbne, was aber von einer künstlichen verlängerung der vergangenheit oder einer zeitweiligen vermischten anpassung herrührt und nicht zu jenem element in der neuen dichtung gehört, das dies vermeidet und sich entschieden den dingen der zukunft zuwendet. Dekadenz setzt ein, wenn es beim niedergang einer kultur nichts mehr zu leben, zu sehen oder zu sagen gibt, oder wenn sich der dichtergeist unrettbar in plumper, künstlicher wiederholung vergangner formen und konventionen niederlässt oder nur in gelehrte und ästhetische geziertheit oder übertreibung flüchten kann. Aber ein zeitalter, das große und neue lebentliche wahrheiten bringt, wahrheiten unsres wesens, wahrheiten des menschenselbstes und des innern selbstes der Natur, und das der schau und vorstellung weite, unbetretene gebiete erschließt, dürfte keine dekadenzzeit sein, und eine dichtung, die diesen dingen stimme verleiht, keine dekadenzpoesie.

Die vollkommnere eingebungshafte dichtung der zukunft, vorausgesetzt dass sie erfolgreich aus ihrer gegenwärtigen brutzeit hervorkommt, sich findet und all ihre möglichkeiten entwickelt, wird nicht eine schwer verständliche, völlig erden- und lebensferne mystische dichtung sein. Allerdings mag sie elemente dieser art enthalten; denn wannimmer wir uns diesen bereichen öffnen, leben mehr als die Orphischen oder die Eleusinischen mysterien wieder auf, und einige davon befinden sich jenseits unsrer ausdrucksmittel; aber mystizismus in seinem geringeren, eher ungünstigen sinn gibt es dann, wenn wir die jetzt verborgnen dinge des spirtes zwar erblicken, jedoch nicht innig verwirklichen oder, sie verwirklichend, ihre unmittelbare sprache, ihre ureigne art der äußerung nicht finden können und dunkel lichtvolle winke oder schwere symboldrapierung verwenden müssen, oder wenn wir die enthüllung, nicht aber die einspirtung haben, die schau und nicht das wort. Und abgehobenheit kommt dann, wenn wir den spirt nicht mit dem leben zu verbinden und des spirtes kraft nicht zur umwandlung der übrigen wesensteile einzusetzen vermögen. Doch ist das neue zeitalter eines, das aus voller intellektualität zur möglichkeit ebensolcher fülle des intuitiven, des eingebungshaften geistes steigt, und dessen strahlende gesamtheit, nicht nur erhaschte einblicke, öffnet sich auf den geist der enthüllung und einspirtung hin. Der ästhetische geist, ob er gestalt annimmt im wort des dichters oder dem des erleuchteten denkers, des propheten oder des sehers, kann eines der haupttore sein. Und worauf das zeitalter abzielt, ist weder materialismus noch intuitiver vitalismus noch lebensferne abgehobne spiritualität, sondern harmonische, lichtvolle wesensgesamtheit des menschen. Darum steht dieser dichtung der ganze daseinsbereich als stoff zur verfügung, Gott, Natur, mensch und alle welten, feld des endlichen und unendlichen. Es ist kein abschluss, auch nicht ein hoher in diesem oder jenem feld endender, was die zukunft uns bietet, vielmehr eine neue und höhere ausfaltung, eine zweite und größere geburt aller kräfte des menschen und seines wesens, wirkens und schaffens.

ZWEITER TEIL

Der urbildliche Spirt der Dichtung

as die Wedischen dichter mit Mantra meinten, war eingespirtetes, enthülltes sehen und schauungshaftes denken, begleitet von verwirklichung irgend innerster wahrheit von Gott, selbst, mensch, Natur, kosmos, leben, ding, denken, erfahrung und tun. Es war ein denken, das auf schwingen eines großen seelenrytmus kam, *tschandas*. Denn sehen ließ sich vom hören nicht scheiden, es war eines. Auch konnte die gelebte wahrheit in einem selber – was wir unter verwirklichung verstehen – nicht von einem der beiden geschieden werden; denn ihre gegenwart in der seele und ihre erfüllung des geistes muss im schöpfer oder menschlichen stromweg jenem ausdruck des innern sehens und hörens vorangehn, der als das leuchtende wort gestalt annimmt. Das Mantra wird durch das herz hindurch geboren und vom denkenden geist in ein gefährt jener gottheit des Ewigen geballt oder geprägt, von dem die geschaute wahrheit ein gesicht oder eine form ist. Und auch im geist des fähigen äußern hörers, der dem wort des dichter-sehers lauscht, müssen diese drei zusammenkommen, wenn unser wort ein wirkliches Mantra ist; das sehen der innersten wahrheit muss das hören begleiten; das erfülltsein des geistes von deren innerstem wesen und ihr ankommen bei der seele muss des rytmischen Wortes botschaft und des geistes schau der Wahrheit begleiten oder ihr auf dem fuße folgen. Das mag sich recht mystisch anhören, doch tatsächlich ist eine vollständige beschreibung der geburt und wirkung des eingespirteten und enthüllenden wortes kaum möglich, und sie lässt sich, wenn auch gewöhnlich auf niedrigerer stufe als von den Wedischen Rischis gemeint, auf alle höchsten ausströmungen wirklich großer dichtung anwenden. Aber dichtung ist Mantra nur dann, wenn sie die stimme innerster wahrheit ist, gekleidet in die höchste gewalt des ureignen rytmus und sprachtons jener wahrheit. Und die alten dichter des Weda und der Upanischaden erhoben den anspruch, das Mantra zu

äußern, weil es stets diese innerste und fast okkulte wahrheit der dinge war, die sie zu sehen, zu hören und zu sagen strebten, und weil sie deren eigenste seelenrytmen zu gebrauchen oder zu finden glaubten, mitsamt der vom göttlichen Agni, dem heiligen Feuer im menschenherzen, emporgebrachten opfersprache. Das Mantra ist, mit andern worten, ein unmittelbarstes, erhöhtestes, eindringlichstes und göttlich befrachtetstes rytmisches wort, das intuitive und enthüllende einspirtung verkörpert und den geist beseelt mit der schau und der gegenwart des ureignen selbstes, der innersten wirklichkeit der dinge und mit seiner wahrheit samt ihren göttlichen seelenformen, den aus der lebendigen Wahrheit geborenen Gottheiten. Oder es ist eine erhabenste rytmische sprache, die alles endliche erfasst und in jedes einzelne das licht und die stimme ihres unendlichen bringt.

Dies ist eine dichtungstheorie, eine anschauung des rytmischen und schöpferischen selbstausdrucks, die von jeder heute geltenden sehr verschieden ist, eine heilige oder hieratische *ars poetica*, nur möglich in zeiten, wo der mensch sich den göttern nahe glaubte, ihre gegenwart in der brust fühlte und annehmen durfte, er höre einige töne ihrer göttlichen und ewigen weisheit auf den höhen seines geistes gestalt annehmen. Und vielleicht ist kein denkendes zeitalter von einer derartigen anschauung unsres lebens so weit entfernt gewesen, wie das von uns jüngst durchlaufene, aus dessen schatten wir auch jetzt noch nicht ganz heraus sind, das zeitalter des materialismus, das zeitalter unzweifelhaften äußeren faktums und wissenschaftlicher, utilitaristischer vernunft. Und dennoch, seltsamerweise – oder vielmehr natürlicherweise, da im haushalt der Natur sich gegensatz aus gegensatz erschafft und nicht nur gleiches aus gleichem – scheinen wir zumindest zu einem fernen licht der sicht unsrer selbst in unserm größten zurückzukehren, von dem solche ideen ein verdichteter ausdruck sind. Denn obgleich unter sehr verschiedenen umständen, in weiter gefassten formen, mit vielschichtigerem geist und gewaltig vergrößerter grundlage von kultur und zivilisation, dem gewinn und erbe vieler zwischenzeiten, scheinen wir doch bei unserm spiraligen vorwärtsgang fast wieder an den punkt gelangt, der sehr der bemühung gleicht, die die seele des Wedischen oder

Der urbildliche Spirt der Dichtung

mindestens des Wedantischen geistes war. Nun wir ganz genau festgestellt haben, wie die stoffliche wirklichkeit der welt beschaffen ist, in der wir leben, und wir auch einige kenntnis von der lebentlichen wirklichkeit der Kraft besitzen, der wir entspringen, beginnen wir endlich wieder nach der spirtlichen wirklichkeit von dem zu suchen, was wir und alle dinge insgeheim sind.

Unser geist trachtet einmal mehr danach, das selbst, den spirt des menschen und den spirt des weltalls wahrzunehmen, zwar vorerst noch verstandesmäßig, doch von da bis zu jenem alten streben nach schau, nach verwirklichung in uns selbst ist es kein sehr weiter schritt. Und bei dieser bemühung muss dem menschengeist auch der begriff von gottheiten aufgehen, in denen dieser Spirt, dies wundervolle Selbst und Wirkliche, das über der welt schwebt, gestalt annimmt im befreiten leben und wesen des menschen, seiner gottheiten der Wahrheit, Freiheit und Einheit, seiner gottheiten größeren, höher schauenden Willens und Vermögens, seiner gottheiten der Liebe und allheitlichen Wonne, seiner gottheiten umfassender, ewiger Schönheit, seiner gottheiten eines höchsten Lichtes, einer höchsten Harmonie und eines höchsten Guten. Die neuen leitbilder der gattung scheinen bereits von einem ersten hellen schatten dieser dinge beeinflusst, und mag es auch nur eine tönung sein, ein erglühen, das die dumpfere atmosfäre unsrer modernen geistigkeit färbt, so gibt es doch starke anzeichen, dass diese tönung sich vertiefen und wachsen wird – am himmel, zu dem wir aufblicken, wenn nicht sogleich auf der erde unsres tatsächlichen lebens.

Doch wird diese neue schau nicht wie in alten zeiten etwas hieratisch abgehobenes, mystisches, rein innerliches, vom weltlichen abgeschirmtes sein, vielmehr ein sehen, das danach trachtet, diese gottheiten wieder in nahe, innige vertraulichkeit mit unsrer erde zu ziehen und sie nicht nur im herzen von religion und philosophie zu verkörpern, nicht nur in den höhenflügen von denken und kunst, sondern auch so weit wie möglich im alltäglichen leben und tun des menschen. Denn in alter zeit waren diese dinge Mysterien, die den wenigen, den eingeweihten überlassen blieben, wodurch sie schließlich aus den augen verloren wurden; aber das bestreben dieses neuen geistes ist es, zu enthüllen, zu verbreiten und alle mysterien unserm verständnis nahezubringen – dabei werden sie derzeit allerdings zu gewöhnlich und äußerlich gemacht und büßen viel von ihrer schönheit, ihrem inneren licht und ihrer tiefe ein, doch wird dieser fehler vorübergehn –, und diese ausrichtung auf offene verwirklichung zu mag sehr wohl zu einem zeitalter führen, wo der mensch als gattung in größerer Wahrheit zu leben versucht, als jemals eine unsre art geleitet hat. Denn alles was wir wissen streben wir nun klar umzusetzen und zu leben. Auch seine schöpfung wird dann von einem andern spirt bewegt und auf andre richtlinien gewiesen werden.

Und wenn dies stattfindet oder schon wenn es eine starke geistige bewegung dorthin gibt, mag dichtung etwas von ihrem alten heiligen ansehen zurückgewinnen. Gewiss wird noch viel gedichtet werden, das den alten linien folgt und den gewöhnlichen ästhetischen beweggründen dienstbar ist, und das ist auch gut so, denn aufgabe der dichtung ist es, dem menschen sein wesen auszudrücken und jede von ihm wahrgenommene macht der schönheit zu verkörpern; doch mögen nun auch seelen hervortreten und den ersten rang einnehmen, die nicht mehr mit der höchsten flamme geizen – dichter-seher und seher-schöpfer, dichter, die auch rischis sind, meistersänger der Wahrheit, hierophanten und magier einer göttlicheren und allheitlichen schönheit. Etwas davon ist zweifellos bei den größten meistern der dichtung in den großen zeitaltern immer dagewesen, aber eine solche rolle zu erfüllen war nicht oft die grundvorstellung ihres wirkens; der zeitgeist hat andre, jeweils notwendige anforderungen an sie gestellt, und die höchsten erreichnisse in dieser richtung waren seltene selbstübersteigungen, noch gefärbt vom halblicht, in dem sie sangen, und auf es abgetönt. Wenn aber ein zeitalter kommt, das im allgemeinen besitz einer tieferen, größeren und inspirierenderen Wahrheit ist, dann werden ihre meister des rytmischen wortes zumindest auf höherer allgemeinebene singen und mögen sich öfter in ein volleres, eindringlicheres licht erheben und beständiger die größern klänge erhaschen, deren die harfe Gottes, um die beschreibung der Upanischad von des menschen geschaffenem wesen zu gebrauchen, insgeheim fähig ist.

Der urbildliche Spirt der Dichtung

Intuitive, enthüllende dichtung, wie wir sie im auge haben, leiht einer höchsten harmonie von fünf ewigen mächten stimme, nämlich Wahrheit, Schönheit, Wonne, Leben und Spirt. Diese sind in der tat die fünf größeren urleuchten, ja die sonnen der dichtung, und dreien von ihnen wendet der höhere geist der gattung in vielen richtungen mit einer neuen art und kraft des nachdrucks sein sinnen und trachten zu. Die intellektuelle seite unsres jüngsten fortschritts ist lange ein beständig eifriges streben nach Wahrheit in einigen seiner bereiche gewesen; doch jetzt kann die beschränkte wahrheit von gestern uns nicht mehr befriedigen oder binden. Viel von einer bisher nicht gefundenen oder nur flüchtig erblickten art ist erkannt und entdeckt worden; aber wie großartig und viel auch immer, es erscheint nun als recht wenig angesichts des unendlich viel mehr beiseite gelassenen und nicht gewussten, was jetzt unsre suche einlädt. Die beschreibung eines alten Wedischen dichters vom suchen nach der göttlichen Wahrheit trifft voll auf den geist unsres zeitalters zu: »Während es von höhe zu höhe steigt, wird seiner sicht all das viele offenbar, was noch zu tun bleibt.« Doch beginnt auch klarzuwerden, dass nur in einem großen erwachen des selbstes und spirtlichen wesens des menschen jene noch ungelebte wahrheit zu finden und jenes unendlich viele zu vollbringen ist. Erst dann kann sich für den auf der erde lebenden jene fülle größerer erkenntnis entfalten, sich ihrer hüllen entledigen und können in seinem tieferen gemüt und wesen – mit den worten eines andern Wedischen dichter-sehers – »neue zustände geburt annehmen, hülle um hülle zu wissen erwachen, bis man im schoß der Mutter völlig sieht.« Dies neu-alte licht kehrt nun in unsre geiste zurück. Die menschen glauben nicht mehr so ganz, dass die welt eine maschine sei und sie selber bloß ein bisschen vergängliche denkende materie, eine weltanschauung – wie förderlich sie auch gewesen sein mag für eine siegreiche konzentration auf naturwissenschaft, gesellschaftsökonomie und materielles wohlergehen –, innerhalb derer weder religion noch philosophische weisheit ihre kraft an den quellen des spirts erneuern konnten, noch kunst und dichtung, die wie religion und weisheit dinge der seele sind, sich im born ihrer stärke zu erneuern vermochten. Jetzt bewegen wir uns von der physischen besessenheit zurück zum bewusstsein, dass in uns und im weltall ein wesen und größeres selbst wohnt, welches hier im leben und körper ausdruck findet.

Aber der geist von heute besteht zu recht auch auf dem leben, auf menschlichkeit, auf der würde von arbeit und tun. Wir hadern nicht länger asketisch mit unsrer mutter erde, sondern tränken lieber in vollen zügen aus ihrer brust der schönheit und kraft und möchten ihr leben zu vollkommener größe erheben. Das denken beschäftigt sich jetzt viel mit der idee eines weiten schöpferischen lebens- und tatwillens als dem geheimnis des daseins. Diese sichtweise birgt – mag sie auch der kunst und dichtung, philosophie und religion raum für größere macht geben, indem sie wirkliche seelenwerte hereinbringt – durch ihre beschränktheit doch auch ihre gefahren. Die wahrheit, in der wir am machtvollsten leben werden, ist vielmehr ein spirt, der alles leben ist und größer als es. Aditi, die unendliche Mutter, spricht in einer alten Wedischen hymne Indra an, eine in ihrem schoß zur geburt bereite göttliche Macht: »Dies ist der wiederentdeckte pfad von ehedem, wo all die götter zur geburt aufstiegen; nimm auch du diesen aufwärtsweg bei deinem wachstum, schlag nicht jenen anderen ein, der deine mutter zu fall bringt«. Wenn nun aber, den aufwärtsweg ausschlagend, der zur geburt bereite spirt wie der gott antwortet: »Nicht auf *dem* weg gehe ich voran, denn er ist schwer zu beschreiten; lass mich aus dir stracks auf der ebene hervorkommen, denn ich habe viele noch nicht getane dinge zu tun; mit dem einen muss ich kämpfen, mit einem andern nach der Wahrheit suchen«, dann mag das neue zeitalter zwar gleich dem vorigen große dinge tun, wird jedoch den höchsten weg verfehlen und gleich ihm in einer katastrophe enden. Es besteht kein grund, unsre neue geburt in der zeit derart zu beschränken; denn spirt und leben sind nicht unvereinbar, vielmehr bringt eine größere macht des spirts eine größere lebensmacht. Am meisten von all unsern kräften können dichtung und kunst dem menschengeist diese wahrheit mit erleuchtender und umfassender macht nahebringen; denn während philosophie sich in abstraktionen verlieren und religion sich unduldsamer jenseitigkeit und askese zuwenden mag, sind dichtung und kunst geborene mittler zwi-

Der urbildliche Spirt der Dichtung 63

schen dem unstofflichen und dem greifbaren, zwischen spirt und leben. Diese mittlung zwischen der wahrheit des spirts und der wahrheit des lebens wird eine der hauptobliegenheiten der zukunftsdichtung sein.

Die zwei andern geschwisterleuchten Gottes, farbsonnen des Urbilds, die unser zeitalter am meisten getrübt hat, obwohl es deren belebendes licht am allermeisten benötigt, jedoch zu angestrengt äußerlich und nützlichkeitsbezogen ist, um ihre abwesenheit genügend zu fühlen, nämlich Schönheit und Wonne, sind ebenfalls spirtliche dinge, und sie bringen aus den andern dreien das eigentliche herz von lieblichkeit, farbe und flamme heraus. Wahrheit und leben sind nicht vollkommen, ehe sie von der ergänzenden wonnemacht und der feinen macht der schönheit durchdrungen und erfüllt und auf ihren höhen mit dieser vollendenden tönung und diesem geheimen wesenskern ihrer selbst eins werden; ohne diese beiden befriedigenden gegenwarten hat der spirt keine volle enthüllung. Denn die alte Indische idee stimmt unbedingt, dass wonne, Ananda, des freien selbstes innigste ausdrucks- und schöpfernatur ausmacht, weil sie die eigentliche essenz des urwesens des Spirtes ist. Aber schönheit und wonne sind auch der eigentliche kern und ursprung von kunst und dichtung. Die bedeutung und spirtliche wirksamkeit von kunst und dichtung besteht darin, den menschen in reine wonne zu befreien und schönheit in sein leben zu bringen. Wie bei allem andern gibt es hier stufen und höhen, und die höchsten arten von wonne und schönheit sind jene, die mit der höchsten Wahrheit, der vollkommenheit des lebens und der reinsten und vollsten freude des selbstenthüllenden Spirtes eins sind. Darum wird dichtung sich am tiefsten finden und am vollständigsten ihr erbe antreten, wenn sie zur reichsten harmonie dieser fünf dinge in deren herrlichster und weitester lieblichkeit, helle und macht gelangt; doch das kann erst ganz und gar sein, wenn sie von den höchsten himmeln der schau her singt und durch die weitesten weiten unsres wesens streift.

Diese kräfte lassen sich allerdings auf jeder stufe besitzen; denn wo auch immer wir uns bei unserm anstieg befinden, der Spirt, das göttliche Selbst des menschen, ist stets da und kann hervorbrechen in starker offenbarungsflamme, die all seine gottheiten, gleich welcher gestalt, mit sich trägt, und dichtung und kunst gehören zu den mitteln, durch die er sich so in ausdruck entbindet. Daher ist die essenz der dichtung ewig dieselbe, und ihre wesenhafte macht sowie die aufgewendete größe an genius mögen gleich sein, was auch immer der schauungsrahmen sein mag, ob Homer die helden in götterbewegter schlacht vor Troia besingt, oder den Odysseus, der inmitten der wunder entlegener zauberinseln umherirrt, sein herz stets der fernen verlornen heimat zugewandt, ob Shakespeare in seiner brandung vielfältiger farbe, musik und leidenschaft des lebens schwimmt, ob Dante in seinen schrecklichen oder seligen visionen von Hölle, Fegefeuer und Paradies wandelt, ob Walmiki von seinem idealen menschen singt, der Gott verkörpert, und vom selbstsüchtigen riesigen Rakschasa, der nur wilden eigenwillen verkörpert, wobei sie von ihren verschiedenen lebenszentren aus und in ihrem unterschiedlichen wesensgesetz zu dem von den göttern gewünschten kampf aufeinanderstoßen, ob ein mystischer Wamadewa oder Wischwamitra in seltsam lebendigen, nun vergessenen sinnbildern dem wirken der götter oder den herrlichkeiten der Wahrheit stimme verleiht, dem ringen und der reise zum Licht, den doppelten reichtümern und dem opferanstieg der seele zur Unsterblichkeit. Denn sei die formgeberin nun die an die erde geheftete inspirierte vorstellungskraft, sei es die lebensseele, die inspirierte vernunft oder die hohe intuitive spirtliche schau – der genius des großen dichters ergreift irgendeine seinswahrheit, einen lebenshauch, eine macht des spirts und bringt das mit einer gewissen höchsten kraft hervor zu seiner und unsrer wonne und freude an dessen schönheit. Dennoch wird dichtung, die in ihrer weite umfassend und in ihrer fühlung innig nahe bleiben und außerdem alle dinge aus größerer höhe sehen kann – wenn alles übrige gleichwertig ist –, mehr geben und das gesamte dessen, was wir sind, völliger befriedigen, und daher auch das gesamte dessen, was wir von dieser vollständigsten aller künste, diesem feinsten all unsrer mittel ästhetischen selbstausdrucks verlangen.

Die dichtung der zukunft wird, sobald sie das vollends erfüllt,

Der urbildliche Spirt der Dichtung

was sich erst in reichen hinweisen ankündigt, diese fünf leuchten unsres wesens entzünden, sie aber höher heben und mit ihnen weiteres land erhellen, ja viele vor unsrer sicht nun verborgnen lande, wird sie nicht länger zu lampen in einem begrenzten tempel der schönheit machen, vielmehr zu sonnen an den himmeln unsres höchsten geistes, die unser weitestes wie unser innerstes leben erleuchten. Es wird eine dichtung neuer, umfassendster schau seiner selbst, der Natur, Gottes und aller dinge sein, die sich den menschen darbieten, sowie ihrer möglichen verwirklichung in einem edleren und göttlicheren menschentum, und sie wird davon nicht nur mit der kraft des vorstellenden verstandes singen, der gehobenen ekstatischen empfindung oder der bewegten lebensfreude und -leidenschaft, sondern wird aufsteigen, das alles in eindringlicherem licht anzuschauen und es in enthüllenderer macht des wortes zu verkörpern. Sie wird zuerst und vor allem eine dichtung der intuitiven vernunft, der intuitiven sinne, der intuitiven wonneseele in uns sein, schöpfend aus dieser gesteigerten einspirtungsquelle von unumschränkterem dichterischen enthusiasmus und ekstase, und wird sich dann womöglich noch größerer enthüllungsmacht entgegenheben, näher der unmittelbaren schau und dem wort des übergeistes, woraus letztlich alle schöpferische einspirtung kommt.

Eine dichtung dieser art braucht keineswegs etwas hohes, abgelegenes oder köstlich und zart ungreifbares zu sein, jedenfalls nicht das allein; sie wird auch die höchsten dinge nah, vertraut und sichtbar machen, wird groß und schön von allem singen, was gesungen worden ist, allem, was wir sind vom äußeren körper bis hin zu Gott und Selbst, wird singen vom endlichen und unendlichen, vom vergänglichen und Ewigen, aber mit neu versöhnender und verschmelzender schau, die für uns alles andersmachen wird, als es gewesen, auch wenn es noch dasselbe ist. Schwingt sie sich zu den höhen auf, so lässt sie die erde nicht ungesehen unter sich, beschränkt sich jedoch auch nicht auf sie, sondern findet noch weitere wirklichkeiten und deren einflüsse auf den menschen und macht alle daseinsebenen zu ihrem reich. Sie wird die geheimnisse der älteren dichter aufgreifen und verwandeln und neue unentdeckte geheimnisse finden, die alten rytmen umgestalten durch den nachdruck der stimme ihres tiefern, feineren spirts und neue eigentümliche harmonien schaffen, andere, größere sprachgewalten und -wesen enthüllen, ausgehend von vergangnen und gegenwärtigen, wird sich aber durch diese, deren maßstab, formeln und regeln, nicht einschränken lassen, vielmehr ihre gewandelt und vollendet eigene dichtkunst entwerfen. Dies ist zumindest ihre mögliche ideale bestrebung, und schon der versuch wird ein verjüngungs-elexier sein und den dichterischen spirt einmal mehr an die leuchtende spitze der mächte und führer der immer fortschreitenden seele der menschheit stellen. So wird sie bei der reise vorangehn wie der Wedische Agni, der feurige spender des Wortes, *juwā kawiḥ, prijo atithir amartjo mandradschihwo, ritatschid ritāwā*, der Jugendliche, der Seher, der geliebte unsterbliche Gast mit seiner nektarzunge der ekstase, der Wahrheitsbewusste, der Wahrheitfinder, von der erde als flamme geboren, und doch der himmelsbote der Unsterblichen.

Die Sonne dichterischer Wahrheit

Wahrheit ist eine unendliche göttin, die stirn und das angesicht der Unendlichkeit und von Aditi selbst, der grenzenlosen mutter aller götter. Diese unendliche, ewige und ewig schöpferische Wahrheit ist kein feind der vorstellungs- oder einbildungskraft, ja nicht einmal der freien fantasie, denn auch sie sind gottheiten und können eines ihrer gesichter oder eine ihrer ausdrucksmasken tragen, während vorstellung vielleicht die eigentliche farbe ihres schöpfungsverfahrens ist; ihre geburten und bewegungen sind zahllos, ihr gang ist geschmeidig und vielpfadig, und durch alle göttlichen mächte und allheitlichen mittel kann sie ihren weg zu ihren eignen reichtümern finden, und selbst irrtum ist ihr unrechtmäßiges kind und dient, wenn auch widerspenstig, aufrührerisch und mit manch schwindelerregender wendung, dem vielgestaltigen, anpassungsfähigen, weltweiten ziel seiner mutter. Etwas von dieser unendlichen Wahrheit ist es, was dichtung mit hoher macht, auf ihre eigene schönheitsweise uns mit den ihr anvertrauten üppigen mitteln zu schenken vermag. Der stromweg ist verschieden von denen ihrer andern betätigungen, weil die kraft von anderer art ist. Unendliche Wahrheit hat ihre unterschiedlichen weisen sich auszudrücken und zu finden, und jede muss ihre besonderheit wahren; das gesetz der einen darf nicht auf das einer andern form ihres selbstausdrucks angewandt werden; doch heißt das nicht, dass der stoff der einen nicht als stoff für eine andere gebraucht werden könne, sofern dieser durch andersartige kraft in andersartige gestalt gebracht wird, oder dass alle sich nicht auf ihren gipfeln träfen. Wahrheit von dichtung ist nicht bloß wahrheit von philosophie, von naturwissenschaft oder religion, denn sie ist eine andere weise des selbstausdrucks unendlicher Wahrheit, ja so verschieden, dass sie ein ganz anderes antlitz der dinge zu zeigen und eine ganz andere seite der erfahrung zu enthüllen scheint.

Die andern haben normalerweise nicht die gleiche freude des

worts, weil sie nicht an seine quelle gehen, obwohl jede ihre eigne eindringliche wonne hat, wie philosophie die freude tiefen, umfassenden verstehens und religion ihre kaum ausdrückbare verzückung. Dennoch bleibt richtig, dass der dichter im wesentlichen genau dasselbe ausdrücken mag wie der philosoph, der religionist oder der wissenschaftler, vorausgesetzt er wandelt es um, löst etwas von dem los, worauf die andern in ihrer sonderart bestehen, und gibt uns jenes weitere, was dichterische schau und ausdruckskraft bringen. Er muss es in dichtungswahrheit umsetzen, wobei es für seine kunst noch besser wäre, wenn er es zuerst mit dem dichterischen einblick sieht, dem schöpferischen, intuitiven, unmittelbar wahrnehmenden und deutenden auge; dann dürfte seine wahrheitsäußerung dichterischer sein, echter, inspirierter, zwingender. Es lohnt sich, auf dieser unterscheidung zwischen dichterischer und anderer wahrheit sowie deren begegnung und verbindung zu verweilen; denn soll dichtung im neuen zeitalter alles für uns tun was sie kann, dann wird sie zunehmend manches in ihren gesichtskreis einbeziehen, was sie mit philosophie, religion und sogar in weiterem sinn mit wissenschaft gemein hat, und dennoch wird sie zugleich eindringlicher die besondere schönheit und eigentümliche macht ihrer eignen einsicht und ihrer eignen art und weise entwickeln.

Der unterschied, der diese großen dinge des geistes trennt, ist einer des unerlässlichen hauptwerkzeugs, das verwendet werden muss, und des anklangs beim geist, sowie der ganzen art und weise. Der philosoph sieht im trocknen licht der vernunft, geht nüchtern vor mit strenger analyse und abstraktion des intellektuellen inhalts der wahrheit, ein logisches, langsames, gewissenhaftes schreiten von idee zu reiner idee, ein für den gewöhnlichen, harten, dürren geist schwieriges, nebelhaftes und für den dichterischen unmögliches verfahren. Denn der dichterische geist sieht gesamthaft in farbiger lichtflut, in bewegter erfahrung, in einer ekstase ankommenden worts, in formherrlichkeiten, in unwillkürlichem hervorspringen eingespirteter ideen, funken aus den hufschlägen des weißen flammenrosses Dadhikrawan[1], wenn

---

1. das göttliche kriegspferd, eine macht von Agni

Die Sonne dichterischer Wahrheit **69**

es den götterberg hinaufgaloppiert; oder luftstoß und regenbogentönung flügelschlagender Gedanken-schwärme, die über die erde oder empor gen himmel fliegen. Auch der wissenschaftler folgt der intellektuellen vernunft, jedoch mit mikroskopischem prüfblick, gerichtet auf die analyse feststellbaren faktums und prozesses sowie auf korrekte messung und beziehung von kraft und energie, wie sie nachweislich auf die phänomene des daseinsstoffs einwirkt, und fügt beständig faktenglied an -glied und prozesswindung an -windung, bis er, wenigstens als skelett und gewebe, die ganze verknüpfte kette der erscheinungsdinge in händen hält. Aber dem dichterischen geist ist dies etwas tot mechanisches, denn das dichterauge liebt es, atmendes, wirkendes leben in seinem vollendeten zusammenklang und rytmus anzuschauen, nicht die es ausmachenden maße, noch weniger die zerlegten teile, und sein blick erfasst die seele des wunders der dinge, nicht das mechanische mirakel. Das verfahren dieser andern mächte geht mit den streng gegründeten und geduldig selbstsichern schritten der systematisierenden intelligenz, und der von ihnen bloßgelegte aspekt der Wahrheit ist eine vom auge der intellektuellen vernunft gemessene und aus der ideen- und der sinnenwelt herausgeschnittene norm. Zwar kommt weder der sinnende philosoph noch der entdeckende wissenschaftler ohne hilfe der größern kraft der intuition aus, doch gewöhnlich muss er, was jenes innigere, geschwinder erhellende vermögen ihm zeigt, im kritischen licht des verstandes in eine bedeutsamere luft halten und es in der dialektischen oder analytischen weise von philosophie und wissenschaft vor dem verstand als richter außer frage stellen. Der dichtergeist sieht durch eingebung und unmittelbare wahrnehmung und bringt das so empfangene durch gestaltende betonung des gesamtbildes heraus, und der aspekt, der ihn entzückt, ist die lebendige wahrheit der form, des sie erfüllenden seins, des schöpfergedankens dahinter und der stützenden seelenbewegung und einer rytmischen harmonie in diesen dingen, enthüllt in ihrer schönheit zu seiner wonne. Diese felder und wege liegen sehr weit auseinander, und wenn stimmen von den andern das ohr des dichters erreichen und beanspruchen, müssen sie sich in ihrer form gewaltig ändern und sich der wärme und farbe seiner atmosfäre anpassen, ehe sie sein reich betreten dürfen. Die begegnung findet nicht hier am grund, sondern auf den gipfeln statt. Des philosophen folgernde intelligenz entdeckt nur ein system von gedankensymbolen, und die wirklichkeit, für die sie stehen, ist dem verstand nicht greifbar, sondert erfordert unmittelbare eingebung, lebendige fühlung, innige erfahrung durch identischkeit in unserem wissensselbst. Das ist keine arbeit für dialektisches, vielmehr für hell enthüllendes denken, für einen lichtvollen leib eingebungshaften denkens und spirtlicher erfahrung, der uns stracks zum sehen, in die wissensschau trägt. Das erste bestreben der philosophie ist erkennen um der reinen erkenntnis willen, aber ihre größere höhe ist es, Wahrheit lebendig im spirt zu ergreifen, sie zu umfangen, eins mit ihr zu werden und in uns selbst bewusst die gesamte wirklichkeit zu sein, die wir zu erkennen gelernt haben. Doch genau dies trachtet der dichter auf seine weise durch eingebung und vorstellung zu tun, wenn er danach strebt, dem schönen, das seine freude erweckt, nahezukommen und in freude damit einszuwerden. Zwar ergreift er nicht immer dessen eigentliches selbst, doch liegt es in seiner macht, dies zu tun. Die sprache des eingebungshaften denkens nähert sich daher stets einer verwandtschaft mit der dichterischen, und in den alten Upanischaden benutzte sie diese gemeinhin als ihr natürliches gefährt.»Der Spirt ging hinaus, ein reines, helles, durch keine sünde verletztes, ohne leib, muskel und narbe; der Seher, der Denker, der Selbstgeborne, der rings um uns in sein ausbricht, beschloss einst vor langen ewigen jahren alle dinge in ihrer natur.« »Dort scheint die sonne nicht noch mond noch sterne, noch lodern diese blitze noch dieses feuer; diese ganze welt leuchtet nur von seinem licht.« Lauschen wir nun der stimme von dichtung, philosophie oder religion? Es sind alle drei in ewigen chores ununterscheidbarer einstimmigkeit. Ebenso kommt eine rein intuitive wissenschaft ins spiel, wenn wir die gebiete physischen und spirtlichen seins betreten und von dorther an der entdeckung größerer geheimnisse der physischen oder zumindest der psychophysischen welt arbeiten können. Indischer Joga gründet sich auf jenen größeren vorgang, und geht es da auch, wie in aller wahren wissenschaft, um ein

Die Sonne dichterischer Wahrheit 71

sicheres verfahren persönlicher entdeckung, um lebendige wiederholung und besitz vergangener entdeckung sowie ein erarbeiten des gefundenen ganzen, so besteht doch darüber hinaus das hohe weitere ziel, die wahrheit, das in unserm inneren seinsvermögen gefundene licht, zu fassen und es zu einer kraft unsres psychischen selbstes zu machen, unsres spirts, unsres wissens- und willensselbstes, unsres selbstes der liebe und freude, unsres selbstes des lebens und handelns. Auch dies, obwohl der form nach nicht das gleiche, ist dem höheren schaffen der dichtung verwandt, wenn sie, wie es die alten bewusst wünschten, als läuterer und ausbilder der seele wirkt.

Die erste obliegenheit der religion wiederum ist es, die zugänge der seele zum Höchsten, zu Gott, zu klären. Und das tut sie zunächst, indem sie dem geist ein lehrgebäude religiösen wissens oder leitenden bekenntnisses und dogmas vorsetzt, ein zähmendes joch moralischer weisung oder reinigendes gesetz religiösen verhaltens und einen erweckenden ruf religiöser gemütsbewegung, verehrung und zeremonie, und soweit ist sie eine sache für sich in ihrem eignen gebiet, doch finden wir auf ihrer wahrhaft enthüllenden seite eingebungshaften seins und erlebens, dass der wesenskern der religion ein anbeten und sehnstreben der seele zum Göttlichen, dem Selbst, dem Höchsten, dem Ewigen, dem Unendlichen ist und ein bemühen, dem angebeteten nahezukommen, bei ihm oder in ihm zu leben und es in liebe zu genießen, ihm gleich oder eins mit ihm zu sein. Aber auch dichtung wendet sich auf ihren höhen denselben dingen in uns und der welt zu, wenn auch nicht mit religiöser anbetung, vielmehr mit anschauender nähe und bewegtem einssein in schönheit und wonne. Das charakteristische verfahren und erste feld jedes dieser dinge liegt von dem der andern gewiss weit ab, doch an ihrem ende, wenn sie in ihren tiefsten spirt gelangen, beginnen sie sich anzunähern und einander zu berühren, und dank dieser größern übereinstimmung finden wir in der alten Indischen kultur philosophie, psychische und spirtliche wissenschaft in eins verwoben, und wenn sie ihre innigste erfahrung ausdrücken, verwenden sie immer das dichterische wort.

Der stufenweg der Dichtung steigt auf ihrer eignen seite des götterbergs zu diesen höhen empor. Dichtung entsteht auf den unmittelbaren ruf dreier mächte, einspirtung, schönheit und wonne, und bringt sie zu uns und uns zu ihnen durch den zauber des eingespirteten rytmischen worts. Vermag sie das vollkommen, ist ihre arbeit im wesentlichen getan. Anfänglich befasst sie sich mit nahen, einfachen dingen, doch auch wenn sie sich verfeinert, braucht sie nur eine kraft der schönheit zu schaffen, die seele mit ästhetischer wonne zu bewegen und sie fühlen und sehen zu lassen, und ihr werk scheint vollbracht. Auf die art kommt es nicht an, und sie hat weder grundsätzlich noch unmittelbar – und keinesfalls mit einem festen förmlichen willen, der sich solches als aufgabe und ziel vornimmt – etwas zu tun mit der darstellung intellektueller begriffe für die vernunft, mit wissenschaftlicher wahrheit, mit sittlicher verbesserung oder dem fördern religiösen strebens, nicht einmal mit etwas ihr so nahem wie religiöser gemütsbewegung und liebe. Dank dieser größern übereinstimmung sehen wir dichtung aber dennoch aus eignem vermögen etwas diesen dingen entsprechendes tun, in eigentümlicher, schöner gestalt, durch mittelbare und doch feinartig unmittelbare berührung. Der dichter bringt manchmal wie zufällig, manchmal mit bewusster absicht dieselben kernwahrheiten heraus wie der philosoph oder der religionist. Ein oder zwei beispiele mögen die annäherung und den unterschied zeigen. Religion heißt uns unseren nächsten, ja unsere feinde lieben als uns selbst, etwas unsrer normalen natur unmögliches, ein durch lippenbekenntnis geehrtes und in der praxis allgemein missachtetes gesetz. Nur einige sucher nach vollkommenheit in spirtlicher erfahrung entdecken darin die natürliche regel unsres wirklichen und unsres höchsten wesens, etwas durchaus mögliches, sobald wir von jener geheimen einheit, der grundlage des gesetzes allheitlicher liebe, eine bleibende verwirklichung bekommen. Dann, derartiges gar nicht suchend, vielmehr nur dichterische wonne oder, hat man diese neigung, kritik des lebens, lauschen wir Kreons heftigem vorwurf an Antigone, dass sie in ihrer weigerung, den landesfeind zu hassen, unnatürlich abseits vom geist und herzen ihres ganzen volkes stehe, und hören darauf plötzlich die hohe, stolze antwort einer frau ertönen, die einsam und dem verhängnis preisgegeben dennoch ihrer natur unbeugsam treu bleibt, dem willen ihrer seele unter dem schatten eines grausamen todes: »Nicht mich in hass zu einen, sondern in liebe, ward ich geboren!« Der Athenische dichter beabsichtigt keine moralische belehrung, entfacht keine religiöse gemütsbewegung in seiner zeile, er befasst sich nur mit einer entscheidenden lebenslage, dem aufbegehren natürlicher zuneigung gegen den starren anspruch des gesetzes, der nation, des staates. Es ist ein schlichter ruf der stimme von natur und leben, doch atmet dahinter ein größerer gedanke, gar nicht fern von der wahrheit, die der religiösen lehre und der spirtlichen erfahrung zugrunde liegt. Der dichter, seine augen aufs leben gerichtet, zeigt uns wie nebenbei den keim in unsrer normalen natur, der wachsen kann zur gewaltigen wahrheit allheitlicher liebe. Er tut es auf seine weise in form dichterischer schönheit und wonne, und wollten wir nach solchen beispielen urteilen, dann würden wir sagen, nur so dürfe er es tun – den keim der schönheit und wonne irgend hoher stimmung des lebens und der natur wie beiläufig in den geist streuen und weitergehn, ihn seiner wirkung auf des wesens nachsinnende gemütserfahrung überlassend, vielleicht selbst kaum wissend um sein tun, da er in schauung vertieft ist und in der freude schöner schöpfung genüge findet.

Tatsächlich aber finden wir, dass diese grenzen nicht fest gezogen werden können, oder dass schöpfer hohen ranges sie nicht beachten. Der dichter der Bhagawadgita hat die bewusste absicht, der seele des hörers die grundgestalt der einheit zu übermitteln und ihn zu bewegen, die volle erfahrung zu suchen. »Der größte Jogi ist, wer überall, wohin seinen blick er wendet, gleichermaßen alles im bilde seines selbstes sieht, ob glück durch etwas komme, ob leid.« Das ist etwas hohes und ernstes, gekleidet in die sprache der eingespirteten vernunft, im urtext erhöht durch lieblichen und edlen vortrag und rytmus, religiös und philosophisch in seinem ton und doch dichterisch, weil es zur grundidee die veranschaulichte und einsichtig gemachte spirtliche erfahrung hinzufügt, die stützende gemütsbewegung der gefühlten sache und eine berührung ihres lebens. Und im viel älteren Jadschurweda hören wir, wie mit einer andern, einer bewegteren und weniger gedanklichen stimme dieselbe erfahrungswahrheit, dieselbe anrührung der seele hervorbricht: »Wo ich verletzt bin, mach mich fest und heil. Mögen alle geschöpfe mit dem auge des Freundes auf mich blicken, möge ich auf alle geschöpfe, mögen wir alle auf alle mit dem auge des Freundes blicken.« Dichtung und religiöse gemütsbewegung verschmelzen machtvoll und einen sich im sehnstreben nach des herzens vollkommenheit und der liebenden einheit allen lebens. Die gleiche einigende alchemie und verschmelzung kann sich zwischen wahrheit der philosophie und dichterischer wahrheit vollziehen und findet sich beständig in Indischer literatur. Und so hatte auch der ganze alte Rigweda wie die gesamte Wischnuitische dichtung des nordens und südens einen ausgearbeiteten Joga, eine geübte psychische und spirtliche wissenschaft hinter sich, ohne welche sie in dieser form nie hätten entstehen können. Doch was unmittelbar oder bildlich und gleichnishaft gegeben wird, sind nicht die förmlichen schritte der Sadhana[1], sondern die stark empfundene bewegung und das lebendige ergebnis, die schau, das leben und die innere erfahrung, spirt, kraft und körper von lieblichkeit, schönheit und wonne. Die schritte dichterischer wahrheit allzu eng und übergenau einzugrenzen oder ihre kontinenthaft weiten sfären zu irgendeinem magischen kreis zu machen scheint daher keine wirkliche grundlage zu haben. Man kann fast sagen, dass es in der unendlichen Wahrheit nichts gibt, was der dichter nicht zu seinem stoff machen dürfte, auch wenn es andern geistgebieten anzuzugehören scheint, weil alle formen menschlicher erfahrung einander auf ihrer seite der eingebung, des innern lebens und der schau sich nähern und im spirt begegnen. Die bedingung, die beschränkung besteht nur in der art und weise – was allerdings äußerst viel bedeutet –, nämlich das erfordernis der rein dichterischen sichtweise und der unterwerfung des gesehnen unter das gesetz dichterischer harmonie, bewegter wonne und schönheit.

Der wirkliche unterschied liegt also im haupt- oder wesensziel der dichtung und in der zwingenden bedingung, die es der

---

1. Sadhana: übung von Joga

Die Sonne dichterischer Wahrheit 75

kunst auferlegt. Ihr beruf ist es nicht, wahrheit irgendwelcher art zu lehren, noch auch überhaupt zu lehren, noch wissen nachzugehen, noch einem religiösen oder ethischen ziel zu dienen, sondern schönheit im wort zu verkörpern und wonne zu schenken. Aber zugleich ist es mindestens teil ihrer höchsten aufgabe, dem spirt zu dienen und durch schönheit zu erleuchten und zu führen sowie durch hohe gestaltgebende und enthüllende wonne die menschenseele heranzubilden. Und ihr feld ist alle seelenerfahrung, ihr anreiz gilt der ästhetischen antwort der seele auf alles, was sie in ihr selber oder in der welt berührt; sie ist eine der hohen und schönen mächte unsres innern, ja innersten lebens. Alles was von der unendlichen Seinswahrheit teil jenes lebens werden kann, alles was sich für diese erfahrung wahr und schön und lebendig machen lässt, ist dichterische wahrheit und geeigneter gegenstand für dichtung. Doch finden wir in der äußerung stets dreierlei, was als maßstab ihres vermögens dienen mag. Zunächst ist da eine kraft eingespirteten sehens, das uns mit irgendeiner selbst-, geistes- oder weltwahrheit anspricht, sei es in diesem stofflichen feld, sei es auf den andern ebenen allheitlichen daseins oder unsres eigenen wesens, wozu eines der tore die vorstellung ist, ein sehen, das uns die macht seiner wahrheit und die schönheit seines bildes bringt und dem im geiste durch das wort einen körper verleiht. Sodann bedarf es der berührung, der gegenwart, ja des atems des lebens selbst – nicht nur des äußern, vielmehr des innern lebens –, nicht sprachlicher nachahmung, nicht der spieglung irgend äußerer bewegung oder form der Natur, sondern schöpferische deutung, die uns soviel wie möglich klarmacht von dem was sie ist, was die dinge oder wir selbst sind. Und ferner muss jenes eine gemütsbewegung seiner seelenberührung in sich tragen und auch in uns erwecken, nicht die grobe emotion der lebentlichen teile – obwohl das bei gewissen arten von dichtung hereinkommt –, sondern eine spirtliche gefühlsessenz, wo unsre inneren fasern mitschwingen können. Intellektuelle, lebentliche und empfindungswahrheiten sind untergeordnete dinge; der dichtungsatem sollte uns mit ihnen oder auch neben ihnen irgend wesenhaftere wahrheit vom sein der dinge geben, von deren eigenster kraft, die letztlich etwas ewigem im herzen und geheimsten, *hridaje guhājām*[2], entspringt, sich ausdrückend selbst in den augenblicken und flüchtigkeiten des lebens. Die seele des dichters, und in antwort auf sein wort auch die seele des hörers, tritt durch schauung, anrührung und gemütsbewegung in unmittelbare fühlung ein, besitzt und empfindet in ihrer größten stärke durch vereinigung in unserm ureignen wesensstoff eine bewegte identischkeit. Einzig unmittelbare spirtliche wahrnehmung und schauung, die wir intuition oder eingebung nennen, wie stark auch von andern kräften gefördert oder vorbereitet, kann dazu beitragen, uns diese dinge zu gewähren. Vorstellung ist nur des dichters machtvollste hilfe für diese entdeckung und deutende schöpfung, fantasie ein glänzender öffner verborgner oder abgelegener türen. Das finden eines neuen bildes ist selbst schon eine freude für den dichter und den hörer, weil es eine neue bedeutsame entsprechung aufzeigt oder ein stärker enthüllendes licht auf das gesehene wirft und es reicher, heller und mit größerer wonne seiner selbst im geist hervortreten und leben lässt. Da der dichter etwas hervorbringen muss, selbst bei gewöhnlichen dingen, was der oberflächenerfahrung nicht offenbar ist, benutzt er ein bild, ein sinnbild, wasimmer treffend, schön, bedeutungsvoll und anregend ist. Seine erdichtungen sind nicht reizvolle, luftige nichtigkeiten, sondern wie bei jedem wahren künstler sinnreiche gestalten und schöpfungen, die dem spirt ganz echte wirklichkeiten nahebringen wollen, und ihre unsterblichkeit ist die der wahrheit.

In diesem sinne können wir von der sonne dichterischer wahrheit sprechen, in deren allheitlichem licht der dichter schafft. Doch kommt es darauf an, wie er das licht sieht oder gebraucht. Er kann in einem vereinzelten strahl diese oder jene sicht erhaschen, und manchmal beleuchtet er damit seine eigne persönlichkeit und entfacht ein licht im haus seines eignen wesens, oder er blickt durch den schein über die stoffliche erde, die formen und ersten bewegungen ihrer kinder hinaus, oder erforscht in dem glanz die brandung der lebensseele und ihre leidenschaft und gewalt, oder entdeckt die geringeren oder

---

2. im herzen, der verborgenen höhle

größern geheimnisse des menschengeistes und -herzens, oder er schaut auf durch höhere strahlenflut und sieht die zwischenwelten, sieht himmel und handlungen der götter, ereignisse und augenblicke unsterblichen lebens. Und manchmal gibt ihm die dunkle sonne des Wedischen bildes, die in der verborgenen höhle weilt, ein negatives licht; sichtbare finsternis, unermessliche finsternis enthüllend, zeigt ihm die düstern geheimnisse einer stadt entsetzlicher Nacht, schatten des Hades, tiefsten Tartarischen Höllenschlund. Die Wahrheitssonne mag für ihn noch unter dem horizont weilen, indes ihr licht bereits auf den gipfeln die kälte der schneegefilde anhaucht, sie mag auch königlich am himmel prangen, in herrlichem lichte untergehn oder ernst versunken sein. Er mag auf der erde stehn, mag gleich den symbolischen vögeln des Weda gefittict noch in der irdischen atmosfäre wandern oder sich aufschwingen in welten darüber näher zur sonne und alles darunter in verändertem lichte sehn. Und der eine oder andere mag vielleicht stark genug sein, ungeblendeten auges in die quelle allen lichts zu blicken, jene pracht zu schauen, die ihre glücklichste form von allem ist, zu der man nahend oder eintretend sagen kann: »Er bin ich«, die wesenseinheit seines spirts mit allen dingen entdecken und in jenem einssein das lichtwort finden, das unsre menschliche äußerung am machtvollsten erleuchten kann.

Und wo ist der höchste sichtbereich, in den hinein des dichters geist sich erheben und der macht seines genius entsprechend tiefere und immer tiefere, weitere und immer weitere wahrheit finden kann, sowohl von bereits gesagten wie von noch zu sagenden neuen dingen, an denen prosa und vers sich bisher noch nicht versuchten? Wenn hinter seiner vorstellenden schau eine art eingebungshaftes sehen steht sowie die wirkliche kraft, die das eingespirtete wort herabruft, dann wird er, sobald er zu dessen quelle emporsteigen und in der fülle eines höchsten eingebungshaften geistes leben kann, der größer ist als das erwachte empfinden, die intuitive lebensschau und die inspirierte vernunft, zu seiner vollsten macht, tiefsten sicht und umfassendsten reichweite kommen. Licht auf das selbst der dinge zu werfen in irgendeiner macht und schönheit von ihm ist letzten endes das eigentliche ziel von dichtung, und das lässt sich völlig leisten durch diesen größten eingebungsgeist, denn er kann die schau von wesenseinheit nahebringen oder, sich selbst übersteigend, sie tatsächlich erreichen – jenes sehen unsres gesamten selbstes und des selbstes der welt, endzweck und höchster spirt all unsrer geistigen kräfte und bestrebungen. Dichtung, die das vollbringt, wird fähig sein, in andrer weise als philosophie und religion, das selbst des Ewigen zu sehen, Gott und seine gottheiten zu erkennen, die freiheit und unsterblichkeit zu erfassen, die unser göttlichstes ziel ist, und kann in der wonne einer vereinigung in schönheit das selbst des Unendlichen, das selbst der Natur und das ganze menschenselbst wahrnehmen. Aber so das selbst zu sehen heißt den spirt in jeglichem anzutreffen, und der spirt enthüllt uns die innerste und innigste wahrheit von allem, das von ihm kommt, leben, denken, form und jedes bild und jedes vermögen. Viel ist getan worden von der kunst rytmischen selbstausdrucks, und viel bleibt noch zu tun. Diese größten dinge auszudrücken und alles aufzunehmen, was der mensch in neuem und größerem licht zu sehen, zu erkennen und zu fühlen gekommen ist und noch kommt, und ihm den allheitlichen spirt und die allumfassende macht der schönheit und wonne hinter all diesem dasein zu geben ist eine arbeit, die der dichtung ein viel weiteres gebiet und die vollkommene größe ihres wirkens eröffnen wird. Ein anfang solchen bemühens ist in den edelsten klängen moderner dichtung gelungen; die möglichkeit erneuerter und fortdauernder lebenskraft sowie ein fast unerschöpflicher quell der einspirtung liegt in jener richtung. Der Weda spricht in einem seiner symbolischen winke vom born ewiger Wahrheit, um den herum die erleuchteten mächte des denkens und lebens stehen. Dort unter den wonneaugen und dem antlitz unvergänglicher schönheit der Mutter der schöpfung und braut des ewigen Spirtes tanzen sie ihren unsterblichen reigen. Der dichter besucht jenen wundervollen born in seinem überbewussten geist und bringt uns etwas erlauschtes oder geschautes von ihrem antlitz und wirken. Mit dem wachen selbst den weg in jenen kreis zu finden heißt der seher-dichter und entdecker der höchsten macht des eingespirteten worts zu sein, des Mantras.

Der Atem größeren Lebens

ie erleuchtende kraft des dichtwerks ist wahrheitsschau, seine bewegende kraft schönheits- und wonneleidenschaft, doch seine tragende kraft, die es groß und sprühend macht, ist der lebenshauch. Dichtung, die nur denken und kein leben ist, oder denken, das nicht ständig mit den lebensquellen in fühlung bleibt und sich daraus stärkt, leidet stets mangel an feuer und körperlichkeit, bekommt die dinge nicht recht zu fassen, hat auch zum innern wesen nicht den vollen bezug, um ergreifen und erheben, erquicken und erleuchten zu können, was dichtung tun sollte und alle große dichtung tut. Die aufgabe des dichters, selbst wenn er am meisten in denken vertieft ist, besteht darin, nicht nur wahrheit und belang des gedankens, sondern auch dessen schönheit und kraft, leben und gemütsbewegung herauszubringen, und nicht nur den gedanken zu etwas schönem und lebendigem, sondern auch mit dem leben geeintes zu machen.

Wie wir sagen können, dass die wahrheit, von der die dichtung berührt wird, eine unendliche ist, ja sämtliche wahrheit, die im ewigen und allheitlichen west und spirt und form der schöpfung erfüllt, durchdringt, belebt, hält und gestaltet, so können wir auch sagen, dass das leben, von dem der dichter etwas in der schönheit des wortes neu verkörpern muss, sämtliches leben ist, das unendliche leben des spirts, in seinen vielen schöpfungen ausgesandt. Nicht das äußerlich physische leben, wie es ist, oder das leben der leidenschaften und gemütsbewegungen an und für sich, nicht einmal ein vom geist vorgestelltes ideales dasein oder irgendwelche verbindung und neugestaltung dieser dinge in eine prägung von schönheit ist im wirklichsten, innigsten sinn des dichters sache, vielmehr das leben der seele, und all das andere dient nur als ausdrucksformen davon. Dichtung ist rytmische lebensstimme, doch eine der inneren und nicht der oberflächenstimmen. Und je mehr von dieser innern wahrheit seiner aufgabe der dichter in seinem werk hervorbringt, desto größer ist seine schöpfung, wobei es zunächst nicht wesentlich darauf ankommt, ob sein verfahren sich als subjektiv oder objektiv ausgibt und sein offenbares vermögen von mehr äußerer oder innerer art ist, ob seine einzelseele, ob die der gruppe, der Natur, der menschheit es ist oder der ewige und allheitliche spirt in ihnen, dessen schönheit und lebendige wirklichkeit in seinem wort ausdruck findet. Diese grundwahrheit der dichtung bleibt vor uns leicht etwas verborgen durch die form und das gewicht der beschäftigung mit diesem oder jenem mittel äußeren seelenausdrucks im dichtwerk. Die menschheit scheint in ihrer entwicklung mit den äußerlichsten dingen zu beginnen und immer mehr nach innen zu gehen, damit die gattung zu größern höhen des spirtlebens aufsteige. Daher ist frühe dichtung sehr von schlichter, natürlicher, gerader außendarstellung des lebens beansprucht. Ein urtümlicher epischer barde wie Homer denkt nur nebenbei und scheint beständig im strom seines rührigen tuns vorangetragen zu werden und dabei nur soviel oberflächendenken, -charakter und -gefühl abzugeben wie eben bei starker, einfacher und natürlicher rede und tat herauskommt. Und doch machen abenteuer und prüfungen, stärke und mut der menschenseele in Odysseus die größe der *Odyssee* aus, nicht bloß das lebensvolle geschehen und die malerischen begleitumstände; und der zusammenprall großer und starker geister, wobei sich die götter herniederneigen, um am kampf teilzunehmen, macht die größe der *Ilias* aus, nicht bloß die handlung und das schlachtgetümmel.[1] Die äußere form von Shakespeares werk ist eine wogende see von gemütsbewegung, leidenschaft, denken, tat und ereignis, sich erhebend aus charakter, der in der hefe von gefühl und passion gärt; aber dessen lebendige deutung der wahrheit und der gewalten der menschlichen lebensseele sind der kern der größe seines werks, und ohne diese wäre das übrige ein eitles,

---

1. In Sri Aurobindos *Ilion*, das den letzten tag Troias schildert, wird jene zeitwende, für die unsrige ergreifend symbolisch, aus jogischer schau tief und großartig behandelt, in einem für das Englische (und Deutsche) neu entwickelten hexameter. (*Sämtliche Gedichte*, 267-402) a.d.ü.

Der Atem größeren Lebens 81

rohes treiben. Und von welch äußerer art oder form auch immer, es gilt das gleiche gesetz, dass dichtung eine selbstäußernde macht des spirtes ist und, wo durch das rytmische wort die seele der dinge in ihrem ureignen leben am meisten enthüllt wird, das dichterische am vollsten gelungen ist.

Rechte ausgewogenheit zwischen dem beobachtenden denken und dem leben kennzeichnet klassische dichtung. Aber dies schwierige gleichgewicht geht leicht verloren, und dann beginnt denken das leben zu überlasten, das seine macht, seinen schwung und seine freude verliert, seinen starken, natürlichen leib und seine lautere befriedigte leidenschaft und kraft. Wir erhalten nun mehr lebensstudien als eigentliche schöpfung, eher gedanken über den sinn und eingehende beschreibung von charakter, gemütsbewegung und ereignis als die lebendige gegenwart dieser dinge. Leidenschaft, unmittelbares gefühl und lauterkeit sinnlicher freude werden durch das beobachtende auge der vernunft gedämpft und machen einem spiel von gefühligkeit platz, die ein schwelgen des intelligenten beobachtergeistes in ästhesie ist, wobei der *rasa* von gefühl, leidenschaft, gemütsbewegung und empfindung all das zu etwas feinsinnigem, zuletzt fast unwirklich subtilem macht. Dann wird versucht, zur natürlichen fülle des lebentlichen und physischen daseins zurückzukehren, aber dem bestreben gebricht es an aufrichtigkeit und erfolg, weil das unmöglich ist; nachdem der menschengeist so weit gekommen ist, kann er seinen weg nicht zurückgehn, kann was er aus sich gemacht hat nicht rückgängig machen und die frohe kindheit seiner frühen kräftigen natur nicht wiedererlangen. Statt der schlichtheit spontanen lebens gibt es ein suchen nach dingen, die auffällig, übertrieben, abwegig, gewaltsam und neu sind, am ende ein krampfhaftes sichklammern an verderbtheiten, an alles was hässlich, grell und grob ist, weil es angeblich realer sei, an übersteigerungen von lebentlichem instinkt und sinnenreiz, an physische schief- und rohheiten, an heillos ausgefallenes. Auf

---

2. rasa: saft, wesen, geschmack in etwas, sowie das ansprechen von geist, gefühl und sinnen darauf

solches starrt der denkgeist, wenn er die vollblütige kraft des lebentlichen wesens verloren hat, regt das ermattende blut damit an und schenkt sich selbst eine täuschung kraftvollen lebensgefühls. Dies ist nicht der wirkliche ausgang, sondern der weg zu erschöpfung und verfall.

Gerade jene dichterschule, die auf dem tatsächlichen leben als gegenstand für ihr schaffen besteht, bringt mit oder ohne bewusste absicht das streben des denkgeistes nach etwas ganz anderem herein als es der augenscheinliche sinn der dinge ist, den sie hervorheben möchte, nämlich nach etwas tiefer bedeutsamem als was die beobachtende vernunft oder der normale lebenssinn unsrer ersten oder unsrer zweiten sicht des daseins verleiht. Der ausweg liegt nicht im aufhören des denkens und der wendung zu eifriger lebensschilderung, nicht einmal in vital kraftvollerem denken, sondern in einer andern art denkgeist. Erfüllte betätigung des denkenden geistes ist ebenso teil des lebens wie jene des körpers, des lebens- und gemütswesens, und ihr wachsen und vorherrschen ist eine notwendige stufe menschlichen fortschritts und sichentfaltens. Von da umzukehren ist unmöglich, jedenfalls nicht wünschenswert, ja ein niedergang und kein gewinn unsres spirts. Aber das volle gedankenleben kommt nicht durch betätigung intellektueller vernunft und ihre vorherrschaft. Das ist nur ein schritt, mit dem wir aus der ersten versunkenheit in tun, erregung und kraftgefühl von leben und körper herauskommen und eine erste freiheit erwerben, um uns einer größern und höhern reichweite der daseinsfülle zuzuwenden. Diese erhalten wir, wenn wir über den begrenzten grob physischen geist hinausgelangen, über die lebentliche kraft mit ihrem energischen denken und selbstbewusstsein, über den intellekt mit seiner sinnenden und messenden vernunft, und eintreten in den erleuchteten bereich eingebungshaften, spirtlichen denkens, eingebungshaften fühlens, empfindens und schauens. Das ist nicht jene lebentliche intuition, die manchmal mit einer viel größeren, erhabneren, weiteren und sehenderen kraft verwechselt wird, sondern die hohe urgewalt selbst, eine überintellektuelle spirtliche eingebung. Der alldurchdringende spirt, wenn in seiner ganzen fülle gefunden, heilt die spaltung zwischen denken und leben; nicht mehr ist ein rechtes abwägen zwischen ihnen erforderlich, stattdessen beginnt eine neue, lichtvolle und freudige verschmelzung und einheit. Der spirt gibt uns nicht nur ein größeres wahrheits- und schauungslicht, sondern auch den atem eines größeren lebens; denn er ist nicht nur das selbst unsres bewusstseins und wissens, sondern auch das große lebensselbst. Unser eignes selbst und das der dinge zu finden heißt nicht, durch dünne gedankenluft ins Nirwana zu gehen, sondern die gesamte größte ganzheitliche kraft unsres vollständigen daseins zu entdecken.

Dichtung mag sich zwar mit dem gegenwärtigen lebensschauplatz befassen, auf einige gefahr hin sogar mit gesellschaftlichen oder andern tagesproblemen und -fragen – was jetzt oft dem schöpferischen geist als aufgabe abgefordert wird, als wäre dies seine eigentliche arbeit; aber das tut sie nur dann erfolgreich, wenn sie sich so wenig wie möglich aus dem macht, was zum augenblick, zur derzeitigen oberflächenszene gehört, hingegen deren wurzeln allheitlichen, ewigen belangs oder deren andeutung großer und tiefer dinge herausbringt. Was der dichter dem augenblick entleiht, ist der vergänglichste teil seines werks und lebt überhaupt nur dadurch, dass es weniger flüchtigen wirklichkeiten untergeordnet und zu ihnen in beziehung gesetzt wird. Dies ist so, weil der wirkliche gegenstand seiner schau die ewige, wachsende menschenseele und das innige selbst der dinge wie auch deren dauerhaftere und bedeutsamere formen sind.

Die dichtung der zukunft kann es sich am wenigsten leisten, sich an die äußern gegebenheiten zu ketten, die wir zu oft fälschlich für das ganze des lebens halten, denn sie wird die stimme eines menschengeistes sein, der immer mehr zum ureignen selbst der dinge hindrängt, zum ureignen spirt, davon die menschenseele eine lebendige kraft ist, und zu einer schau von einheit und ganzheit, die unweigerlich alles zur kenntnis nimmt, was hinter unserm anschein stofflichen lebens liegt. Was der mensch sieht und erfährt von Gott, sich selbst, seiner gattung, Natur, den spirtlichen, geistigen, lebentlichen und stofflichen welten, in denen er sich bewegt, seine rückschau auf die vergangenheit, sein überblick über die gegenwart, sein auf die zukunft gerichtetes auge strebender sehnsucht und weissagung, seine leidenschaft der selbstfindung und selbstübersteigung, sein hinausreichen über die drei zeiten zum ewigen und unwandelbaren, dies ist sein wirkliches leben. Dichtung in der vergangenheit erzählte viel von den gottheiten und mächten hinter dem dasein, aber in der maske von legenden und mythen, manchmal auch von Gott, jedoch nicht oft aus lebendiger erfahrung, häufiger in den von religionen und kirchen festgelegten formen und ohne wahre schönheit und kenntnis. Jetzt aber öffnet sich der menschengeist weiter der tiefsten wahrheit des Göttlichen, des Selbstes, des Spirts – der nicht getrennten und fernen, sondern uns nahen, um und in uns anwesenden ewigen Gegenwart, dem Spirt in der welt, dem größeren Selbst im menschen, dem Spirt in allem, was ist und lebt, der Gottheit, dem Dasein, der Macht, der Schönheit und der ewigen Wonne, die über allem schwebt, alles stützt und sich in jeder wendung der schöpfung offenbart. Dichtung, die in dieser schau lebt, muss uns eine ganz neue darstellung und deutung des lebens geben; denn dieses sehen baut von selber und sogleich die welt für uns um, fasst sie neu in bilder und schenkt uns eine weitere, feinere und tiefere gestalt unsres daseins und ein größeres empfinden dafür. Die wirklichen gesichter der götter werden dem geistesauge deutlicher, wenn auch noch nicht wieder vertraut in inniger beziehung mit unserm leben, und die formen von sage, gleichnis und mythos müssen sich andern und tiefern bedeutungen öffnen, wie sie es schon zu tun begonnen haben, und verwandelt und lebenskräftig wieder in die dichtung einkehren, um die wirklichkeiten hinter dem schleier auszulegen.[1] Die Natur trägt für unser auge bereits ein größeres und durchscheinenderes gewand ihres göttlichen, ihres tier-, erd- und kosmoslebens, und eine tiefere Natur-dichtung, als je geschrieben wurde, ist eine der gewissheiten der zukunft. Auch der stoffliche bereich kann nicht mehr viel länger unsre einzige

---

1. Siehe z.b. Sri Aurobindo: *Sawitri, eine Sage und ein Gleichnis, Ilion* sowie andere gedichte und *Die Schauspiele (a.d.ü.)*

Der Atem größeren Lebens 85

oder gesonderte erfahrungswelt sein, denn die scheidewände, die sie von lebentlichen und andern reichen dahinter trennen, werden dünn, und stimmen und gegenwarten beginnen durchzustoßen und ihren einfluss auf unsre welt zu enthüllen. Auch dies muss unsre auffassung vom leben erweitern und eine neue welt und atmosfäre für eine dichtung schaffen, die vielleicht wie nie zuvor des dichters weigerung rechtfertigen mag, als unwirklich zu betrachten, was dem üblichen geist nur fantasie, illusion oder traum war. Ein der menschenerfahrung wirklicher gemachter seinsbereich wird das feld der künftigen dichtung sein.

Der spirt ist wirklich in sich selbst, auch gesondert von der welt, die götter haben ihre eigne heimat jenseits unsres himmels und unsrer luft, die Natur ihr eigenes selbstvertieftes leben und die übernatur ihre glänzenden vorhänge und ihre dunklen geheimnisvollen einfriedungen. Keines dieser dinge ist unwirklich, und wenn das übernatürliche, wie es von älteren dichtern behandelt wurde, oft bloß legende, erdichtung und einbildung schien, so deshalb, weil es aus der ferne durch die vorstellungskraft gesehen und nicht in seinem spirt von der seele erlebt und gelebt wurde, wie es der wahre seher und dichter dieser über- oder andernatur tut. Und weil all diese dinge ihre eigne wirklichkeit besitzen, haben sie ein eigenleben, und dichtung, die sich diese zum inhalt macht, kann ebenso lebendig, kraftvoll und echt sein wie ein lied, das das physische dasein, die gewöhnlichen leidenschaften und gefühle der menschen und die gegenstände unsrer körperlichen sinneserfahrung verschönt.

Aber immer noch ist alles leben eins, und ein neuer menschengeist bewegt sich auf die vergegenwärtigung seiner ganzheit und einheit hin. Dichtung, die die einheit und ganzheit unsres wesens, der Natur, der welten und Gottes kundtut, wird die tatsächlichkeit unsres irdischen lebens nicht mindern, sondern sie den menschen wirklicher, reicher, voller, weiter und lebendiger machen. Andere länder kennenlernen heißt nicht unser eigenes land herabsetzen, vielmehr es ausdehnen und ihm zu einem größeren seinsvermögen verhelfen, und andere länder der seele kennenlernen heißt unsre grenzen erweitern und die erde, auf der wir leben, wohlhabender und schöner machen. Die götter in unser leben bringen heißt es zu seinen eignen göttlichern kräften erheben. Mit der Natur und dem spirt in ihr in enger und bleibender vertrautheit leben heißt unser alltagsleben aus seinem gefängnis beschränkter inanspruchnahme durch augenblicksfrist und -betätigung befreien und dem augenblick die einspirtung aller Zeit und den hintergrund von ewigkeit schenken, dem alltagstun die grundlage ewigen friedens und den weiten schwung der allheitlichen Kraft. Gott ins leben bringen, das tiefe selbstgespür in unsre gesamte persönlichkeit und unser ganzes werden herein, die mächte und ausblicke des Unendlichen in unser geistiges und stoffliches dasein, die einheit des selbstes von allem in unser erleben und fühlen und in die beziehungen des herzens und geistes mit allem um uns heißt helfen unser tatsächliches wesen und leben zu vergöttlichen, seine zäune der teilung und blindheit niederzuzwingen und die menschengottheit zu enthüllen, die der einzelne und seine gattung werden können, wenn sie wollen, und uns zu unsrer lebendigsten vollendung zu führen. Dies ist es, was eine künftige dichtung für uns tun mag auf die weise und in dem maße, wie dichtung solches tut – durch schau, durch die macht des wortes, durch die anziehung der schönheit und wonne dessen, was sie uns zeigt. Was philosophie oder andres geistiges sinnen unserm denken klar oder voll begreifbar macht, das kann dichtung mit ihrer schöpfergewalt, ihrer bildkraft und ihrem aussprechen der gefühle dem herzen und der seele lebendig machen. Ja, diese dichtung wird uns in formen von kraft und schönheit das ganze tatsächliche leben des menschen vergegenwärtigen, seine wundervolle, fruchtbare vergangenheit und seine noch lebendigere sehnsucht und hoffnung auf die zukunft, wird es aber sehender darstellen als leben des weiten selbstes und spirtes in der gattung und der verhüllten göttlichkeit im einzelnen, als wirken der macht und wonne allheitlichen seins, in der größe einer ewigen offenbarung, in der gegenwart und innigkeit der Natur, im einklang mit der schönheit und dem wunder der sich über die erde und ihr leben hinaus erstreckenden reiche, im marsch gen gottheit und auf die bedeutungen von unsterblichkeit zu, in immer klareren buchstaben und sinnbildern des selbstenthüllenden geheimnisses, und

Der Atem größeren Lebens 87

nicht nur in seinen ersten groben und unvollständigen tatsächlichkeiten; die werden mit festerer und feinerer schau behandelt werden, ihren eignen größeren sinn finden und für unsere sicht zu fäden des köstlichen gewebes und netzwerks des kosmischen Spirtes werden. Diese dichtung wird die stimme und rytmische äußerung unsres größeren, gesamten, unendlichen daseins sein und uns die starke und unendliche empfindung, die spirtliche und lebentliche freude, die erhebende macht eines größeren lebensatems schenken.

Die Seele dichterischer Wonne und Schönheit

as wahrheitslicht und der lebensatem, wie große, machtvolle dinge sie auch sind, genügen allein nicht, der dichtung den hauch der unsterblichkeit und vollendung zu geben, wovon schon ein wenig ausreicht, sie sicher durch die zeiten zu tragen: dazu müssen erst die seele und form von wonne und schönheit die wahrheitsschau in besitz nehmen und dem lebensatem und -körper unsterblichkeit verleihen. Wonne ist des daseins seele, schönheit der wonne eindringliches gepräge und gesammelte form; diese beiden grundlegenden dinge neigen dazu, im geist des künstlers und des dichters eins zu sein, obgleich sie in unsrer gröberen lebentlichen und geistigen erfahrung oft genug getrennt sind. Diese zwillingskräfte treffen einander, erzeugen in seinem werk ein zusammenklingen vollkommener harmonie und sind die ersten gottheiten, denen er dient; alle andern gesellen sich um sie herum und streben zugelassen zu werden zur wonneseele und zum schönheitsvorrecht, wobei sie sich ihnen als annehmbar erweisen müssen, ehe sie sich mit ihnen in zwingender, anziehender einheit vermischen können. Für den dichter ist der mond der schönheit und wonne eine noch größere gottheit als selbst die wahrheitssonne und der lebensatem, wie im sinnbild des Wedischen mondgottes Soma dargetan wird, dessen berauschende pflanze bei mondlicht auf einsamer bergeshöhe gesammelt werden muss und deren geläuterter saft und wesenskern der heilige wein und nektar der süße ist, *rasa, madhu, amrita*, ohne den selbst die götter nicht unsterblich sein könnten. Die geringste kleinigkeit, durchdrungen von dieser süße dichterischer wonne und schönheit, wird um deretwillen bewahrt werden, indes die höchste emsige mühsal des denkenden geistes und die eindrucksvollste aussage der lebenskraft, wenn sie dieser feinsten unsterblichen essenz entbehrt oder es ihr daran mangelt, zwar eine zeitlang weitermachen kann, jedoch bald altert, vergeht und in vergessenheit gerät, oder bestenfalls leblos überdauert und zur toten literaturgeschichte gehört, nicht zu deren bleibendem fortbestand. Der schönheit und wonne hingegen, welche form sie auch annimmt – wir sprechen hier von den beiden als einer einzigen –, eignet nie alternde jugend, ewiger augenblick und unsterbliche gegenwart.

Den antiken gemeinschaften, welche jene feinen vielseitigen kulturen schufen, die noch immer die eigentlichen quellen unsrer ganzen sich entfaltenden zivilisation sind, war das gefühl für schönheit, die ästhetische gemütsanlage und geistgestalt anscheinend fast von anbeginn ihrem spirt und ihrem blut eingepflanzt, was ihre anschauung so färbte, dass sie unwillkürlich in spirt und form von schönheit schufen, schon bevor sie das intellektuelle bewusstsein davon entwickelt hatten, und dies ist gut das halbe geheimnis der zwingenden anziehungskraft der alten kulturen. Die früheste überlebende dichtung des alten Indien, der Weda und die Uspanischaden, war philosophisch und religiös, und unsre modernen ansichten neigen dazu, diese dinge vom urgespür der wonne und schönheit zu scheiden – das religiöse und das philosophische vom ästhetischen empfinden zu trennen; aber das wunder dieser antiken schriften ist ihre vollkommne vereinigung von schönheit, macht und wahrheit, wobei das wahrheitswort unwillkürlich als wort der schönheit herauskommt, die enthüllte äußerung jenes allheitlichen spirts, der in den Upanischaden als esser des honigs der süße bezeichnet wird, *madhwadam puruscham*; und diese hohe vollbringung überrascht nicht bei jenen tiefschürfenden menschen, die die grundwahrheit entdeckten, dass alles dasein sich herleitet und lebt von der seligkeit des ewigen spirts, in der macht allheitlicher wonne, Ananda. Die vorstellung von schönheit, die spontane befriedigung darin, ihre verehrung als etwas an sich göttliches, wurde später intellektuell bewusster, war im spätern Indischen geist ein vorherrschender zug und erreichte im werk der klassischen autoren ihre reichste färbung und sinnliche leidenschaft, während der ausdruck des spirtlichen durch das ästhetische empfinden der beständige sinn Indischer kunst ist wie auch der einspirtende beweggrund eines großteils der späteren religion und dichtung. Japan und China, insbesondere wohl das südliche China – denn der norden wurde durch die neigung zu einer mehr äußerlichen und förmlichen vorstellung von maß und harmonie beschwert –, besaßen in verschiedener weise diese verschmelzung von spirtlichem und ästhetischem geist, ein kennzeichen ihrer kunst und kultur. Die Perser hatten eine art sinnlichen zauber der umwandelnden ästhesie, entstanden aus psychischer wonne und schau. Das alte Griechenland vollbrachte sein ganzes werk der gründung Europäischer zivilisation durch verbindung einer scharfen und tätigen intelligenz mit einem feinen ästhetischen spirt und verehrung von schönheit. Die Keltischen nationen schließlich scheinen von natur aus schon immer psychische feinheit und zartgefühl besessen zu haben, verbunden mit einem instinktiven hang zu einbildender schönheit, der wir sicher viel vom subtileren in der Englischen literatur verdanken. Da aber enden diese unwillkürlichen wunder der verschmelzung; denn im geist späterer völker, die mit einer weniger angeborenen, mehr abgeleiteten kultur die führung übernahmen, arbeitet dieser schönheitssinn mit einiger anstrengung und wird von manch schwereren elementen gehemmt, die im widerstreit stehen mit der sicherheit der ästhetischen wahrnehmung und sie verhindern. In ihrer gröbern gemütsart und intelligenz liegt etwas barbarisches, das roh die lebensgewalt und -energie verehrt und mit der schönheitswonne nicht in seinem element ist, ein ethischer und puritanischer zug, der kunst, schönheit und genuss misstrauisch betrachtet, von streng gelehrsamer oder trocken wissenschaftlicher art, die gewissenhaft mit eifrigem fleiß nach wahrheit forscht, aber ohne schau und feine ästhesie. Und der moderne geist, erbe dieser ganzen vergangenheit, ist ein geteilter und vielschichtiger, der bestenfalls danach strebt, in größerm umfang das alte wiederzuerlangen und eine gewisse einheit seiner vielen stränge zu erreichen, jedoch den rechten treffpunkt noch nicht gefunden hat und außerdem noch immer mit dem nachteil seiner abirrung in eine mechanische, ökonomische, materialistische und utilitaristische zivilisation zu kämpfen hat, von der er nicht loskommen kann, müht er sich auch, jene dumpfsten seiner seiten abzuschütteln, wo einer unverblümten und schamlosen schwelgerei in hässlichkeit gefrönt wird ohne die geringste spirtliche gewissens-

Die Seele dichterischer Wonne und Schönheit **91**

regung, vielmehr mit überheblichkeit, selbstgefälligkeit im scheußlichen, gemeinen und nichtswürdigen. Der tag, an dem wir die antike verehrung von wonne und schönheit wiedererlangen, wird der tag unsrer rettung sein; denn ohne diese dinge kann es weder sichern adel und liebreiz der dichtung und kunst geben noch befriedigte würde und fülle des lebens, noch harmonische vollendung des spirts.

Eine ungenügend profunde und innige wahrnehmung der eigentlichen tiefen seele dichterischer wonne und schönheit ist das haupthindernis zu einer wiedergewinnung der alten starken gesundheit des ästhetischen empfindens und der spontanheit des ästhetischen antriebs. Das rührt von der sonderbaren eigenart moderner intelligenz her und ihrem mangel an harmonie zwischen unserm inneren selbst und unsrer äußeren erfahrung; da gibt es wenig unwillkürliche begegnungsfreude – zwar tätiges bemühen um angleichung, aber keinen glücklichen, tiefen oder zufriedenen besitz von selbst oder leben, ein beständiges suchen, aber keine ruhe im gefundenen, eine fieberhafte, heimatlose und unbehauste unrast. Der menschenspirt kann in einem von zwei dingen wohnen, in den gründen unsres selbstes, hingelangt durch schauende selbsterkenntnis, durch selbstbemeisterung oder durch ekstase, oder in froh zufriedenem annehmen der wahrheit, der wonne und schönheit von welt und leben, von dasein und erfahrung. Und jedes der beiden kann helfen auch das andere zu bringen: besitzen wir das innere selbst, so kann unser leben glücklich und erleuchtet werden durch volles empfinden seiner verborgnen bedeutung; oder fassen wir die vollständige wonne und schönheit von leben und welt, dann bleibt uns nur noch eine dünne schicht leuchtenden nebels zu durchstoßen, um auch zum selbst und spirt dahinter zu gelangen, dem esser des honigs der süße, der in der menschenseele sitzt und sich durch das weltall streckt. Die alten völker hatten diese grundlage von befriedigung und harmonie in hohem maße und nahmen größten anteil an der wirklichkeit des innern selbstes, wie einst in Indien und China – Atman, Dao – und am leben und an der welt als seinem feld des ausdrucks und der selbsterfahrung, oder spürten wie die Griechen sogleich die natürlichkeit und tiefe menschlichen daseins und gaben ihm unmittelbare, feine ästhetische antwort. Der moderne geist dagegen blickt wenig in unser tiefstes selbst, ist wenig begierig, jene tiefe zu erloten, ja traut ihrer wirklichkeit kaum und richtet sich nicht auf wahrheit, wonne und schönheit des lebens aus, sondern auf den druck der ergebnisse und umstände, die an sich nur nebensächliche und keine befriedigende, harmonische bedeutung haben, und auf des verstandes zappelnde oder anregende unruhe, hervorgerufen durch deren fühlung oder bestürmung. Dieser unterschied wirkt sich aus in einer grundlegenden verschiedenheit der ästhesie. Dem reinen ästhetischen spirt sollte vertraut werden, ihm seine freiheit gelassen und er zum meister seines eignen wirkens gemacht werden, worauf er mit größe und schönheit arbeitet, in ruhiger, zufriedener ekstase, und dabei sein tun mit den andern spirtlichen kräften unsres daseins übereinstimmt, dem bedürfnis der lebensseele, dem dringlichen suchen des denkgeistes, dem fordern des tätigen willens und der sinne. Jetzt aber machen wir den schönheitssinn und -verstand zum diener dieser andern kräfte; er ist verurteilt, in erster linie unserm äußern interesse am leben zu dienen, unserm interesse am denken, an gestörter persönlichkeit oder dem verlangen der sinne und leidenschaften, und ihm wird aufgetragen, sie für uns schön oder lebendig zu machen durch rege gehirntätigkeit und artistische verarbeitung des wortes oder beschaffung sorgsam angepasster oder schöner formen und maße. Die nebensachen werden an den ersten platz gestellt, und die eine notwendige, die hauptsache, muss hereinkommen so gut sie irgend kann, um dem geschaffnen eine sichere grundlage zu geben. Diese ästhesie, unterstützt von der weiten wissensbegierde der modernen intelligenz, hat einige große und viel interessante arbeit geleistet, gelangt aber nur schwer zu den bereitwillig verschmolznen harmonien und dem sichern gepräge der vollkommnen weise spirtlicher schöpfung.

Es gibt eine tiefinnerliche wonne und schönheit in allen dingen und hinter allen erfahrungen, wieimmer sie für den oberflächengeist auch aussehen; das macht sie für einen in uns wohnenden spirt zu etwas anderm als die erste erscheinung, nämlich zu etwas, was nicht länger geistiges interesse, schmerz

Die Seele dichterischer Wonne und Schönheit 93

oder vergnügen erregt, vielmehr zu einer enthüllung der seinswahrheit, -macht und -wonne und unsre empfindung davon zu einer form des allheitlichen Ananda, der ruhigen und doch bewegten ekstase, mit welcher der daseinsspirt sich und seine schöpfungen betrachtet. Dies tiefere spirtliche gefühl, dies Ananda ist der quell schöpferischer wonne und schönheit. Es entspringt einer höchsten erfahrungsessenz, einer höchsten ästhesie, die ihrer eigentlichen natur nach spirtlich, unpersönlich, von persönlichen reaktionen und leidenschaften des geistes unabhängig ist, und daher vermag der dichter schmerz, kummer und die tragischsten, schrecklichsten und hässlichsten dinge in formen dichterischer schönheit zu wandeln – aufgrund dieser unpersönlichen freude des spirts in aller erfahrung, was auch immer ihre natur. Und weil also des dichters gegenstand alles ist, was er fühlen kann vom unendlichen leben des im dasein schaffenden spirts, und alles, was er fassen kann von der unendlichen wahrheit Gottes und der Natur sowie von unserm eignen und der welt wesen, so ist auch was er aus seinem gegenstand herausbringt alles, was er von seiner schau ewiger und allheitlicher schönheit in sprache gießen, alles, was er ausdrücken kann von der allheitlichen daseinswonne der seele. Das ist es, was er enthüllen und woran er andre teilhaben lassen muss; er muss die erfahrung, die sie irgendwie davon haben, ihnen ausdrücklicher und fester vergegenwärtigen, muss der gattung weiterhelfen zu größerer fülle in der menschenseele und verkörperung in unserm geist und leben. Dies Ananda ist nicht das vergnügen einer stimmung, einer gefühlsregung oder das feine ästhetische sinnenschwelgen beim reiz einer form – oberflächenwirkungen und nebenumstände, die vom geringeren dichterischen vermögen, vom minderen künstlerischen geist oft fälschlich für dies viel tiefere und größere gehalten werden –, vielmehr die bleibende wonne, die, wie die alte idee richtig wahrnahm, die essenz von spirt und sein ist und die schönheit, die alle dinge annehmen, wenn der spirt in der reinen schöpfungs- und erfahrungsfreude lebt.

Die allheitlichkeit dieser wonne und schönheit bedeutet nicht, dass wir wasimmer wir wollen stracks dem leben und erleben entnehmen können, geradeso wie es ist, und dichterische wahrheit und schönheit dadurch erzielen, dass wir dieses durch wort und bild umreißen und verdeutlichen oder es fantasievoll in farbe kleiden. Von dieser theorie scheint eine menge unsrer modernen bemühung um dichtung geleitet, da sie die herrschende methode minderer dichter und auch das kennzeichen geringeren, nicht oder nur teilweise gelungenen werks größerer autoren ist. Der irrtum besteht darin, die quellen dichterischer wonne und schönheit zu verwechseln mit mehr oberflächlichem interesse, schmerz und vergnügen, das den normalen geist beim ersten unverwandelten reiz von denken, leben und fühlen anspricht. In seiner rohform oder ein wenig vertieft durch ein empfindendes gemüt und einen nachdenkenden verstand ist dies die antwort des natürlichen geistes aufs dasein, das einzige werkzeug der meisten menschen, weshalb vom dichter gern erwartet wird, dass auch er der welt vom selben gebe, bloß ein wenig tiefer durchdacht, empfindsamer gefühlt, aufregender gelebt, und dass er dafür schönheit des wortes und reiz des rytmus finde. Der dichter hat in sich eine doppelte persönlichkeit, ein doppeltes instrument seiner antwort ans leben und dasein. Da ist in ihm der normale mensch, in anspruch genommen vom bloßen leben, der wie andere denkt, fühlt und handelt, und da ist der seher von dingen, der übernormale mensch, die über- oder wonneseele, in fühlung mit den unpersönlichen, ewigen freude- und schönheitsquellen, welcher aus jenem born schöpft und schafft und durch diese alchemie alles in eine form von Ananda des spirtes verwandelt. Es ist leicht für ihn, wenn der anspruch seines genius nicht beständig ist oder wenn er nicht von einer natürlichen feinheit des dichterischen gewissens zurückgehalten wird, dies tiefere und größere vermögen dem niedrigeren allgemeinen anspruch zu unterwerfen und es in den dienst seines oberflächlich geistigen erlebens zu stellen. Er muss sich dann auf den zauber und die schönheit des worts verlassen, um die äußerlichkeit seiner substanz zu retten. Dass dies aber nicht sein hoher vollendungsweg noch das ihm von seinem spirt aufgetragene ist, weiß der genius in ihm, sofern er ihm treu ist; eine spirtliche umwandlung der substanz, wobei die geistigen und lebentlichen interessen in tiefere seelenerfahrung

Die Seele dichterischer Wonne und Schönheit

gesenkt werden, bringt das unausweichliche wort, die höchste form und den unerklärlichen rytmus. Der dichter ist also mehr als ein macher schöner worte und wendungen, ein lieblingskind der fantasie und einbildung, ein sorgfältiger gestalter von idee und äußerung oder ein wirksamer poetischer denker, moralist, dramatiker oder geschichtenerzähler; er wird ein sprecher des ewigen spirts der schönheit und wonne und hat teil an jener höchsten schöpferischen, selbstausdrückenden verzückung, die der dasein schaffenden ekstase, dem göttlichen Ananda, nahe ist.

Diese verzückung, die Platonische göttliche besessenheit, *enthusiasmos*, entspringt nicht geistiger, sondern seelischer erfahrung, und je mehr der oberflächengeist sich einmischt, desto mehr wird diese göttliche leidenschaft durch einen weniger vermögenden spirt geschwächt und verdünnt. Der vordergründige geist wird vom treiben äußerer leidenschaft und aufregung, vom druck unmittelbaren denkens, lebens und handelns stark angezogen und beeilt sich, das in sprache oder in tat zu verkörpern, da er der muße entbehrt, leben in jene größern bleibenden werte umzuwandeln, wozu allein die seele in ihren tiefen das vermögen hat. Doch sind uns die höheren fähigkeiten als schlüssel zu tieferer erfahrung gegeben; der seher, der dichter, der künstler, kinder von des spirtes licht und eingebung, sind nur sich selber treu, wenn sie in den tiefen ihrer seele leben und sich weigern, vom vordergründigen ruf des geistes und lebens abgelenkt zu werden und lieber ihrer eignen größeren stimmen gewärtig sind. Dichtung, die auf äußerer wirkung besteht, auf unmittelbarem denken, leben und erleben, mag das ohr des augenblicks mächtig ergreifen, ist aber in ihrer vorgeblichen kraft doch seltsam schwach und selbst bei starkem körper inwendig hohl und nichtig; sie versagt, weil sie sich mit dingen befasst, die im moment vielleicht wichtig sind, jedoch nicht mit dem, was unsterblich ist.

Geistiges und lebentliches interesse, vergnügen und schmerz des denkens, lebens und handelns ist nicht die quelle dichterischer wonne und kann in jenes tiefere erst gewendet werden, wenn sie in die seele gesunken und in deren strahlender erinnerung in spirtliche erfahrung umgewandelt worden sind; das ist es wohl, was die Griechen meinten, als sie Mnemosyne zur ewigen mutter der musen machten; leidenschaften können erst zu dichterischem stoff werden, wenn sie in denselben hellen quellen verspirtlicht worden sind und die läuterung, *katharsis*, erfahren haben, von welcher der Griechische kritiker sprach; die lebenswerte sind erst dichterisch, wenn sie in seelenwerte erhöht und verwandelt herauskommen. Dichterische wonne und schönheit entsteht aus tieferer verzückung, nicht aus des oberflächengeistes erregtem interesse und dem genuss von leben und dasein.

Die alten Indischen kritiker bezeichneten das wesen von dichtung als *rasa*, womit sie einen verdichteten geschmack meinten, einen spirtlichen gemütskern, eine wesenhafte ästhesie, der seele vergnügen an den reinen vollkommenen quellen des gefühls. Die erinnerung der seele, die des geistes denken, empfinden und erleben aufnimmt, besinnt und umwandelt, ist ein großer teil des vorgangs, den diese ästhesie mit sich bringt, ist aber nicht das ganze, vielmehr eher ein allgemeiner weg zu etwas, das dahinter steht, zum spirtlichen wesen in uns, das das geheimnis der allheitlichen wonne und ewigen schönheit des daseins hat. Was wir genius nennen, wirkt oder kommt aus etwas tiefinnerem, welches das wort, die schau, das licht und die kraft herabruft von einer ebene oberhalb des normalen geistes, und das spüren des herabströmens von oben macht die verzückung und den enthusiasmus der erleuchtung und einspirtung aus. Jener born erweist sich, wenn wir die geheimnisse unsres wesens besser kennen, als das spirtliche selbst mit seinem göttlichern bewusstsein und wissen, seinen glücklichern kraftquellen und seiner unveräußerlichten daseinswonne. Die kulturen, die fähig waren, die freude dieses selbstes und spirtes mittelbar oder unmittelbar zu fühlen, empfingen in die grundlage ihrer ästhesie die berührung seiner wonne, seines Ananda, und diese berührung war das geheimnis des verallgemeinerten schönheitsgespürs, das einem späteren geist, beschränkt durch intellektuelle betätigung, praktische nützlichkeit und die äußerlichkeiten des lebens, versagt wurde: hierzu müssen wir zu außergewöhnlichen, feiner begabten einzelnen gehen; das weitverbreitete ästhetische gespür ist verlorengegangen und muss für den gewöhnlichen geist

Die Seele dichterischer Wonne und Schönheit 97

wiedergewonnen und einmal mehr anerkannt werden als für menschliche vollkommenheit ebenso unerlässlich wie verstandeswissen und zum glück mindestens ebenso notwendig wie lebentliches wohlbefinden. Aber dies Ananda, diese wonne, diese ästhesie, die die seele dichterischer schöheit ist, wirkt gleich andern dingen, gleich dichterischer wahrheit oder dichterischem lebensatem, auf verschiedenen ebnen, in verschiedenen bereichen ihrer tätigkeiten, nach demselben gesetz, das wir in den übrigen beobachtet haben, nämlich dem hervortreten einer reicheren, tieferen erscheinung ihrer selbst, je mehr sie nach innen und nach oben geht, von den weniger zu den mehr okkulten kräften ihrer enthüllung. Diese feinere wonneseele überträgt sich auf den physischen geist und sein wesen, nimmt seine erfahrungen auf und wendet sie durch ihre ureigne besondere kraft zu dingen der schönheit, schmilzt die erfahrungen der lebensseele in sich hinein und verwandelt deren macht und leidenschaft in brandung ihrer dichterischen ekstase, nimmt das ganze leben und alle form auf in den überlegenden denkgeist und kehrt sie in die schönheit und verzückung von gedanken, welche neue werte der seele, der Natur und des daseins entdecken. Und in all ihrem wirken ist ihr ureignes wesen eingebungshafter wonne zu spüren, das in diesen gestaltungen tätig ist und in sie soviel sie kann von ihren eignen innigen und ewigen wonnewerten hineinbringt. Wenn aber jener eingebungshafte geist, selbstfindend, selbstsehend, selbstschaffend in höherer licht- und schauungsmacht, als auf intellektueller oder andern ebenen möglich ist, voll ins spiel kommt – und es gibt nun anzeichen dieses hervortretens –, dann kommen wir den mächtigsten quellen allheitlicher und ewiger wonne und schönheit näher, näher seinem vollen und weiten sehen und seiner allumfassenden verzückung. Dieser innere geist ist das erste urvermögen des selbstes und spirtes, das seine niederen hüllen fallen lässt, und die ureigne lebendigkeit und ästhesie des spirtes bei seiner schöpfung ist ein dasein selbsterfahrender spirtlicher wonne und ein leuchtendes Ananda.

Die schönheit und wonne solch größerer intuitiver einspirtung, eine dichtung dieses spirtlichen Ananda, die uns alles dasein lichtvoll, wunderbar und schön macht, mag eine der gaben der zukunft sein. Das ist es, wessen wir bedürfen und wofür es in den höchsten klängen, die wir nun zu hören begonnen haben, verheißung gibt. Dieser wechsel wird bedeuten, dass dichtung die weitere wirkung, die sie einst in den edlen antiken kulturen auf das leben der gattung ausübte, in größerem maß, mit umfassenderer und hellerer schau wieder erlangen wird. Ehedem war dichtung für die gattung eine enthüllung vom leben der götter und menschen, dem sinn der welt, der schönheit und macht des daseins, und durch ihre schau und freude, die höhe und klarheit ihres vorhabens arbeitete sie schöpferisch am leben des volkes. Ananda, die freude des spirtes an sich, die eine enthüllung der mächte seines bewussten seins in sich trägt, war in der alten Indischen vorstellung das schöpfungsprinzip, und antike dichtung enthüllte damit dem volk schöpferisch seine seele und seine möglichkeiten durch schönheitsformen und kraftandeutungen auf eine weise, die wir durch unsern spätern unbedeutenderen gebrauch dieses stets großen kunstmediums weitgehend verloren haben. Man könnte fast sagen, dass das alte Indien durch den Weda und die Upanischaden gebildet wurde und dass die schauungen eingespirteter seher ein volk schufen. Jene erhabene dichtung mit ihrer enthüllung von gottheit, von der freude und macht des lebens, der wahrheit und der unsterblichkeit, mit ihrer enthüllung der geheimnisse des selbstes und der mächte seiner offenbarung im menschen und im weltall und der rückkehr des menschen zu selbsterkenntnis, sie durchdrang das blut, den geist und das leben des volkes und machte sich zum born des ganzen unablässigen dranges nach spirtlichkeit, der ihre besondere gabe und ihr kultureller beweggrund war. Indem das Mahābhārata und das Rāmājana dem volk in gestalt edler schönheit und großartiger, schöner oder eindrucksvoller charaktertypen die freude seiner lebensformen enthüllte, die bedeutung seiner spirtlichen, ethischen und ästhetischen ideale, die kräfte und gefahren der menschenseele, seine gottheiten und titanismen, haben diese dichtungen anerkanntermaßen eine große aufbauende rolle gespielt, übertroffen nur von religion und dem nachdruck religiösgesellschaftlicher schulung im leben der Indischen völkerschaften. Und auch später ist die religiöse dichtung der Wischnu-,

Die Seele dichterischer Wonne und Schönheit

Schiwa- und Schaktiverehrer machtvoll ins leben der nation eingetreten und hat geholfen, ihr temperament und ihren seelentyp zu gestalten. Die wirkung der Homerischen gedichte in Griechenland und die innige verbindung von dichtung und kunst mit dem öffentlichen leben in Athen entsprangen einer ähnlichen, doch weniger steilen höhe dichterischen und künstlerischen beweggrunds. Die epischen gedichte enthüllten das Hellenische volk ihm selbst in der klaren und hellen vornehmheit und schönheit einer lebenserhöhung und eines ästhetischen empfindens der menschlich- und göttlichkeit des menschen; die spätere kunst und dichtung legte Athen seine religiösen ideen, seine gedanken, seine ästhetischen instinkte und die seele der großheit und schönheit seiner kultur aus.

Und in all diesen beispielen – gleich andern wie die kunst und dichtung Japans und Chinas – ist eine mehr oder weniger tief eingebungshafte schöpfung aus den gründen sowie selbstäußerung durch dichterische wonne der seele eines volks das geheimnis dieser wirkung und schöpfungs- oder einflusskraft gewesen. Aber zu andern zeiten und anderswo ist dichtung mehr eine dienerin ästhetischen vergnügens als eine schöpferische lebemeisterin und große spirtliche urheberin gewesen; sofern ihr überhaupt größe eignet, kann sie nicht umhin, das in gewissem ausmaß zu sein, aber insgesamt, zentral, ist sie nicht so verfahren, nicht in gleich umfassender und wirksamer weise oder mit dem gleich hohen gewissen ihres waltens. Sie hat sich zu sehr auf die vordergründigen, äußern lebensinteressen zum vergnügen des verstandes und der einbildung gestützt und hat zu sehr darin versagt, leben durch tiefere wonne in der schauungskraft von seele und spirt aus dem inneren zu schaffen.

Der geist des menschen, ein wenig überdrüssig nun des vordergründigen vergnügens von leben und verstand, verlangt, zwar erst dunkel, noch nicht gewahr was ihn befriedigen wird, eine dichtung der selbstesfreude, der tieferen daseinsschönheit und -wonne. Eine bloß kultivierte poesie, gefällig in form und wort, und spielend auf den oberflächensaiten von geist und gemüt, wird ihren zweck nicht erfüllen. Der menschengeist öffnet sich einer noch nie dagewesenen weite der schau auf die größe der welten, das wunder des lebens, das selbst des menschen, das geheimnis des spirtes in ihm und dem weltenall. In dieser schau muss die künftige dichtung ihre einspirtung suchen, und je größer ihre allheitliche freude am dasein, je mehr sie durch eingebungshafte sicht und ästhesie die tiefsten quellen dichterischer wonne und schönheit sucht, desto machtvoller wird sie für ein größeres leben der gattung schöpferisch werden. Der moderne dichter hat in gewisser weise recht, in welcher richtung auch immer die schranken niederzubrechen, die von den sängern der vergangenheit um ihren zauberpalast und dessen bezirke errichtet worden waren; er muss alle dinge im himmel und auf erden und jenseits als sein teil beanspruchen: aber das sorgfältige bemühen um feine dichterische schönheit und wonne, welche jene dadurch schützten, dass sie alles oder das meiste ausschlossen, was nicht bereitwillig ihrem gesetz gehorchte und sich kaum in makelloses material für dichterische gestaltung wenden ließ, das muss er ebenso wachsam bewahren und ihm genüge leisten, indem er alles, was er in seinem weiteren feld findet, in jene tiefste schau taucht, die aus jedem ding sein spirtliches Ananda entbindet, das geheimnis der wahrheit und schönheit darin, für das es geschaffen wurde; in der bedeutung dieser spirtlichen schauungsfreude und nicht in irgendeinem niedrigeren sinnlichen, intellektuellen oder vorstellenden sehen wird Keats ausspruch »schönheit, die wahrheit, wahrheit, die schönheit ist, das ist alles was wir zu wissen brauchen« als gesetz ästhetischen wissens für den dichter wahr. Er hat auch darin recht, dass er dichtung mit dem leben inniger einzumachen wünscht, aber wiederum nur in diesem sinn: zurückzufinden zu den schöpfungsquellen von des spirtes Ananda, woher das leben gesehen und gestaltet wird durch die aus bewegter wesenseinheit entspringende schau – aus dem innersten born der echten dichterschau. Die schönheit und wonne aller physischen dinge, erhellt durch das wunder des geheimen spirtlichen selbstes, das der bewohner und selbstbildner der form ist; die schönheit und wonne des tausendfarbigen vielkammig millionenwelligen mirakels des lebens, hundertmal tiefer bedeutungsvoll gemacht durch das große, süße und anziehend ergreifende der selbstschaffenden innersten seele, die das leben

Die Seele dichterischer Wonne und Schönheit

zu ihrem epos, ihrem drama und ihrer lyrik macht; die schönheit und wonne des spirtes im denken, der als seher, denker und deuter seiner eignen schöpfung und seines eignen wesens auf allem schwebt, was er im menschen und in der welt ist und tut und es beständig neusieht und umgestaltet durch das drängen und vermögen seines denkens: dies wird der stoff der noch zu schreibenden größeren dichtung sein. Und das lässt sich nur entdecken, wenn und soweit die menschenseele sogar über diese dinge hinaus blickt und spürt, das ewige sieht und ausdrückt, seine gottheiten kennt und zu enger innerer fühlung der unendlichen ekstase gelangt, die der born der allheitlichen wonne und schönheit ist. Denn je näher wir dem unbedingten Ananda kommen, desto größer wird unsre freude am menschen, am weltall und an der empfänglichen und schöpferischen spirtlichen gemütsregung, die als stimme die bewegten töne dichterischer sprache braucht.

Die Macht des Spirts

ine dichtung, die unmittelbar aus der macht des spirts geboren wird, von ihr erfüllt und daher ein weitester und tiefster selbstausdruck der seele und des geistes der gattung ist, danach suchen wir und damit scheinen die wesentlicheren strömungen des schöpferischen geistes schwanger zu gehen. Diese dichtung wird eine stimme ewiger dinge sein, die des lebens ereignisse, gemütsregungen und vergänglichkeiten zu neuer bedeutung und großer befriedigter erfahrungsfreude erhebt, sie als aufeinanderfolge von zeichen, als wechselnden übergang von schritten einer ewigen seinsoffenbarung sieht und singt; sie wird ein ausdruck des eigensten selbstes des menschen sein, des selbstes der dinge, des selbstes der Natur; sie wird eine schöpferische, deutende enthüllung der unendlichen seinswahrheit, der allheitlichen wonne und schönheit und einer größern verspirtlichten lebensschau und -macht sein. Das kann nur kommen, wenn der geist der gattung den schritt tatsächlich macht, bei dem er jetzt zögert, und von der befriedigung des befreiten verstandes, die für die letzten zwei jahrhunderte seine hauptbeschäftigung war, dazu übergeht, die verwirklichung des weiteren selbstes anzustreben, von der erforschung der dinge, die erklären, zur erfahrung der dinge, die enthüllen, zu den wahrheiten des spirts. Der fortschritt des menschengeistes erfolgt durch ständiges erweitern, begleitet von dauernder umwandlung seiner erfahrung, die sich in seinen selbstausdrucksweisen spiegelt, und die richtung dieses fortschreitens ist stets mehr und mehr innerlich, eine bewegung, die nicht aufhören kann, bis wir zum innersten gelangen, und auch dann kann es kein wirkliches aufhören geben, weil das innerste das unendliche ist. Das fortschreiten der dichtung ist anzeiger eines vorrückens des kulturellen geistes der menschheit gewesen, der seinen bereich durch ein ständiges heben der seelenerfahrungsstufe ausgedehnt hat und nun zu großer höhe und breite intellektueller schau und tätigkeit aufgestiegen ist, und gegenwärtig stellt sich die frage des nächsten schritts auf der stufenleiter, und ob er nun entschieden getan werden kann oder einmal mehr versäumt wird mit einem rückfall in ein erneutes durchlaufen der psychologischen runde. Das wird den charakter der kommenden ära des menschengeistes und -lebens bestimmen und damit auch den charakter all seiner weisen ästhetischen selbstausdrucks.

Was der mensch oberhalb des intellektes sieht, ist der spirt, und daher muss der entwickelte verstand der gattung, wenn er überhaupt vorankommen soll, sich jetzt einer verstehenden und sehenden spirtlichkeit öffnen, anders als die ziemlich trübe religionsausübung der vergangenheit, die zu den niedrigeren ebenen von leben und gemüt gehörte und deren schranken durchbrochen und deren engstirnigkeiten verworfen wurden vom freien licht intellektuellen denkens: dies wird eher erleuchtete selbsterkenntnis, Gotterkenntnis und auch welterkenntnis sein, welche, umgewandelt in jenem größeren licht, den gesamten zweck und beweggrund unsres daseins verspirtlichen wird. Dies ist die eine entwicklung, der ein ausgebildeter intellektualismus sich öffnen und darin durch selbstübersteigung seine eigne wahre vollendung finden kann. Die alternative ist ein fortwährend wechselndes kreiseziehen im intellektuellen umlauf, das nirgendwohin führt, oder auch ein zusammenbruch auf die unteren ebnen, der die menschliche zivilisation auf einmal in eine neue korrumpierte und intellektualisierte barberei stürzen mag. Dies ist eine katastrophe, die sich in der weltgeschichte schon ereignet hat, und sie wurde augenscheinlich durch äußere geschehnisse und ursachen herbeigeführt, ergab sich aber in grunde aus einem unvermögen des menschenverstandes, seinen weg aus sich und aus der lebentlichen formel heraus zu finden, in der seine anstrengungen und fragereien sich und das leben nur erschöpfen können, hinein in eine volle erleuchtung des spirts und eine aufgeklärte anwendung des spirtlichen prinzips auf geist, leben und handeln. Die möglichkeit einer solchen katastrophe ist bei der gegenwärtigen menschlichen lage durchaus nicht abwesend. Einerseits hat die anspannung des verstandes bis an seine grenzen der dehnbarkeit zu einem rückprall geführt, zu angespanntem trachten nach ungezügelter lebentlicher, gemüts- und sinnenerfahrung, zu krankhafter unordnung im haushalt der natur, und anderseits sind, vielleicht als ergebnis, störungen im erdsystem aufgetreten, die die gestalt der zivilisation zu zerbrechen drohen, und das problem der gattung ist es, ob sich eine neue und größere gestalt schaffen lässt oder ob stattdessen zusammenbruch und verfall kommt mit einem neuanfang der runde. Die hoffnung der gattung liegt in der treue ihres verstandes zu den weiteren wahrnehmungen, die sie jetzt vom größeren menschheitsselbst hat, in der wendung ihres willens zur eröffnung befreiender formen von denken, kunst und gesellschaftlicher bemühung, die sich aus jenen wahrnehmungen ergeben, und im heben des intellektuellen geistes zum eingebungshaften, überintellektuellen, spirtlichen bewusstsein, das allein die grundlage für ein verspirtlichtes leben der gattung und die verwirklichung ihrer göttlicheren möglichkeiten geben kann. Spirtlichkeit heißt ein neues und größeres innenleben des menschen, begründet im bewusstsein seines wahren, innersten, höchsten und weitesten selbstes und spirtes, über das er das gesamte dasein als fortschreitende offenbarung des selbstes im weltall empfängt, und sein eigenes leben als feld einer möglichen umwandlung, worin sein göttlicher sinn gefunden, seine anlagen hoch entwickelt, die jetzt unvollkommnen formen in ein ebenbild göttlicher vollkommenheit entfaltet werden, und eine bemühung, diese größern möglichkeiten seines wesens nicht nur zu sehen, sondern auch zu leben. Und dies bewusstsein seines wahren selbstes und spirtes muss auch ein bewusstsein der einheit des einzelwesens und der gattung mit sich bringen und ein harmonisches einssein des menschenlebens mit dem spirt in der Natur und dem spirt des alls.

Die stimme einer neuen, tieferen, eingebungshaften dichtung kann eine machtvolle hilfe für diesen notwendigen wandel des sehens und strebens sein, weil sie das, was denken mit einer gewissen abstraktheit versteht, der vorstellung mit dem wort verlebendigen und für die aufnahme durch die seele zu einem ding der schönheit, der wonne und einspirtung machen kann. Diese dichtung wird von neuen dingen sprechen und von alten auf neue weise und mit neuer stimme, und zwar nicht unter ausschluss von irgendetwas oder durch einschränkung ihres

Die Macht des Spirts

bereichs, sondern durch große erhöhung oben, große innigkeit zutiefst, große ausdehnung und weite ringsum, eine schauung innerster dinge und daher veränderte schau von welt und leben und den ungesagten erfahrungsmöglichkeiten der seele. Sie wird uns das gefühl vom Ewigen wiedergeben, die gegenwart des Göttlichen, die uns vorübergehend von einem verstand genommen worden ist, der allzu kleinlich und neugierig auf die äußere und physische welt fixiert war, doch wird sie von diesen dingen nicht in den schwächlichen und konventionellen tönen hergebrachter religion sprechen, vielmehr als eine stimme eingebungshafter erfahrung und als rytmus und gesang der enthüllung einer ewigen gegenwart. Des dichters stimme wird uns durch das eingespirtete rytmische wort den Gott enthüllen, der das Selbst aller dinge und wesen ist, das leben des alls, die Göttlichkeit im menschen, und sie wird die ganze gemütsbewegung und wonne des bestrebens der menschenseele ausdrücken, die berührung und freude jener Göttlichkeit im einzelnen zu entdecken, in welcher er die mächtigen quellen seines eignen wesens, lebens und bemühens spürt, seine fülle und einheit mit aller kosmischen erfahrung, mit der Natur und sämtlichen geschöpfen. Der klang, der bereits anhebt und manche seiner töne gefunden hat, wird zu vollerer, innigerer und vertrauterer dichterischen erkenntnis, schau und empfindung anwachsen, die zunehmend nicht nur die eher außergewöhnlichen innern zustände und anrührungen umfasst, die das gebiet mystischer dichtung sind, vielmehr das gesamte unsres in- und auswendigen daseins, bis alles leben und erleben in die gestalt des spirtlichen sinns und der spirtlichen deutung gebracht ist. Eine dichtung dieser art wird auf höchste weise sein, was alle kunst sein soll, ein ding der harmonie, der freude und erleuchtung, eine klärung und befreiung der seele von ihrer lebentlichen unrast, ihrem fragen und ringen, und zwar nicht durch übersehen dieser dinge, sondern durch erhebung in die selbsteskraft im innern, in das licht und die luft ihrer größeren anschauung, wo nicht nur der lösungspunkt zu finden ist, sondern auch die stützende ruhe und macht einer hoheitlichen kenntnis, meisterschaft und äußerung. In der größten kunst und dichtung muss etwas sein von der ruhe des unpersönlichen, die das mühen und kämpfen der persönlichkeit trägt und erhöht, etwas von der weite des allheitlichen, die des einzeldaseins verworrene einengungen löst und harmonisiert, etwas von der empfindung des überseienden, die die niedrigen, unwissenden und unsichern lebensgewalten erhebt gen größeres vermögen, licht und Ananda. Und wenn kunst und dichtung den vollsten sinn dieser dinge zu äußern vermögen, dann werden sie zu den größten bestärkern und bildnern der menschenseele werden und sie bestätigen in der erhabenheit ihres eignen weitesten selbstes und spirts. Die dichtung Europas ist eine eindringlich begierige und bewegte, doch ruhelose stimme gewesen, umgetrieben und ohne sichere grundlage von glück und muße, durchbebt von der leidenschaft des lebens und lechzend nach dessen freude, genuss und schönheit, doch auch befallen von dessen unrast, kummer, tragödie, missklang, ungenügen und ungewissheit, fähig nur zu dessen geringeren harmonien, nicht zu großer befreiung und befriedigung. Die kunst und dichtung des Ostens sind die schöpfung weiteren und ruhigeren spirts gewesen, eindringlich ansprechbar wie im Fernen Osten für tiefere übersinnliche bedeutungen, erspürend feine und subtile harmonien seelischen erlebens, oder bekundend wie in Indien, trotz asketischen nichtigkeits- und täuschungsglaubens, viel eher die größe, kraft und zufriedene tätigkeit menschlichen denkens, lebens und handelns, und dahinter den umgang der seele mit dem Ewigen. Die dichtung der zukunft wird all diese klänge übereinstimmen, wobei sie den höchsten als ihren grundton nimmt und die übrigen in dessen eindringlichkeit und umfang wiedergibt, und so wird sie dem menschengeist vielschichtigere ästhetische und spirtliche befriedigung bieten und einen reicheren inhalt von selbsterfahrung ausdrücken, erhoben zu beharrlicherer sicht unbedingter, unendlicher dinge und machtvoller, umfassenderer befreiung in die ruhe und wonne des spirts.

Und diese dichtung muss auch eine neue tiefe der vertraulichkeiten der seele mit der Natur bringen. Die frühe Natur-dichtung gab uns nur die wonne an den formen von gegenständen und die schönheit des schauplatzes der natürlichen umwelt des menschenlebens, doch keinen inneren umgang zwischen ihm und der

Die Macht des Spirts

allheitlichen Mutter. Ein späterer ton brachte mehr von den feinheiten der lebentlichen seele der natürlichen welt herein und einen widerhall der bewegten empfindung und gemütsregung des lebensspirtes in uns, und hieraus erhob sich ein intellektueller und ästhetischer sinn für verborgne feinere und subtilere dinge und, noch tiefer, eine bemühung um verbindung mit einer allheitlichen gegenwart in der Natur und einem lebendigen born von frieden oder licht, von liebe oder allheitlicher kraft, von bewusster wonne und schönheit. Eine noch tiefer sehende und innigere dichtung wird diese dinge in eine noch größere Naturempfindung und -schau aufnehmen und uns der seele, des eigentlichen selbstes und bewussten wesens der Natur gewahr werden lassen, ihrer tiefsten psychischen andeutung und bedeutung, des spirts in ihr und der eingebung von allem, was sie in ihren formen birgt und der seele, die in einheit mit diesem spirt getreten ist, immer mehr enthüllt. Der eingebungshaftere menschengeist der zukunft, durch die berührung des einen selbstes in allem sein entbunden aus dem jetzt noch beschränkten mitgefühl, wird eine einheit fühlen mit anderem bewusstsein in der Natur und wird die stimme der selbstenthüllung vernehmen in allem, was stumm für uns ist, die seele und das leben von dingen, die jetzt reglos und leblos scheinen, die seele und das leben der tierwelt, die seele und das leben der dinge, die im schweigen wachsen und eingeschlossen sind in der traumversunkenheit ihres halbbewussten daseins. Und sie wird sich nicht nur dem menschen und der irdischen Natur öffnen und sie darlegen – denn dichtung, die sich nur damit beschäftigt, schließt weite bereiche der selbsterfahrung aus –, sondern auch andere gefilde unsres spirts. Sie wird den schlüssel zu den welten der übernatur geben und uns erlauben, uns inmitten der wesen und landschaften, der bilder, einflüsse und gegenwarten der übersinnlichen reiche zu bewegen, die uns hinter ihrem dunklen oder hellen vorhang nahe sind, und wird sich nicht scheuen, in weitere selbstgebiete und andere allheitliche zustände einzutreten, die hinter unserm leben stehen, und in der seele ewige räume. Sie wird dies nicht nur in sinnbildern gesteigerter menschengröße tun, wie die alten dichter die götter darstellten, oder in färbungen romantischen glanzes oder im fernen licht einer mystischen abgelegenheit, sondern mit der nahen unmittelbarkeit und wirklichkeit, die von inniger schau und empfindung kommt, und wird diese dinge zu einem teil unsrer lebendigen erfahrung machen.

Eine dichtung umfassender spirtlicher eingebung muss, wenn sie nicht unmittelbar von ewigen dingen handelt und ihr auge auf die zeitbewegung, auf das tatsächliche menschenleben und -schicksal richtet, in ihrem nachdruck notwendig weitgehend gegenwarts- und zukunftsbezogen sein. Der dichter wird zwar fortfahren, wenn auch auf neue weise und mit neuem blick, für uns die vergangenheit umzugestalten, wird aber nicht jenes dringende bedürfnis fühlen, in einer vorstellungsreichen beschäftigung mit dem vergangnen zu leben, das sich gezwungnermaßen von der sich stets wandelnden, nicht zu handhabenden tatsächlichkeit der gegenwart zurückzieht: denn im spirt leben heißt fähig sein, das ewige in den vorübergehenden augenblicksformen wahrzunehmen und auch in diesen eine enthüllung der größern bedeutungen des spirts zu sehen. Seine schau wird alle gegenwartswege erforschen und dem menschen tief den sinn von dem auslegen, was ihn macht, und von dem, was er macht: sie wird die göttlichkeit in all ihren verkleidungen enthüllen, allem ins auge blicken, selbst dem, was im rätsel unsres tatsächlichen menschenlebens hässlich, schrecklich und verwirrend ist, wird seine tiefere ästhesie finden, herauslösen was unverwandelt an seinen außenseiten ringt und daraus durch dichterisches mitgefühl den stoff spirtlicher wahrheit und schönheit machen. Vor allem aber wird eine klarere und erleuchtendere schau von der bestimmung des spirts im menschen teil der zukunftsdichtung sein. Denn das spirtliche auge vermag nicht nur die göttlichkeit im menschen, so wie er ist, zu sehen, die göttlichkeit in seinem kampf, seinem sieg und seinem scheitern, selbst in seiner sünde, schuld und kleinheit, sondern der spirt ist auch herr der zukunft, seine vergangenheit und gegenwart in der zeit nicht nur der halbgeformte stoff seiner kommenden zeitalter: vielmehr bildet in einem tiefen sinn ruf und anziehung der zukunft die vergangenheit und gegenwart, und jene zukunft wird immer mehr als das wachsen der gottheit im menschen gesehen werden, welches das hohe schicksal der gattung ist, die auf ihre eigne vollendung zu denkt, will und sich müht. Dies ist eine klangweise, die wir immer mehr hören werden, das lied von der wachsenden gottheit der art, der menschlichen einheit, der spirtlichen freiheit, vom kommenden übermenschentum des menschen, vom göttlichen urbild, das sich im leben der erde zu tatsächlichen sucht, und dem aufruf an den einzelnen, sich zu seiner gottgleichen möglichkeit zu erheben, und an die gattung, in der größe dessen zu leben, was die menschheit in sich als eine macht des spirtes fühlt, die sie in eine noch unerfasste vollkommne klargestalt entbinden muss. Das leben mit schönheit zu zieren ist nur der äußerlichste beruf von kunst und dichtung, das leben inniger schön, edel, groß und bedeutungsvoll zu machen, ist ihr höheres amt, doch ihre höchste obliegenheit kommt, wenn der dichter zum seher wird und dem menschen sein ewiges selbst und die gottheiten von dessen seinsoffenbarung enthüllt.

Diese neuen stimmen müssen notwendig ergebnis der wachsenden macht des spirtes über den menschengeist sein, verheißung einer kommenden ära. Zwar gestaltet der spirt dessen dichterische äußerung immer; doch wenn dieser vom äußern leben in anspruch genommen ist, sind jene die großen dichter, die das gewöhnliche leben und handeln samt der umgebung kraft ihrer schau herrlich, schön und edel machen; wenn er durch den verstand arbeitet, sind die großen dichter jene, die eine tiefe, aufklärende vorstellung und schöpferische darlegung von welt, natur und allem geben, was der mensch ist, tut, denkt und träumt; wenn aber der spirt sich seinem eignen umfassenden eingebungshaften wollen und schauen zuwendet, dann muss der dichter noch tiefern dingen ausdruck verleihen, nämlich dem innersten Naturbewusstsein, der bewegung der tiefsten seele des menschen, der wahrheit, die den sinn des daseins enthüllt, der allheitlichen wonne, schönheit und macht eines größern lebens und den unendlichen möglichkeiten unsrer erfahrung und selbsterschaffung. Dies mögen nicht die einzigen klänge sein, wohl aber die größten, jene, die der höchste menschengeist vom dichter verlangen wird, und sie werden alles übrige dadurch tönen, dass sie dem allgemeinen verstand und lebensgefühl der gattung neue ausblicke eröffnen. Und wasimmer dichtung als ihren stoff oder ihren gegenstand wählen mag, dies wachstum der macht des spirts muss da notwendig eine enthüllendere und eindringlichere sprache hineinbringen, einen innerlicheren, feineren und erfüllenderen rytmus, einen größeren nachdruck der schau, ein schwingenderes und empfänglicheres empfinden, das auge, das alle kleinsten und größten dinge auf ihre noch nicht entdeckten bedeutungen und die nicht an der oberfläche liegenden geheimnisse hin ansieht. Dies wird die art der neuen äußerung sein und das grenzenlose feld dichterischer erkundung, das der einspirtung der künftigen menschheit offensteht.

Die Form und der Spirt

in wandel im spirt der dichtung muss auch einen wandel ihrer formen mit sich bringen, und diese abweichung mag dem auge geringer oder größer, mehr innerlich oder mehr äußerlich erscheinen; jedenfalls wird es stets zumindest eine feine oder tiefe veränderung geben, die, wie treu sie den alten mustern auch sein mag, tatsächlich auf eine umwandlung hinausläuft, da selbst die äußere beschaffenheit und wirkung andere werden, als sie waren, und die seele von stoff und bewegung etwas neues wird. Des schöpferischen geistes öffnung auf eingebungshafte und enthüllende dichtung braucht an sich noch keine umwälzung oder ein völliges zerbrechen der alten formen und ein schaffen ganz und gar neuer muster zu erzwingen: sie mag sich weitgehend vollziehen, vor allem wo ein vorbereitendes bemühen abwandlungs- und anpassungsarbeit geleistet hat, indem neue möglichkeiten in alten werkzeugen und eine feine innerliche veränderung ihrer wesensart erschlossen werden. Allerdings, während die früheren umwälzungen auf dem gebiet der dichtung sich in den grenzen des üblichen und überkommenen wirkens der poetischen intelligenz bewegten, ist die nach oben und nach innen gerichtete bewegung und die große weitung, die der menschengeist jetzt erfährt, eine anstrengung von solcher geschwindigkeit und solchem ausmaß, dass sie wie ein unwiderstehliches ausbrechen aus allen gewohnten schranken aussieht, und es ist natürlich, dass das geistige bei seinem trachten nach einer völlig neuen schöpfung auch die alten grundmuster als einschränkung und fessel zerbrechen möchte und neuartige, nie dagewesene formen zu entdecken wünscht, passendere wohnungen und tempel für den freieren und weiteren spirt, der sich anschickt einzuziehen. Umformen scheint ein ungenügender wandel, die erschaffung eines neuen leibes für einen ganz neuen spirt die gebotene entdeckung und bestrebung. Um der gewandelten schau genüge zu tun, muss gewiss in allen hauptbereichen dichterischer schöpfung eine beträchtliche abweichung stattfinden, im lyrischen, dramatischen, erzählerischen oder epischen, und es bleibt die frage zu klären, inwiefern die jeweilige technik betroffen sein wird oder mit vorteil umgewandelt werden sollte, um freien raum zu erlauben für die schritte und gebilde einer feineren und umfassenderen dichterischen vorstellung und einer veränderten seelenbewegung sowie einer ihr gemäßen entsprechung in der dichtkunst.

Die lyrische regung ist der ursprüngliche, unwillkürliche schöpfer der dichterischen form, das lied die erste entdeckung der möglichkeit einer höheren weil rytmischen eindringlichkeit des selbstausdrucks. Der strömt aus von der inständigen anrührung und der verspirtlichten gemütsbewegung eines zarteren, tieferen oder durchdringenderen sehens und spürens im erleben, erfasst die unausweichlichen tongefälle seiner freude oder seiner anziehung und setzt sie fort, bestimmt das feine maß seines fühlens und bewahrt es durch den zauber seiner schritte im klang, schwingend auf den inneren saiten und übersinnlichen fasern. Das lyrische ist ein augenblick erhöhter seelenerfahrung, manchmal kurz in einer leichtigkeit luftiger verzückung, in ergreifender ekstase von schmerz, freude oder vermischter gemütsbewegung oder in einer raschen gewichtigeren erhebung, manchmal verlängert und dieselbe note wiederholend oder abwandelnd, manchmal in anhaltender aufeinanderfolge sich andern augenblicken verbindend, die von ihm ausgehen oder von seinem hauptmotiv angeregt werden. Zuerst ist es eine aus sich selbst hervorquellende musik einfacher melodien, welcher der spirt genussvoll lauscht und mit der er den reiz der selbstentdeckung oder der erinnerung verewigt. Und der lyrische spirt mag sich mit diesen klaren liedhaften spontaneitäten zufriedengeben oder es vorziehn, seine schritte und gedanken zu beschweren, sich einer besinnlichen bewegung zuzuwenden oder, großgefittticht, epische höhe einzunehmen, oder aufeinanderfolgende augenblicke einer handlung zu lyrisieren, oder antworten von herz zu herz, geist zu geist, seele zu seele zu äußern, sich zwischen andeutungen und gegenandeutungen von stimmung, vorstellung und gefühl zu bewegen und eine lyrische keimung

Die Form und der Spirt

oder verdichtung von drama zu erzeugen. Von allen dichtungsarten ist lyrik die mit der größten reichweite, weil in form und motiv die geschmeidigste, und so sind aus ihr die andern hervorgegangen durch annehmen einer gefestigteren und bedachtsameren sprache und einer weiteren gliederung. Da sie der frische eines ursprünglichen antriebs am nächsten ist, wird wohl in ihr ein neuer dichterischer spirt seiner selbst gewahr werden, seine rechten ausdrucksweisen erspüren und mit der anpassungsfähigsten freiheit und vielfalt seine eignen wesenhaften motive und tongefälle entdecken, erste formen und schlichtere gliederungen, bevor er siegreich seine größern regungen und weiteren gebilde in erzählung und drama ausarbeitet.

Die frischesten und spontansten wohlklänge von liedäußerung strömten in früheren literaturen zu jenen zeiten im überfluss, als die unmittelbare bewegung des lebensspirts auf urtümliche gemütsregung und erfahrung beschränkt oder sich in deutlichere erkundungen seiner eignen reicheren, doch immer noch natürlichen selbstästhesie vertiefend, der born einer belebten dichterischen äußerung gewesen ist. Dort kommen die lauteren lyrischen ausbrüche, und der dichter ist es zufrieden zu singen und das gefühl seine eignen formen schaffen zu lassen. Das mit seiner gemütsregung begnügte denken ist nicht allzu sehr darauf aus, die lyrische form für seine verwickelteren zwecke auszuarbeiten oder ihr eine zwar gewichtigere, jedoch fast unvermeidlich auch weniger schlicht verzückte bewegung zu geben. Die intellektuellen zeitalter singen weniger leicht. Sie sind darauf bedacht, die lyrische form mit einer ihrer selbst bewussten, wohlüberlegten kunst zurechtzuschneiden und zu -schnitzen, und ihre fertigkeit gelangt zu maßen und bewegungen von einwandfreier literarischer vollendung, viel modulationskraft, regem denken und empfinden, welches sorgsam das meiste aus seinen möglichkeiten macht; aber außer in der einen oder andern stimme, die mit dem vermögen und bedürfnis reinen lyrischen antriebs geboren ist, kann der allzu entwickelte verstand die erste feine sorglose verzückung des lebens nicht oft bewahren oder wiederentdecken, oder die erinnerung an sie in seine beladeneren töne und maße hereinrufen. Die lyrik der alten klassischen sprachen ist weitgehend von diesem charakter, und wir finden sie dort auf eine gewisse anzahl hoch entwickelter formen beschränkt, mit vollkommener, sorgfältiger technik gehandhabt, und die dichterische gefühlsbewegung, manchmal gemessen ernst, manchmal ihr ein leichterer und leichtfüßigerer impuls gestattet, wird zum dienst des abwägenden poetischen verstands geläutert und gebändigt. Die unbedingten einfachheiten und unwillkürlichkeiten der seelenregung, welche die wurzel des lyrischen urantriebs waren, erhalten nur hin und wieder gelegenheit, an die oberfläche zurückzukehren, und statt ihrer gibt es die bewegung gedankenvolleren und oft vielschichtigen empfindens und fühlens – nicht die wasserläufe des liedes, sondern die größern wogen von cantus, elegie und ode: wiesen- und alpenblumen, selbstgesät an ufern und nah den quellen, werden durch blüten sorgfältiger züchtung ersetzt. Dennoch, wie sehr auch vom denken gezügelt, von ihm durchdrungen und besonnengemacht, das leben des gefühls ist noch vorhanden, und die macht und aufrichtigkeit des lyrischen impulses bleibt bestehn als die grundlage der ausführungen des bewegten verstandes. Aber in den durch nachahmung klassischen literarischen zeiten gibt es gewöhnlich eine große armut, eine abwesenheit oder spärlichkeit des lyrischen elements; die für die lyrische bewegung unerlässliche aufrichtigkeit und vertrauensvolle selbsteslust verwelken unter dem kühl betrachtenden und allzu prüfenden blick der gedanklichen vernunft, und das wiederaufblühn des liedes muss die romantische interessenbewegung einer eifrigeren und umfassenderen intelligenz abwarten, die danach strebt, zur freude der innigen lebenskräfte und zum lebhaft lyrischen des herzens und der einbildung zurückzugelangen. Da gibt es durch bemühung der vorstellungskraft eine rückkehr zu alt kultivierten formen lyrischen ausdrucks und zu frühen schlichtheiten wie dem balladenmotiv, sodann eine große vielfalt von experimenten in neuen metrischen mustern und subtilen abwandlungen alter gefüge, weiter den versuch, den denkgeist zu ernsten oder frohen gemütsaufrichtigkeiten zurückzuwenden oder ihm eine unbedingtere beipflichtung zu den baren einfachheiten von denken und fühlen aufzuzwingen, und schließlich ein lebendig neugieriges interesse des verstands

Die Form und der Spirt　　　　　　　　　　　　　　　**115**

am ausdruck aller arten und schattierungen von empfindung und gemütsbewegung. Die arbeit dieser entwickelten poetischen geistigkeit unterscheidet sich jedoch von der früheren, deren spirt und manier sie oft eifrig wiederzugewinnen sucht, weil hauptsächlich das denken am werk ist und die form weniger eine spontane schöpfung der seele als ein bedachtsam intelligentes gebilde wird, und während die bewegung des reinen lyrischen antriebs ganz von gefühl gestaltet wird und das denken ihn bei seinen schritten nur begleitet, tritt hier das denken tätig und bestimmend dazwischen und kann nicht anders als die gemütsbewegung überkünsteln. Dieser unterschied hat viele folgen und insbesondere dies wichtige ergebnis, dass selbst die einfachheiten eines entwickelten poetischen denkens gewollte einfachheiten sind und das erzeugnis eine wunderlichkeit von werk ist, dem viele triumfe ästhetischer befriedigung eignen, doch nicht mehr oft die urtönigen klänge der seele von damals, wo das reine seelische gefühl noch möglich war. Die wendung zu einem unmittelbareren selbstausdruck des spirtes muss ihren weg zuerst durch das hervortreten einer neuen art von lyrischer aufrichtigkeit finden, die weder die direktheit vordergründiger lebensregungen ist noch die bewegte wahrheit des denkgeistes, der die regung ergreift und betrachtet, um ihre gedankenbedeutungen herauszubringen. Es gibt hier tatsächlich nur zwei reine und unbedingte aufrichtigkeiten: die kraft naturhafter intuition des lebens von sich selbst, die eine unmittelbare und offenkundige identischkeit von etwas gefühltem und dessen ausdruck zeitigt, sowie die kraft des identischseins des spirts, wenn er denken, fühlen und leben aufnimmt und sie einsmacht mit einer innersten unbedingten wahrheit ihres und unseres daseins. Es gibt auch eine kraft der aufrichtigkeiten, die als mittlerin zwischen leben und spirt jedoch erst dann dichterisch wird, wenn sie sich mit dem empfinden eines der andern erfüllt, sie verbindet oder hilft sie zur einheit zu bringen. Es ist also von einem durch denkgewichtigkeiten beschwerten lyrischen des lebens ein übergang zu machen zu einem lyrischen des innersten spirts, welches denken zwar benutzt, jedoch über ihm steht. Unterwegs ist nun eine bezeichnende tendenz festzustellen, ein bemühen, das leben in äußerster klarheit seiner absicht, form und kontur darzustellen, entblößt und befreit von den reichlichen zusätzen des denkens, ledig des schleiers überlegenden verstandes, in der annahme, so zu seiner nackten wahrheit und seinem sinn zu gelangen, zur reinen lebentlichen intuition, wo es aus der unterbewussten andeutung hervorbricht, dem sehenden geist begegnet und mit seiner empfindung in unsern seelen durch enthüllende treue des ausdrucks eine bewusste identischkeit geschaffen werden kann. Dieser bestrebung wird oft noch die forderung beigfügt, dass der rytmische ablauf mit einer schmiegsamen anpassung der wortmusik den lebensschwankungen folgen müsse, und diese ansicht dient dazu, den nun üblichen freien vers zu rechtfertigen, den unregelmäßigen und oft rückenbrüchigen, der das medium einer subtileren entsprechung sein soll, als sie der normalen starrheit festgelegter versmaße überhaupt möglich sei. Tatsächlich aber gelingt es dieser art vers spürbar nicht, wasimmer seine kraft lyrischer absicht auch sein mag, uns die befriedigung wahrer lyrischer form zu schenken, weil er die wahrheit übersieht, dass, was den lyrischen spirt trägt, die entdeckung und folgerichtige nachvollziehung eines mittelsten tongefälles ist, das den ureignen spirt des gefühls enthüllt, und keineswegs das befolgen der mehr äußerlichen zeitmaße und wechsel, die rechtmäßig nur als abwandlung der beständigen wesenhaften musik ins spiel kommen. Diese doppelte notwendigkeit kann möglicherweise durch eine geschickte freie bewegung erfüllt werden, aber nicht so leicht unvermittelt und schlicht wie in treuer übereinstimmung mit dem einmal entdeckten festen tongefälle, das viel echter natürlich ist als diese bewerkstelligten eingängigkeiten. Und außerdem ist die bare wahrheit der lebentlichen intuition nicht jene innerste wahrheit der dinge, die unser geist zu sehen strebt; die ist viel größer, tiefer, ja unendlicher in ihrem gehalt und von grenzenloser andeutung; nicht unsre identifizierung in schau und spirtlicher gemütsregung mit dem unterbewussten zweck des lebens, vielmehr das einssein mit etwas zugleich überbewusstem, innewohnendem und umfassendem in ihm, auf welches es nur ein blinder hinweis ist, wird die triebkraft einer größern äußerung sein. Und bevor wir nicht durch spirtliche erfahrung oder

Die Form und der Spirt **117**

dichterische einsicht diese identischkeit und ihre enthüllungen in uns und den dingen gefunden haben, ist kein verlässlicher und dauerhafter grund für das schaffen der zukunft gelegt.

Der wesentliche und entscheidende schritt des künftigen dichtens wird wohl die entdeckung sein, dass nicht die form den spirt festlegt oder enthüllt, sondern dass vielmehr der spirt aus sich die form und das wort hervorbringt, und zwar mit so sicherer erkenntnis – können wir einmal darin leben und daraus schaffen ohne allzuviel einmischung vom schwierig planenden verstand –, dass die bewegung ebenso spontan unausweichlich, die grundgestalt ebenso strukturhaft vollkommen wird wie die bewegungen und formungen der unbewussten Natur. Die Natur schafft vollkommen, weil sie unmittelbar aus dem leben schafft und sich ihrer nicht intellektuell bewusst ist, und der spirt wird vollkommen schaffen, weil er unmittelbar aus dem selbst schafft und spontan überintellektuell allbewust ist. Zweifellos suchen einige der gegenwärtigen ideen und tendenzen diese wahrheit eines spirtlich rechten und natürlichen schaffens zu entwerfen, wenn auch noch nicht so einsichtsvoll, wie zu wünschen wäre. Der entscheidende enthüllende ausbruch muss kommen, wenn der dichter gelernt hat, schöpferisch nur im innersten spirtlichen sehen und einssein seines selbstes mit dem selbst seiner gegenstände und bilder zu leben und nur aus der tiefsten spirtlichen gemütsbewegung zu singen, welche die gefühlsekstase jenes einsseins ist oder zumindest einer äußersten nähe zu dessen schierer unmittelbarkeit von berührung und schau. Und dann mögen wir finden, dass dies Ananda, diese spirtliche wonne – denn es ist etwas innigeres und entzückenderes als gemütsbewegung – eine nie dagewesene freiheit mannigfaltiger, andeutungsreicher und doch vollkommen angemessener und bestimmter formung und äußerung mit sich bringt. Die aus dem innersten spirt geborene dichtung wird den schöpfer in keinerlei begrenzende runde oder einengende theorie verstandesmäßigen kunstprinzips binden, sondern nach belieben gemäß der wahrheit der unbedingten spirtaugenblicke schaffen. Der innewohnenden richtigkeit des motivs und dessen benötigtem tongefälle entsprechend wird der spirt ihn dazu bewegen, unendliche möglichkeiten neuen spirtlichen maßes und klanges in altehrwürdigen lyrischen rytmen zu entdecken oder ein neues rytmus- und strukturprinzip zu finden, oder sichtbare entwicklungen einzuführen, die zwar vergangne klangschätze bewahren und sie doch zauberischer erneuern werden als es durch irgendein formzerbrechen geschehen kann, das aus chaos eine neue ordnung bauen möchte. Die innige und eingebungshafte dichtung der zukunft wird einerseits die ganze unerschöpfliche reichweite und tiefe vielschichtigkeit der kosmischen einbildungskraft haben, deren deuterin sie sein wird und auf die sie hundert einzelne und getrennte, verbundene und harmonische lyrische töne von dringlich oder reich bewegter äußerung abstimmen muss, und anderseits wird sie jene baren und unbedingten einfachheiten äußersten und wesenhaften sehens erlangen, worin denken sich in durchlässigkeit von licht und schauung läutert, fühlen über sich selbst hinausgeht in schiere spirtliche ekstase und das wort sich verfeinert in reine stimme aus dem schweigen. Das sehen wird die lyrische form bestimmen und die wesenheiten eines unausweichlichen rytmus entdecken, und kein geringerer standard wird sich gegen die reinheit dieses spirtlichen prinzips behaupten.

Ebenso muss ein spirtlicher wandel zweck und form des schauspiels erfassen, hat das zeitalter einmal dessen neigungen bestimmt, und dieser wechsel dämmert bereits in einer ausfaltung, die noch bei ersten versuchen an ihrem anfang steht. Bisher hat es zwei durch große errungenschaften geweihte formen gegeben, das drama des lebens, ob es nun nur lebhafte außenseiten und bezeichnende vorfälle, sitten und gebräuche darstellte oder ob sie die lebensseele und ihr wirken in ereignis, charakter und leidenschaft ausdrückte, sowie das drama der idee oder, vitaler, der ideenkraft, die dazu gebracht wird, sich im lebensablauf auszuarbeiten, ihren einfluss auf die regungen der seele auszuüben, den typus zu schaffen, charakter und leidenschaft als werkzeuge zu benutzen und bei der höchsten spannung als bevollmächtigte im widerstreit urbildhafter kräfte aufzutreten, welche die erhabneren tragödien menschlichen handelns erzeugen. Die spärlichkeit großer schöpfung im modernen schauspiel, nach einem sehr beträchtlichen augenblick der kraft und schau,

Die Form und der Spirt

lässt sich weitgehend einem unvermögen zuschreiben, sich zwischen den beiden motiven zu entscheiden oder eine große dichterische form für das drama der idee zu entdecken, oder in der dichterischen einbildungskraft eine verschmelzung von verstandes- und lebensmotiv zu vollziehen, was eine wirkungsvolle wiedergabe der modernen weise wäre, den menschen und sein leben zu sehen. In letzter zeit ist die einzige lebenskräftige und wirksame dramatische schriftstellerei in prosa gewesen, und dies hat die fragwürdige gestalt des problemstücks angenommen, das den vorherrschenden interessen des hoch intellektualisierten, doch stets praktischen geistes der heutigen menschheit besonders entspricht. Die poetische form ist größtenteils allzu lange eine nachbildung vergangener muster und motive gewesen ohne wurzeln der vitalität im lebenden geist der zeit; aber seit kurzem gibt es eine innerlichere und tiefere bewegung, die eine möglichkeit verheißt, solch unbefriedigende nachahmung durch eine neuartige, aufrichtigere weise dramatischer dichtung zu ersetzen. Ein versuch ist eingeleitet worden, ein inneres seelendrama zu schaffen mit der seele als der eigentlichen bühne. Im wesen und in den formen dieses bemühens herrscht bisher das lyrische motiv über das dramatische vor und reicht die kraft nicht aus, die charaktere zu lebendigen geschöpfen zu machen statt zu substanzlos typhaften schatten von seelenregungen oder gar zu figuren einer verhüllten allegorie und parabel; und vielleicht bedarf es für größere vitalität einer freieren, edler ästhetischen bühne, nicht eingeschränkt durch den äußerlichen realismus, der jetzt einer lebendigen erneuerung des dichterischen und künstlerischen theaters im weg steht. Immerhin ist dieser versuch ein wahrer, wenn auch nicht vollständiger hinweis auf die richtung, die der schöpferische geist in zukunft einschlagen muss.

Die menschenseele, eine vielbewegte vertreterin des weltspirts, inmitten der gesetze, gewalten und triebkräfte des weltalls bestehend, sich selbst und ihre eignen bedeutungen suchend, ihre spirtlichen beziehungen zu andern entdeckend und verwirklichend, wird schau und vorhaben einer dramatik sein, die den jetzt wachsenden intuitiven geist der zukunft voll spiegelt. Alles schauspiel muss eine bewegung von leben und handlung sein, weil seine darstellungsweise durch die sprache lebender wesen und die wechselwirkung ihrer naturen erfolgt, aber ebenso gilt das eigentliche interesse – außer in den am wenigsten dichterischen arten – einer inwendigen bewegung und einer handlung der seele, weil dramatische rede nur dann poetisch von belang ist, wenn sie ein werkzeug menschlichen selbstausdrucks ist und nicht bloß stütze für eine reihe erregender vorfälle. Das schauspiel der zukunft wird sich von der romantischen tragödie unterscheiden, weil das von dramatischer sprache dargestellte etwas innerlicheres sein wird als die lebensseele mit ihrem glänzenden aufzug von leidenschaft und charakter. Das äußere ereignis- und handlungsgewebe, ob sparsam oder reich, stark ausgeprägt oder gering an begebenheiten, wird nur aus äußeren fäden und hinweisen bestehen, und der den geist durchweg beschäftigende vorgang wird der verlauf von seelenphasen oder die wenden der seelenhandlung sein; der charakter, ob in moderner weise füllig an einzelheiten oder nach der reineren alten art schlicht und stark umrissen, wird nicht fälschlich für die person genommen werden, sondern nur als innere lebensaufzeichnung des spirts: die leidenschaften, bisher als hauptstoff des dramas hervorgehoben, werden auf den ihnen gebührenden platz als anzeigende farben und wellen auf dem strom spirtlicher selbstenthüllung beschränkt werden. Und diese größere art wird sich auch von der klassischen tragödie unterscheiden, deren verfahren aus einer ihre lebensfragen herausarbeitenden bedeutsamen und leitenden idee bestand, weil die idee für einen weiteren, im daseinsgeheimnis besser bewanderten geist nur noch die selbstansicht der seele von ihren größeren und wesentlicheren fragen und den bewussten wenden ihres daseins sein wird. Die wirkliche person des stücks wird der spirt im menschen sein, mannigfaltig oder vervielfacht in mehreren menschen, deren inneres spirtliches leben viel wahrhaftiger die entwicklung bestimmen wird als ihre äußeren lebensbeziehungen, und die höhepunkte werden schritte der lösung jener spirtlichen probleme unsres daseins sein, die letztlich an der wurzel aller andern liegen, sie auch einschließen und durchdringen. Das schauspiel wird nicht länger eine auslegung von Schicksal oder selbst-

Die Form und der Spirt

tätigem Karma, von den einfachen oder vielschichtigen natürlichen verwicklungen des menschlichen lebenslaufs sein, sondern eine enthüllung der Seele als ihr eigenes schicksal und bestimmerin ihres lebens und karmas, und dahinter der mächte und bewegungen des spirts im weltall. Es wird durch keine minderen idealismen oder realismen begrenzt sein, sondern indem es nach belieben diese oder andere welten, den sinn der götter und der handlungen von erdlingen, die menschenträume und die menschlichen gegebenheiten – beides gleichermaßen wirklich –, die kämpfe, leiden und siege des spirts, die beständigkeiten der Natur, ihre wandelbarkeiten, bezeichnenden entstellungen und fruchtbaren bekehrungen darstellt, wird es in dramatischer form die innerste handlungswahrheit des unendlichen menschen auslegen. Es wird sich auch von keiner alten oder neuen förmlichen gepflogenheit einschränken lassen, vielmehr alte muster umwandeln, andere erfinden und der wahrheit seiner schau gemäß sein wirken und die entfaltung seines dramatischen vorgangs, den kehrreim seines lyrischen oder den gang seines epischen motivs fügen. Dieser schlüssel ist zumindest der weiteste und andeutungsreichste für ein neues und lebendiges künftiges schaffen in den formen des schauspiels.

Spirt und zweck der erzählenden und epischen dichtungsformen müssen den gleichen umgestaltenden wandel erfahren. Bislang ist die poetische erzählung ein schlichter bericht oder eine lebhafte schilderung oder nachbildung von leben und handeln gewesen, worein abwechslung gebracht wird durch beschreibung von begleitumstand und angabe von stimmung, gefühl und charakter, oder aber solches mit der entwicklung einer idee oder geistigen und moralischen bedeutung am grunde, für welche die geschichte der anlass oder darstellungsumriss ist. Der wandel zu einem tieferen motiv wird dies durch seelenbedeutung als den wirklichen stoff ersetzen, die handlung wird nicht nur um ihres äußeren oberflächeninteresses willen dasein, sondern als vitaler hinweis auf den sinn, der begleitumstand nur so beschaffen sein, dass er hilft, diesen zu unterstreichen und einzurahmen und seine beitragenden andeutungen, stimmungen, gefühle und charaktere, innerlichen kräfte und phasen herauszubringen. Eine eindringliche erzählung – eindringlich in schlichtheit oder in reichtum bedeutsamer schattierungen, töne und farben – wird in zukunft die tiefere und feinere kunst dieser gattung sein, und ihre geeigneten strukturen werden von den notwendigkeiten dieses inneren kunstmotivs bestimmt werden. Eine erste form der eindringlichen und spirtlich bedeutsamen poetischen erzählung ist bereits geschaffen worden und sucht die mehr vordergründig intellektuellen motive zu ersetzen, wo die idee eher zur geschichte hinzukam oder in sie den sinn ihrer wenden oder ihres gesamtverlaufs hineinlas; doch hier neigt die geschichte mehr dazu, lebendiger ausdruck der idee zu sein, und die idee selbst, schwingend in sprache, schilderung und handlung, hinweis auf ein tieferes seelenmotiv. Die künftige dichtung wird dieser richtlinie mit immer feinerer und wandelbarerer innerlichkeit, größerer verschmelzung und lebendigerer identischkeit von seelenmotiv, zeigender idee, andeutender schilderung und eindringlich bedeutsamer sprache und handlung folgen. Die gleiche leitende schau wird dasein wie in lyrik und dramatik; einzig das entwicklungsverfahren wird anders sein, entsprechend den der erzählung eignen erfordernissen der mehr zerstreuten, weitschweifigen und vorganghaften form.

Das epos ist nur die erzählerische darstellung auf ihrer breitesten leinwand und ihrer höchsten erhebung, größe und fülle von spirt, sprache und bewegung. Es wird gelegentlich behauptet, das epos gehöre allein in frühgeschichtliche zeiten, deren lebensfrische dem jugendlichen geist der menschheit eine geschichte grober und einfacher handlung von größtem interesse sein ließ, und das literarische epos sei eine künstliche verlängerung durch ein intellektuelles zeitalter und eine echte epische dichtung jetzt und in zukunft nicht mehr möglich. Das heißt form und umstand für die zentrale wirklichkeit missverstehen. Das epos, eine große dichterische geschichte des menschen, braucht nicht unbedingt eine lebensvolle darstellung äußerer handlung zu sein: die göttlich verfügte errichtung Roms, der kampf der prinzipien von gut und böse wie in den großen Indischen gedichten; der umzug der jahrhunderte oder die wanderung des sehers durch die drei welten über uns sind für die vorstellung des epischen schöpfers

Die Form und der Spirt 123

ebenso geeignete themen wie urtümliche kriege und abenteuer. Die epen der seele, wie sie von einer eingebungshaften dichtung innerlichst geschaut werden, sind sein größtmöglicher gegenstand, und diese höchste art dürfen wir von einer tiefen und mächtigen stimme der zukunft erwarten. Sein gesang mag in der tat der großartigste flug sein, der vom obersten gipfel aus mit dem weitesten sichtfeld die bestimmung des menschenspirts und die anwesenheit, die wege und das trachten der Göttlichkeit im menschen und im weltall enthüllen wird.

Das Wort und der Spirt

ine entwicklung der hier dargelegten art wird nicht nur die rahmen der dichtung beeinflussen, sondern auch einen feinen wandel ihres worts und rytmischen gangs einleiten. Das dichterische werk ist ein gefährt des spirts, das auserwählte mittel des selbstausdrucks der seele, und jede grundlegende veränderung des innern verhaltens der seele, ihrer gedankenatmosfäre, ihrer sehweise und gefühlsart, jeder wandel des lichts, in dem sie lebt, und der kraft des atems, den sie schöpft, jede erhebung ihrer höhen oder eintritt in tiefere kammern ihrer selbst muss sich spiegeln in einer entsprechenden veränderung, einer gewandelten eindringlichkeit von licht und kraft, inneren erhebung und vertiefung des worts, das sie zu gebrauchen hat, und wenn es keinen solchen wandel gibt, oder wenn er dem neuen zweck des spirts nicht genügt, dann kann es keinen lebendigen oder keinen vollkommenen selbstausdruck geben. Die alten sprachgewohnheiten können den neuen spirt nicht aufnehmen und müssen sich entweder weiten und vertiefen und eine umformung erfahren oder aber zerbrochen werden und einer neuen gestalt platz machen. Der konservativismus des menschengeistes steht der umwandelnden kraft im weg und beharrt eine zeitlang auf der autorität von traditionellen oder bereits gängigen richtmaßen literarischer vollkommenheit; doch muss der ewig selbsterneuernde spirt sich schließlich durchsetzen, sonst bringt zu viel stabilität versteinerung und verfall, was eine weit größere gefahr ist als der vom puristen angesagte niedergang angesichts scheinbar morbider eigenartigkeit und entstellung poetischer sprachmuster oder bedrohlicher abweichung von sichern und dauerhaften regeln der vollkommenheit. Ein in seiner größe und erneuerungskraft sehr beträchtlicher wandel dieser art ist seit einiger zeit in den meisten lebendigen literaturen am werk gewesen.

Der leitende spirt und zweck dieses wandels, selbst von jenen

Das Wort und der Spirt **125**

nicht immer klar ins auge gefasst, die am tätigsten sind ihn herbeizuführen, ist eine wendung zu innigerer, mehr unmittelbar oder völlig eingebungshafter sprache und rytmik. Die sache ist an sich so subtil, dass sie besser aufgezeigt als analysiert und angemessen beschrieben oder dem verstand verklart werden kann. Und überdies ist alle dichtung, außer der vordergründigsten – eine versbewegung, die von prosa eher der form als der seelenkraft nach unterscheidbar ist –, in ihrer innersten wesensart eingebungshaft, mehr eine schöpfung der schau und des gefühls als des verstands, und der vollzogne wandel ist einer der ebene oder der tiefe des selbstes, von der her die dichterische eingebung, bei der übertragung im allgemeinen abgeändert, ursprünglich ausgeht, und ihres vermittelnden werkzeugs eher als ihrer ersten anfangsbewegung. Der ursprüngliche einfall muss stets in größerem oder geringerem grade eingebungshaft sein; in form oder ausdruck ergibt sich unterschiedliches. Der verstand neigt bei seinem gebrauch der sprache dazu, sie als intellektuelle einrichtung zu betrachten, ein mittel zur genauen bezeichnung von gegenstand und idee oder bestenfalls zu eleganter, gefälliger oder wirksamer und treffender darstellung. Die dichterische auffassung und verwendung von sprache ist von ganz anderer art und dringt mehr in die wesenswirklichkeit des wortes und die eher mystische verbindung zwischen der bewegung des spirts und den bedeutungen der geistigen äußerung. Der dichter hat weit mehr zu tun als dem verstand eine genaue, harmonische oder treffend dargestellte idee zu bieten: er muss dem wort lebensatem schenken, und dazu muss er dessen mögliche kraft lebendiger andeutung erkennen und vollen gebrauch davon machen; er muss es nicht bloß den verstandesbegriff tragen lassen, sondern auch die gemüts- und seelenempfindung des darzustellenden; er muss ein bild von dessen gegenwart und wirkung errichten, mit dem wir innerlich so leben können, wie wir mit der gegenwart und wirkung der dinge der tatsächlichen welt leben. Wie nach der Wedischen theorie der Spirt die welten durch das Wort erschuf, so bringt der dichter durch sein schöpferisches wort teilweise oder umfassend, in gesonderten stücken oder gemassten räumen eine innere welt von wesen, dingen und erfahrungen in sich und uns hervor. Aber alle schöpfung ist ein mysterium in ihrem geheimnis innerlichsten vorgangs, und höchstens der äußerlichste oder mechanische teil davon lässt analyse zu; das schöpferische vermögen des dichtergeistes ist keine ausnahme. Der dichter ist ein zauberer, der das geheimnis seines zaubers kaum kennt; selbst die vom bewusst kritischen oder konstruktiven geist gespielte rolle ist weniger intellektuell als eingebungshaft; er schafft unter einem anhauch spirtlicher kraft, dessen stromweg und werkzeug sein geist ist, und anerkennung davon in ihm und andern kommt nicht durch verstandesurteil, sondern durch spirtliches gespür. Von diesem muss er gesagt bekommen, ob das eintreffende wort der wahre leib seiner schau ist oder ob er ein anderes suchen oder auf es warten soll, das als die angemessene, wirksame, erleuchtende, eingespirtete oder unausweichliche äußerung empfunden wird. Die unterscheidung, die ich hier zwischen mehreren mächten eingebungshafter sprache zu machen suche, lässt sich daher besser spüren als kritisch feststellen; doch mögen gewisse hinweise dazu dienen, sie mit hilfe des einfühlsamen kritischen verstandes klarer in ihrem spirt empfinden zu lassen.

Die in unsrer sprache verwendeten wörter scheinen, wenn wir nur ihre äußere formung betrachten, bloß physische laute zu sein, die mittels einer geistigen einrichtung bestimmte gegenstände, ideen und wahrnehmungen darstellen – ein der herkunft nach vielleicht nervliches triebwerk, jedoch durch den wachsenden verstand zu immer feinerem und verzweigterem gebrauch entwickelt; betrachten wir die wörter aber in ihrem innersten psychologischen und nicht allein ihrem mehr äußerlichen aspekt, so sehen wir, dass was sprache ausmacht und ihr leben, wirkung und bedeutung verleiht, eine subtile bewusstseinskraft ist, die den klangleib einformt und beseelt: es ist eine überbewusste Naturkraft, die ihren stoff aus unserm unterbewussten hebt, doch zunehmend bewusst wird bei ihren bewerkstelligungen im menschengeist, der sich in einer grundlegenden weise und dennoch vielfältig in der sprache entwickelt. Dieser Kraft, dieser Schakti gaben die Wedischen denker den namen *Wak*, die göttin schöpferischer sprache, und die Tantrischen forscher nahmen an, dass diese Kraft in uns durch verschiedene feinartige nervenzentren auf immer höheren stufen ihres vermögens wirkt und dass dem wort so eine abstufung seiner schöpferischen wahrheits- und schauungskräfte eignet. Man kann diese vorstellung verschiedener grade der sprachkraft – jeder für sich charakteristisch und unterscheidbar – als schlüssel von großem nutzen annehmen und einen der grade dieser Tantrischen einteilung, *Paschjantī*, das sehende wort, als beschreibung jener stufe der kraft erkennen, zu welcher der dichtergeist sich erheben soll und wo seine ausdrucksweise ursprünglich heimisch ist. Die der prosa eigentümliche wortkraft dient gemeinhin dazu, dinge für den begrifflichen verstand zu kennzeichnen und darzulegen; für feinartige, durch inneres rytmisches hören im geist erweckte wahrnehmung schaut und vergegenwärtigt das dichterwort in seinem leib und bild wahrheit der seele und denkerfahrung und wahrheit der sinne des lebens – die spirtliche und lebendige tatsächlichkeit von idee und gegenstand. Der prosaist mag mehr oder weniger schauvermögen zuhilfe nehmen, der dichter seine schau mit verstandesmäßiger beobachtung verdünnen, aber der grundlegende unterschied bleibt, dass gewöhnliche sprache vom begrifflichen verstand ausgeht und sich an ihn wendet, während der sehende geist der meister dichterischer äußerung ist.

Die dichtung der zukunft, angenommen sie ist von der hier angedeuteten art – ihr ziel der ausdruck innerster wahrheit der dinge, die sie zu ihrem gegenstand macht – muss, um ihre aufgabe ganz zu erfüllen, alles auf innerste weise ausdrücken, und dies kann nur geschehen, wenn sie den mehr intellektualisierten oder äußerlich lebentlichen und sinnenhaften ausdruck übersteigend, völlig in der sprache eingebungshaften geistes, eingebungshafter schau und vorstellung, eingebungshaften sinns, eingebungshafter gemütsbewegung und eingebungshaften lebentlichen gefühls spricht, welches in besonders innigem erkenntnislicht durch spirtliche wesenseinheit das innerste denken, schauen, bild, sinn, leben und gefühl von dem erfassen kann, was ihm zu äußern aufgetragen ist. Die stimme der dichtung stammt aus einer gegend oberhalb von uns, einer ebene unsres wesens jenseits unsres persönlichen geistes, aus einem ober-, zuhöchst aus einem übergeist, der die dinge in ihrer innersten und weitesten wahrheit durch spirtliche wesenseinheit mit strahlendem glanz und entzücken sieht, und ihre ureigne sprache ist ein enthüllendes, eingespirtetes wort, von der glorie dieser ekstase und lichtpracht durchscheinend, feinartig schwingend oder prallvoll. Das erfasstsein des geistes durch die berührung einer ebene oberhalb von ihm und der vermittelte antrieb, diese schau und dies wort zu ergreifen, bewirkt die erscheinung dichterischer einspirtung und das durchdrungenwerden von einer höheren macht als der, die er normalerweise fassen kann, erzeugt die zeitweilige erregung von hirn, herz und nerv, die den einstrom begleitet. Das eingespirtete wort kommt, wie einst die Wedischen seher sagten, aus der heimat der Wahrheit, *sadanād ritasja*, der einem höheren selbst angestammten ebene, die das licht einer wirklichkeit enthält, die durch die geringere wahrheit des normalen sinns und verstands verborgen ist. Allerdings kommt es selten unmittelbar und unverändert, fertig verkörpert, vollkommen und unbedingt: gewöhnlich gibt es einen einfluss und eine andeutung seiner helligkeit und sprache, verschleiert in einer wolke formlosen glanzes, und wir müssen mit hilfe unsrer geisteskräfte, solange sie noch von dem einstrom erfasst, erregt und erleuchtet sind, wort und substanz so gut wie möglich empfangen, sie aufspüren und herauslösen oder neugestalten. Das wort kommt insgeheim von oberhalb des geistes, wird aber erst in unsre eingebungshaften tiefen gesenkt und taucht unvollkommen wieder auf, um vom dichterischen gefühl und verstand geformt zu werden, *hirdā taschtam manīschā*. Ein in der tiefe jedes unsrer wesensteile, in sinn, leben, herz und geist verstecktes eingebungshaftes selbst ist der übermittler, ein hinterschwelliges vermögen, das sich in einer geheimen höhle im innern birgt, deren verhangne kristalltüren nur gelegentliche und teilweise durchscheinungen zulassen oder bisweilen ein wenig oder auch weit offen stehen – *nihitaṁ guhājām, guhāhitaṁ gahwareschtham*. Je weniger nah und wach wir für diesen mittler sind, desto äußerlicher wird ton und substanz der dichterischen sprache vergeistet und verlebentlicht; je mehr von seiner unmittelbaren macht und schau wir hereinbringen können, desto mehr wird das wort unsrer äußerung

Das Wort und der Spirt 129

eingebungshaft und erleuchtet. Und je mehr wir den schleier erhellen und die unmittelbare übertragung empfangen können, desto größer ist die kraft der einspirtung und enthüllung und desto näher kommen wir einem unbedingten und unausweichlichen wort aus der obergeistigen schau und sprache.

Die bezeichnendste tendenz jüngerer dichtung ist ein versuch gewesen, manchmal halb verstehend oder dunkel ahnend, die tore zur lichtvollen höhle aufzubrechen und die schau und wendung dieses eingebungshaften selbstes unsres verstandes, vorstellungsvermögens, empfindens, lebens und fühlens zu bekommen.

Das sind anfänge, und darüber hinaus bleibt noch viel zu tun, um einen vollständigen wechsel zu bewirken; ein ungewisser übergang muss noch zu einer großen umwandlung führen. Die formmuster oder zumindest der spirt und die dichterische ausdrucksart müssen umgeprägt werden, geradeso wie Shakespeare und seine zeitgenossen die dichtersprache des Englischen umprägten, um der flut von selbstschau, selbstgefühl und selbstdenken der menschlichen lebensseele gestalt und raum zu geben: aber diesmal muss es in vielen sprachen von den geisten vieler volkswesenheiten gleichzeitig vollbracht werden, um gestalt und raum zu geben für die vielfältigen weiten, die immer feineren feinheiten, die unbedingten durchscheinungen des sehens, fühlens und denkens des innersten selbstes und spirtes im menschen, in inniger berührung mit den sich eröffnenden wahrheiten aller ebenen seines daseins und all seiner umgebungen in Natur und übernatur. Die bereits ertönten stimmen – die noch eigenartigen und nicht allgemein angenommenen feinheiten mancher, die unreifen anstrengungen und gewaltsamkeiten anderer, das werk jener, die etwas von der neuen substanz haben, jedoch keine meisterschaft in deren angestammtem ausdruck, und jener, die über die neue sprache und rytmik verfügen, aber arm sind an substanz, die sie reich und weit hätte machen sollen, sogar die erreichten vollkommenheiten – sind nur als anfängliche bemühungen, erfolge und anregungen zu vollständigerer erschließung des sich entfaltenden spirts zu betrachten. Die sprache, die beständiger die türen zum eingebungshaften selbst in den lichthöhlen unsrer natur öffnet, hat noch nicht alles vollbracht, was zu vollbringen ist. Auch die sprache gilt es zu finden, die mit dem zerreißen oder entfernen des goldenen lids zwischen unsrer intelligenz und der strahlenden überintelligenz kommt und eine unmittelbare und unumschränkte herabkunft bewirkt, ein hereinströmen unbedingten sehens und wortes des spirts in die formen menschlicher sprache.

Schlusswort

ie dichtkunst der zukunft muss, wenn die hier gemachten andeutungen richtig sind, eine für sie neue aufgabe lösen, nämlich eine äußerung der tiefsten menschenseele und des allheitlichen spirts in dingen nicht nur mit einer andern und vollständigern schau, vielmehr in der ureignen innersten sprache der selbsterfahrung der seele und der sicht des spirtlichen geistes. Der versuch, in dichtung die innersten spirtesdinge zu sagen oder ein von der mehr äußeren einbildungskraft und intelligenz verschiedenes sehen zu gebrauchen ist zwar früher schon gemacht worden, aber außer in seltenen augenblicken ungewöhnlich eingespirteter sprache hat sie meist eher eine figürliche oder symbolische redeweise gebraucht als eine unmittelbare sprache innerster erfahrung; oder wo eine solche verwendet wurde, war es innerhalb des begrenzten gebiets rein innerlicher erfahrung wie in der erhabnen philosophischen und spirtlichen dichtung der Upanischaden, im ausdruck eines eigentümlichen psychischen Natur-gefühls, das bei fernöstlichen dichtern üblich ist, auch auf dem dichterischen schauplatz mystischer zustände oder in einer besondern religiösen gemütsbewegung und -erfahrung, wovon wir einige beispiele in Europa und viele in der literatur Westasiens und Indiens haben. Eine davon verschiedene und viel größere schöpferische und deutende bewegung sehen wir jetzt in ihren anfangsstadien, eine ausdehnung der inneren schauungsweise auf äußere nicht minder als auf innere dinge, auf alles uns subjekthafte und alles objekthafte, ein sehen durch nähere wesenseinheit im selbst des menschen und dem selbst von dingen, leben, Natur und allem, was ihm im weltall begegnet. Der dichter muss die sprache dieser wesenseinheiten finden, und auch symbol und figur müssen, wenn zur unterstützung der unmittelbaren äußerung hereingebracht, anders gebraucht werden, weniger als schleier, mehr als wirkliche entsprechung.

Die erste voraussetzung für das vollständige hervortreten

dieser neuen dichterischen einspirtung und dieser tieferen und weiteren bedeutung dichterischer sprache muss die vollendung einer erst beginnend verspirtlichten wendung unsres allgemeinen menschengefühls und -verstandes sein. Gegenwärtig ist der menschengeist dabei, die grenzen zwischen zwei reichen zu überqueren. Er tritt aus einer periode von aktivem und meist materialistischem intellektualismus heraus und auf ein grundsätzlich eingebungshaftes suchen zu, wohin des verstandes streben nach wahrheit durch seine ureigne antriebskraft gebracht worden ist, gewissermaßen über unvermutete grenzen gleitend. Daher gibt es ein unsicheres tasten in viele richtungen, wovon manches nur als übergangsbemühung wertvoll ist und, könnte es das letzte und endgültige sein, uns nur in glänzende verderbnis und entartung führen würde. Es gibt einen vitalistischen intuitivismus, manchmal von mehr subjekt-, manchmal mehr objekthafter form, der inmitten zweifelhafter lichter im grenzland verweilt und durch seine ziemlich dicken und oft grellen glänze und farben nicht zu einer feineren und wahreren spirtlichen schau gelangen kann. Es gibt einen emotionellen und sensualistischen psychischen intuitivismus, halb auftauchend aus dem vitalistischen motiv und halb in es verwickelt, der oft eine seltsame schönheit und brillianz hat, manchmal mit morbiden tönen befleckt ist, manchmal in vagem dunst schwebt und manchmal – eine übliche neigung – bis zu einer übertreibung von halb lebentlichem, halb psychischem motiv gedehnt wird. Es gibt eine reinere und zartere psychische eingebung mit einer spirtlichen ausrichtung, die von den Irischen dichtern in die Englische literatur gebracht wurde. Die dichtung von Walt Whitman und seinen nachfolgern war eine des lebens, aber erweitert, erhoben und erhellt durch eine starke intellektuelle eingebung vom menschenselbst und der weiten menschheitsseele. Und auf der subtilsten erhebung alles bisher erreichten steht oder vielmehr fliegt und schwebt in einer hohen zwischenregion Rabindranath Tagore, zwar nicht im vollständigen spirtlichen licht, aber doch in einer luft, durchsetzt vom suchen danach und ausblicken darauf, ein sehen und tongefälle aus einem himmel feinartiger, köstlicher seelenerfahrung, welche die erde mit der berührung ihres strahlens verwandelt. Der weite anklang und erfolg seiner dichtung ist eines der bedeutsamsten zeichen für die tendenz des zeitgeists. Gleichwohl ist zu spüren, dass nichts von alledem schon ganz das gesuchte, das endgültige ist. Das kann erst gewährleistet werden, wenn ein höchstes licht des spirts, eine vollkommene freude und befriedigung der feinheit und vielschichtigkeit subtilerer seelenerfahrung und eine umfassende kraft und weite der lebensseele, der erde gewiss und den himmeln offen, zusammengetroffen sind, einander gefunden haben und verschmolzen sind in der unumschränkten einheit einer großen dichterischen entdeckung und äußerung.

Es ist möglich, dass eher in östlichen sprachen und durch den genius östlicher dichter die erste entdeckung dieser vollendung kommen wird: der Osten hat in seiner wesensart stets eine größere nähe zur spirtlichen und seelischen schau und erfahrung gehabt, und für die verwirklichung dessen, worauf wir noch warten, bedarf es nur einer völligeren hinwendung dieser schau auf das gesamte menschenleben, um es anzunehmen und zu erleuchten. Anderseits hat der Westen den vorteil, dass er, obwohl erst jetzt hervortretend, wenn auch nicht so sehr in das spirtliche licht als in einen äußeren halberhellten kreis, und obwohl behindert durch übertriebnen verstandesmäßigen und lebentlichen außendruck, doch gegenwärtig über ein weiter reichendes denken und ein gründlicher forschendes und reges auge verfügt, und wenn diese sich einmal richtig einstellen, ist der ausdruck nicht so sehr in vergangnen spirtlichen formen und überlieferungen befangen. Jedenfalls muss das aufeinanderstoßen orientaler und okzidentaler geistigkeiten – einerseits der weite spirtliche geist und das auf das selbst und die ewigen wirklichkeiten gerichtete innere auge, anderseits die freie denkerische erkundung und der mut der die erde und ihre probleme ergreifenden lebensenergie – die zukunft erschaffen und die dichtung der zukunft hervorbringen. Leben, welt und Natur insgesamt gesehen, ergründet und angenommen, und zwar gesehen im licht von des menschen tiefstem spirt, ergründet durch das ergründen des menschenselbstes und des weiten selbstes des weltalls, und angenommen im sinn seiner innersten und nicht bloß seiner mehr äußeren wahrheit, die entdeckung der göttlichen wirklichkeit in ihm und der göttlichen möglichkeiten des menschen – dies ist die befreiende schau, nach der unsre geiste suchen, und für diese schau muss die künftige dichtung die einspirtende ästhetische form und die enthüllende sprache finden.

Die welt erneuert sich unter großem spirtlichen druck, die alten dinge vergehen, die neuen schicken sich an ins dasein zu treten, und es mag sein, dass einige der alten nationen, welche die führer der vergangenheit waren, und der alten literaturen, die bisher die auserwählten gefäße dichterischer schöpfung gewesen sind, sich als unfähig erweisen werden, den größeren atem des neuen spirts zu fassen und zum niedergang verurteilt sind. Es mag sein, dass wir nach der künftigen dichtung bei neuen literaturen ausschau halten müssen, die noch nicht geboren sind oder sich in ihrer jugend und ersten entstehung befinden oder, obwohl sie in der vergangenheit etwas vollbracht haben, ihre größte stimme und reichweite erst noch erlangen müssen. Eine sprache durchläuft ihren zyklus, altert und verfällt durch viele krankheiten: sie erstarrt vielleicht durch anhänglichkeit ihres lebens an vergangne überlieferung und mustergültigkeit, von der sie nicht loskommt ohne gefährdung ihres daseinsprinzips, oder durch überspannen und zerbrechen ihrer möglichkeiten und eine bunte dekadenz; oder in ihrer schaffenskraft erschöpft, geht sie in jene anziehende aber gefährliche phase von kunst um der kunst willen, welche dichtung nicht länger zu einem hohen und feinen ausströmen der seele und des lebens macht, sondern zu einem hedonistischen schwelgen und delettieren der intelligenz. Diese und andere altersanzeichen fehlen nicht in den größern Europäischen literatursprachen, und in einem solchen stadium wird der versuch, spirt und innere gestalt der dichtersprache gleichzeitig umzuwandeln, ein schwieriges und kritisches unterfangen. Im gegenwärtigen gären und kreißen gibt es aber noch eine treibende kraft neuer ermöglichung, ein rettendes element in der macht an der wurzel des rufs nach wechsel: die macht des spirtes, immer stark dafür, leben und geist umzuwandeln und alles wieder jung zu machen, und kann diese zauberkraft in ihrer gänze einmal angenommen werden und vorausgesetzt, es gibt kein lang fortgesetztes weitertappen zwischen entstellten inspirationen oder halbmotiven, dann mögen die alten literaturen verjüngt in einen neuen schöpfungszyklus eintreten.

Das fließen einer neuen und größeren selbstschau von mensch, Natur und dasein in das denken und das leben ist die voraussetzung für die vollständigkeit der kommenden dichtung. Ein ausgedehnter hintergrund und eine weite bewegung des lebens, die der seele und dem geist des menschen einen beträchtlichen zuwachs erschlossen, waren in den großen zeitaltern der literatur der höchste schöpferische ansporn. Die entdeckung eines frischen intellektuellen oder ästhetischen motivs von der im letzten jahrhundert üblichen art setzt nur ein kurzlebiges kräuseln auf der oberfläche in gang und bringt selten werke ersten ranges hervor. Die wirkliche einspirtung kommt mit einer vollständigeren bewegung, einem umfassenderen lebenshorizont, einem erweitern der denkgefilde, einer erhöhung des fluges des spirts. Der wechsel, der gegenwärtig über den geist der gattung kommt, begann mit einer weiteren kosmischen schau, einem gefühl der größe, der bestimmung und der möglichkeiten des einzelnen und der art, der idee der menschheit und der einheit von mensch und mensch sowie einer engeren beziehung der einheit seines geistes mit dem leben der Natur. Das bestreben, den ausdruck dieser dinge mit dem lebensausdruck eins zu machen ist es, was der dichtung von Whitman eine so viel weitere und vitalere luft gewährt als die vergleichsweise schwächliche verfeinerung und sorgfältige kunst der meisten damaligen dichtung Europas; nicht dass die kunst wegzulassen wäre, aber sie muss geeint werden mit einer machtvolleren aufrichtigkeit von spirt und größe des antriebs und einem gefühl neuer geburt und jugend und der mächte der zukunft. Die intellektuelle idee genügte noch nicht, denn sie musste noch ihre eigne größere wahrheit in der spirtlichen idee und ihr feineres kulturelles feld in einer empfindsameren, vielschichtigeren und subtileren seelischen schau und erfahrung finden. Das ist es, was von neueren dichtern vorbereitet worden ist. Der ausdruck dieser tiefern idee und erfahrung ist wiederum nicht genug, bis die spirtliche idee in eine vollständige spirtliche verwirklichung übergegangen ist und nicht nur verstand, physischen geist und psychische vorstellung beeinflusst hat, sondern in das allgemeine gefühl und empfinden der gattung eingetreten ist und alles denken und leben erfasst hat, um sie nach ihrem bild neu zu deuten und zu gestalten. Dieser spirtlichen verwirklichung muss die spirtliche dichtung weiterhelfen, indem sie ihr ihr auge der schau gibt, ihre gestalt ästhetischer schönheit, ihre enthüllende zunge, und diese lebenssteigerung muss sie zu ihrem stoff machen.

Ein allumfassendes sehen, ein verwirklichen der gottheit in der welt und im menschen, seiner eignen göttlichen möglichkeiten wie auch der größe der kraft, die sich in dem was er ist offenbart, ein verspirtlichtes erheben seines denkens, fühlens, empfindens und handelns, ein entfalteter psychischer geist und ein entwickelteres herz, eine wahrere und tiefere einsicht in seine natur und den sinn der welt, ein einladen göttlicherer wirkvermögen und spirtlicherer werte in den zweck und bau seines lebens, dazu ist die menschheit tatsächlich aufgerufen, das ist die aussicht, die ihr vom allmählich sich eröffnenden und jetzt klarer aufgedeckten Selbst des weltalls geboten wird. Die völker, die diese dinge in ihrem leben und ihrer kultur am meisten einbegreifen und wirklichmachen, sind die der anbrechenden morgendämmerung, und die dichter, welcher sprache und rasse auch immer, die am vollständigsten mit dieser schau sehen und mit der äußerung von deren einspirtung sprechen, werden die schöpfer der zukunftsdichtung sein.

DAS WORT ALS MANTRA IN *SAWITRI*

»*You have the Word and we are waiting to accept it from you.*«

»Du hast das Wort, und wir warten, es von Dir anzunehmen.«

Rabindranath Tagore an Sri Aurobindo

...A spot for the eternal's tread on earth
Where stillness listening felt the unspoken word (14)[1]

※

At once she was the stillness and the word (16)

※

A work she had to do, a word to speak (19)

※

He heard the secret Voice, the Word that knows (28)

※

The Supreme's gaze looked out through human eyes
And saw all things and creatures as itself
And knew all thought and word as its own voice. (31)

※

The voices that an inner listening hears
Conveyed to him their prophet utterances,
And flame-wrapt outbursts of the immortal Word
And flashes of an occult revealing Light
Approached him from the unreachable Secrecy. (37)

※

Oft inspiration with her lightning feet,
A sudden messenger from the all-seeing tops,
Traversed the soundless corridors of his mind
Bringing her rhythmic sense of hidden things.
A music spoke transcending mortal speech.
As if from a golden phial of the All-Bliss,
A joy of light, a joy of sudden sight,
A rapture of the thrilled undying Word
Poured into his heart as into an empty cup,

---

1. Sri Aurobindo: SAVITRI; seitenzahlen der ausgaben seit 1972

...Ein fleck für des ewigen schritt auf erden wo stille
lauschend spürte das ungesprochene wort (13)[1]

Sie war in einem die stille und das wort (14)

Ein wort hatte sie zu sagen, ein werk zu tun (17)

Er vernahm die heimliche Stimme, das Wort das weiß (25)

Durch menschenaugen schaute des Höchsten blick
und sah als sich selbst ein jedes geschöpf und ding
und wusste sein eigen alles denken und wort. (28)

Die stimmen welche ein inneres lauschen hört
übermittelten ihre kündenden äußerungen,
und flammenumlohte ausbrüche ewigen Worts
und blitze okkulten offenbarenden Lichts
nahten aus unerreichbarer Heimlichkeit. (34)

Auf ihren blitzesfüßen durcheilte oft
seines geistes lautlose flure einspirtung
als jähe botin allsehender gipfel, bringend
ihr rytmusgefühl für alles verborgene.
Übersteigend sterbliche rede, sprach musik.
Eine freude voll licht, eine freude plötzlicher sicht,
floss wie aus goldner schale der Allseligkeit
ein entzücken des bebenden unsterblichen Worts
in sein herz hinein wie in tiefen leeren kelch,

---

1. Sri Aurobindo: SAWITRI; Sri Aurobindo Ashram, 1988

*A repetition of God's first delight
Creating in a young and virgin Time. (38)*

The omniscient hush, womb of the immortal Word (41)

*A wiser word, a larger thought came in
Than what the slow labour of human mind can bring (42)*

*We must renew the secret bond in things,
Our hearts recall the lost divine Idea,
Reconstitute the perfect word, unite
The Alpha and Omega in one sound;
Then shall the Spirit and Nature be at one. (56f)*

*Her Word that in the silence speaks to our hearts,
Her silence that transcends the summit Word (64)*

*Only when we have climbed above ourselves,
A line of the Transcendent meets our road
And joins us to the timeless and the true;
It brings to us the inevitable word,
The godlike act, the thoughts that never die. (110)*

*Even now great thoughts are here that walk alone:
Armed they have come with the infallible word
In a investiture of intuitive light
That is a sanction from the eyes of God;
Announcers of a distant Truth they flame
Arriving from the rim of eternity. (258)*

wiederholung von Gottes uranfänglicher lust
die schuf in jungfräulicher frischer Zeit. (34)

Die allwissende stille, schoß des unsterblichen Worts (37)

Ein weiseres wort, ein weiteres denken kam
als menschlichen geistes langsames mühn erbringt (38)

Wir müssen erneun das heimliche band in dingen,
im herzen erinnern die göttliche Idee,
frisch das vollkommene wort begründen, verknüpfen
in *einem* laut das Alpha und Omega;
dann werden Natur und Spirt wieder einig sein. (50)

Ihr Wort das zu unserm herzen im schweigen spricht,
ihr schweigen welches das höchste Wort übersteigt (57)

Erst wenn wir über uns selbst hinausgelangt,
trifft unsern weg eine linie des Überseins
und eint dem zeitenlosen und wahren uns;
es bringt zu uns das unausweichliche wort,
gedanken die niemals sterben, gottgleiche tat. (98)

Schon jetzt wandeln einsam große gedanken hier:
sie kamen gewappnet mit dem untrüglichen wort
in hoher belehnung eingebungshaften lichts,
der Gottesaugen weihe und gutheißung;
als künder entlegener Wahrheit flammten sie
treffend ein vom saume der ewigkeit. (233)

A gold supernal sun of timeless Truth
Poured down the mystery of the eternal Ray
Through a silence quivering with the word of Light
On an endless ocean of discovery. (264)

ॐ

The cosmos is no accident in Time;
There is a meaning in each play of Chance,
There is a freedom in each face of Fate:
A Wisdom knows and guides the mysteried world;
A Truth-gaze shapes its beings and events,
A Word self-born upon creation's heights,
Voice of the Eternal in the temporal spheres,
Prophet of the seeings of the Absolute,
Sows the Idea's significance in Form
And from that seed the growths of Time arise. (271)

ॐ

A silver-winged fire of naked subtle sense,
An ear of mind withdrawn from the outward's rhymes,
Discovered the seed-sounds of the eternal Word,
The rhythm and music heard that built the worlds,
And seized in things the bodiless Will to be. (273)

ॐ

Above the parting of the roads of Time,
Above the Silence and its thousandfold Word,
In the immutable and inviolate Truth
Forever united and inseparable,
The radiant children of Eternity dwell
On the wide spirit height where all are one. (282)

ॐ

Hidden in silent depths the word is formed,
From hidden silences the act is born
Into the voiceful mind, the labouring world;

Eine höchste goldne sonne zeitloser Wahrheit
ließ strömen des ewigen Strahls mysterium
durch schweigen welches bebte vom wort des Lichts
auf uferloser entdeckung ozean. (239)

Der kosmos ist kein missgeschick in der Zeit;
es liegt ein sinn in jeglichem Zufallsspiel,
es atmet freiheit in jedem Schicksalsgesicht.
Eine Weisheit kennt und führt die mysterienwelt;
eine Wahrheitsschau formt geschöpfe und vorkommnisse;
ein Wort, sich selbst entborn auf der schöpfung höhn,
des Ewigen stimme in den zeitlichen sfärn,
künder der gesichte des Unbedingten,
sät der Idee bedeutung in die Gestalt,
und alles wachstum der Zeit entsteigt jener saat. (245)

Ein silberflüglig feuer feinartgen sinns,
ein geistohr, äußeren reimen abgekehrt,
entdeckte des ewigen Wortes urlaute, hörte
rytmus und musik die die welten schufen
und fasste in dingen den bloßen Willen zu sein. (246f)

Über der gabelung der straßen der Zeit,
überm Schweigen und seinem tausendfältigen Wort,
unzertrennlich und auf immer geeint
in Wahrheit die unversehrt und unwandelbar,
wohnen die strahlenden kinder der Ewigkeit
auf der weiten spirteshöhe wo alle eins. (255)

Verborgen in stillen tiefen formt sich das wort,
aus verborgnen verschwiegenheiten gebiert sich die tat
in den vielstimmgen geist, die ringende welt hinein;

In secrecy wraps the seed the Eternal sows
Silence, the mystic birthplace of the soul. (282)

On peaks where Silence listens with still heart
To the rhythmic metres of the rolling worlds,
He served the sessions of the triple Fire.
On the rim of two continents of slumber and trance
He heard the ever unspoken Reality's voice
Awaken revelation's mystic cry,
The birthplace found of the sudden infallible Word
And lived in the ray of an intuitive Sun.
Absolved from the ligaments of death and sleep
He rode the lightning seas of cosmic Mind
And crossed the ocean of original sound. (299)

But where is the Lover's everlasting Yes,
And immortality in the secret heart,
The voice that chants to the creator Fire,
The symbolled OM, the great assenting Word,
The bridge between the rapture and the calm,
The passion and the beauty of the Bride,
The chamber where the glorious enemies kiss,
The smile that saves, the golden peak of things? (310f)

The Wisdom was near, disguised by its own works,
Of which the darkened universe is the robe.
No more existence seemed an aimless fall,
Extinction was no more the sole release.
The hidden Word was found, the long-sought clue,
Revealed was the meaning of our spirit's birth,
Condemned to an imperfect body and mind,
In the inconscience of material things
And in the indignity of mortal life. (313)

in heimlichkeit hüllt die saat die der Ewige sät
Schweigen, der seele mystischer werdeort. (256)

Auf firsten wo stillen herzens das Schweigen lauscht
der rollenden welten rytmischen metren, wohnte
des dreifachen Feuers tagungen er bei.
Am rand zweier kontinente von schlummer und trance
hört' er des nie gesagten Wirklichen stimme
wecken der urenthüllung mystischen ruf,
fand den geburtsort des jähen unfehlbarn Worts
und lebte im strahlen eingebungshafter Sonne.
Entbunden aus den fesseln von tod und schlaf
fuhr über die blitzmeere er des kosmischen Geists,
durchquerte den ozean ursprünglichen lauts. (270)

Doch wo ist des Liebsten immerwährendes Ja,
die unsterblichkeit im heimlichen herzensgrund,
die stimme die singt zum Schöpferfeuer empor,
der sinnlaut OM, das große Gutheißungswort,
die brücke zwischen verzückung und der ruh,
die schönheit und die leidenschaft der Braut,
die kammer wo sich die glorreichen feinde küssen,
das retterlachen, der dinge gipfel aus gold? (279)

In eigne werke vermummt, war die Weisheit nah
von der das verdunkelte All das weltgewand.
Nicht mehr schien dasein nun ein zielloser fall,
nicht war erlöschen die einzge befreiung mehr.
Das Wort war gefunden, der lang gesuchte schlüssel,
der sinn enthüllt von unseres spirts geburt,
verurteilt zu unvollkommnem körper und geist
im unbewusstsein stofflicher gegenstände
und sterblichen lebens würdelosigkeit. (282)

Hers is the mystery the Night conceals,
The spirit's alchemist energy is hers,
She is the golden bridge, the wonderful fire,
The luminous heart of the Unknown is she,
A power of silence in the depths of God;
She is the Force, the inevitable Word,
The magnet of our difficult ascent,
The Sun from which we kindle all our suns,
The Light that leans from the unrealised Vasts,
The joy that beckons from the impossible,
The Might of all that never yet came down. (314)

🕉

This Light comes not by struggle or by thought;
In the mind's silence the Transcendent acts
And the hushed heart hears the unuttered Word.
A vast surrender was his only strength. (315)

🕉

This was a seed cast into endless Time.
A Word is spoken or a Light is shown,
A moment sees, the ages toil to express. (315)

🕉

The speech that voices the ineffable,
The ray revealing unseen Presences,
The virgin forms through which the Formless shines,
The Word that ushers divine experience
And the Ideas that crowd the Infinite. (327)

🕉

It waited for the fiat of the Word
That comes through the still self from the Supreme. (333)

🕉

Rare intimations lift his stumbling speech
To a moment's kinship with the eternal Word. (340)

🕉

Das in Nacht verborgne mysterium ist das ihre;
ihr eignet des spirts alchemische energie;
die goldne brücke; das wundervolle feuer,
das leuchtende herz des Unbekannten ist sie,
schweigensgewalt inmittend der tiefen Gottes;
sie ist die Kraft, das unausweichliche Wort,
der magnet über unserm schwierigen höhenstieg,
die Sonne an der wir all unsre sonnen zünden,
das Licht das sich aus dem unverwirklichten neigt,
die Lust die aus dem unmöglichen zu sich winkt,
die Macht all des was nie noch hernieder kam. (283)

Dies Licht kommt nicht durch denken oder durch kampf;
im schweigen des geistes waltet das Übersein,
gestillt hört das herz das ungeäußerte Wort.
Seine einzge stärke war weite hingebung. (284)

So ward ein same gesät in endlose Zeit.
Ein Wort wird gesprochen oder ein Licht gezeigt,
ein augenblick sieht, äonen arbeiten aus. (283)

Die sprache die dem unsäglichen stimme leiht,
der strahl der heimliche Gegenwarten enthüllt,
die frischen formen durch die das Formlose scheint,
das Wort das göttliche erfahrung bringt,
die Ideen die wimmeln in der Unendlichkeit. (294)

Es harrte auf das werdegebot des Worts
das hergelangt vom Höchsten durchs stille selbst. (299)

Erlesne winke erhöhn die stockende sprache
kurz zu verwandtschaft mit dem ewigen Wort. (305)

A silence in the noise of earthly things
Immutably revealed the secret Word. (353)

Invested with a rhythm of higher spheres
The word was used as a hieratic means
For the release of the imprisoned spirit
Into communion with its comrade gods. (360)

This word was seed of all the things to be:
A hand from some Greatness opened her heart's locked doors
And showed the work for which her strength was born.
As when the mantra sinks in Yoga's ear,
Its message enters stirring the blind brain
And keeps in the dim ignorant cells its sound;
The hearer understands a form of words
And, musing on the index thought it holds,
He strives to read it with the labouring mind
But finds bright hints, not the embodied truth:
Then, falling silent in himself to know
He meets the deeper listening of his soul:
The Word repeats itself in rhythmic strains:
Thought, vision, sense, the body's self
Are seized unutterably and he endures
An ecstasy and an immortal change;
He feels a Wideness and becomes a Power,
All knowledge rushes on him like a sea:
Transmuted by the white spiritual ray
He walks in naked heavens of joy and calm,
Sees the God-face and bears transcendent speech:
An equal greatness in her live was sown. (375)

I carved my vision out of wood and stone;
I caught the echos of a word supreme

Das Wort als Mantra in Sawitri

Ein schweigen in der irdischen dinge lärm
enthüllte unwandelbar das heimliche Wort. (320)

Das wort, mit höherer sfären rytmus belehnt,
ward hieratisch als mittel angewandt
den kerkerhäftling spirt in die kommunion
mit seinen kameradengöttern zu frei'n. (327)

Dies wort war die saat von allem was kommen sollte:
die hand einer Größe erschloss ihres herzens pforten
und wies das werk wofür ihre kraft geboren.
Wie wenn das mantra sinkt in des Joga ohr,
seine botschaft eintritt weckend das blinde hirn
und in trüben unwissenszellen weitertönt;
der hörer erfasst ein wortgebilde und will
nachsinnend über dessen gedankenzeig
mit mühendem geist es deuten, findet jedoch
nur helle winke, verkörperte wahrheit nicht:
dann, geworden zum wissen inwendig still,
trifft seiner seele tieferes lauschen er:
das Wort wiederholt in rytmischen weisen sich:
schau, denken, sinn, gefühl, den leib sogar
ergreift es unaussprechlich, und er hält
ekstase und unsterbliche wandlung aus;
er fühlt eine Weite und wird zu einer Gewalt,
wie ein meer stürmt alles wissen auf ihn ein:
umgestaltet vom weißen spirtlichen strahl
beschreitet er bloße himmel der freude und ruh,
hört überseiende rede, sieht Gottes gesicht:
gleich großes ward nun in ihr leben gesät. (340f)

Ich schnitzte meine schau aus holz und aus stein,
fing auf den widerhall eines höchsten worts

And metred the rhythm-beats of infinity
And listened through music for the eternal Voice. (405)

⚜

Earth shall be made a home of Heaven's light,
A seer heaven-born shall lodge in human breasts;
The superconscient beam shall touch men's eyes
And the truth-conscious world come down to earth
Invading Matter with the Spirit's ray,
Awaking its silence to immortal thoughts,
Awaking the dumb heart to the living Word.
This mortal live shall house Eternity's bliss,
The body's self taste immortality.
Then shall the world-redeemer's task be done. (451)

⚜

Then from the heights a greater Voice came down,
The Word that touches the heart and finds the soul. (536)

⚜

Something unknown, unreached, inscrutable
Sent down the messages of its bodiless Light,
Cast lightning flashes of a thought not ours
Crossing the immobile silence of her mind;
In its might of irresponsible sovereignty
It seized on speech to give those flamings shape,
Made beat the heart of wisdom in a word
And spoke immortal things through mortal lips. (553)

⚜

Thought there has revelation's sun-bright eyes;
The Word, a mighty and inspiring Voice,
Enters Truth's inmost cabin of privacy
And tears away the veil from God and life. (660)

⚜

und silbte der unendlichkeit rytmusschläge
und horcht' nach der ewigen Stimme durch musik. (367)

Die Erde wird heimat werden von Himmels glanz,
ein erhabner seher wohnen im menschen drin,
der überbewusste strahl die augen berührn,
herniederkommen die wahrheitsbewusste welt
und eindringen in Materie mit Spirtes licht,
zu unsterblichen gedanken ihr schweigen weckend
und zum lebendigen Wort das stumme herz.
Dies leben wird behausen des Ewigen lust,
der körper selbst wird kosten unsterblichkeit.
Dann ist die arbeit des welterlösers vollbracht. (409f)

Da kam eine größere Stimme aus den höhn,
das herzberührende, seeletreffende Wort. (486)

Etwas, unergründlich und unerreicht,
sandt botschaften nieder seines leiblosen Lichts,
warf blitze aus einem denken das nicht das unsre
durch ihres geistes stille reglosigkeit;
in seiner uneingeschränkt freiherrlichen macht
griff's sprache auf, jenen flammen form zu verleihn,
ließ pochen das herz der weisheit in einem wort
und sprach durch sterbliche lippen unsterbliches. (501f)

Der enthüllung sonnenaugen hat Denken da;
das Wort, einspirtende Stimme voller macht,
betritt der Wahrheit allerinnersten ort
und reißt von Gott und leben den schleier ab. (599)

He is the Wisdom that comes not by thought,
His wordless silence brings the immortal word. (681)

※

A Will, a hope immense now seized his heart,
And to discern the superhuman's form
He raised his eyes to unseen spiritual heights,
Aspiring to bring down a greater world.
The glory he had glimpsed must be his home.
A brighter heavenlier sun must soon illume
This dusk room with its dark internal stair,
The infant soul in its small nursery school
Mid objects meant for a lesson hardly learned
Outgrow its early grammar of intellect
And its imitation of Earth-nature's art,
Its earthly dialect to God-language change,
In living symbols study Reality
And learn the logic of the Infinite. (76)

※

Poems in largeness cast like moving worlds
and metres surging with the ocean's voice
Translated by grandeurs locked in Nature's heart
But thrown now into a crowded glory of speech
The beauty and sublimity of her forms,
The passion of her moments and her moods
Lifting the human word nearer to the god's. (361)

※

Er ist die Weisheit die nicht durch denken kommt,
sein wortlos schweigen bringt das unsterbliche wort. (618)

Ein Wille, gewaltge hoffnung ergriff sein herz,
und wahrzunehmen des übermenschlichen form
hob er zu ungesehnen spirthöhn den blick,
strebend herabzubringen größere welt.
Die erschaute herrlichkeit muss heimat ihm sein.
Erhellen muss eine himmlische sonne bald
der dunklen inneren treppe dämmrigen raum;
die unmündge seele in kleinem kinderhort
muss zwischen lehrmitteln kaum begriffner lektion
entwachsen der frühen grammatik ihres verstands
und ihrer nachahmung der Erdnatur-kunst,
ihre irdsche mundart wandeln in Göttersprache,
im lebenden gleichnis forschen nach Wirklichkeit
und die logik erlernen des Unendlichen. (68)

Gedichte, wie ziehende welten weithin strömend
in metren die wogten mit der stimme des meers,
übertrugen durch größen, verwahrt im herz der Natur,
doch nun in geballte glorie von sprache geflößt,
ihrer formfülle pracht und hoheit, die leidenschaft
ihrer stimmung und augenblicke, hebend empor
näher zu dem der götter das menschenwort. (328)

SRI AUROBINDO: BRIEFE ÜBER *SAWITRI*

Und du gelangst, O Sawitri,
zu den drei leuchtenden himmelswelten,
und durch die strahlen der Sonne
wirst du offenbart,
und auf beiden seiten
umgibst du die Nacht,
und durch deiner taten gesetz
wirst du der Herr der Liebe, O Gottheit.

– Rigweda

ie erzählung von Satjawan und Sawitri im *Mahabharata* ist eine geschichte ehelicher liebe, die den tod überwindet. Viele züge an der menschlichen erzählung lassen aber diese legende als einen der vielen symbolischen mythen des Wedischen zeitalters erkennen. *Satjawan* ist die seele, die die göttliche seinswahrheit in sich trägt, jedoch in die gewalt des todes und der unwissenheit herabgestiegen; *Sawitri* ist das Göttliche Wort, tochter der Sonne, göttin der höchsten Wahrheit, die herniederkommt und geboren wird, um zu erretten; *Aswapati*, der Herr des Rosses, ihr menschlicher vater, ist der Herr der Tapasja, der gesammelten energie spirtlichen bemühens, die uns hilft, von der sterblichen ebene zu den unsterblichen zu steigen; *Djumatsena*, Herr der scheinenden heerscharen, vater von Satjawan, ist der Göttliche Geist, der hier erblindet ist und sein himmlisches reich der schauung verloren hat, und damit sein reich der glorie.

Dennoch handelt es sich um keine bloße allegorie, die charaktere sind keine personifizierten eigenschaften, sondern verkörperungen und ausstrahlungen lebendiger und bewusster Kräfte, mit denen wir konkret in berührung treten können; sie nehmen menschliche leiber an, um dem menschen zu helfen und ihm den weg aus seinem sterblichen zustand zu einem göttlichen bewusstsein und unsterblichen leben zu zeigen. (*notiz aus dem nachlass*)

In den Weden symbolisiert das ›opferjahr‹ die perioden der göttlichen arbeit, durch welche die Sonne der Wahrheit aus der finsternis wiedergewonnen wird.

In den Puranas sind zeitalter, augenblicke, monate usw. symbolisch, und es wird gesagt, ein jahr bedeute des menschen leib. (*aus* THE SECRET OF THE VEDA)

(*Briefe an K.D. Sethna aus dem anhang der englischen ausgabe von SAWITRI, und andere*)

SAWITRI... ist blankvers ohne zeilensprung (mit ausnahmen) – jede zeile ein ding für sich und in abschnitten angeordnet von ein, zwei, drei, vier, fünf zeilen (selten längere folgen), in einem versuch, etwas vom Upanischadischen und Kalidasischen bewegungsablauf einzufangen, soweit dies im Englischen möglich ist. (1932)

SAWITRI ist die aufzeichnung einer schau, einer erfahrung, die nicht von der üblichen art und oft weit von dem entfernt ist, was der menschengeist gemeinhin sieht und erfährt...

Jemand, der die art von erfahrung gehabt hat, die SAWITRI ausdrücken will, oder der durch sein temperament, seine einstellung, sein vorhergehendes intellektuelles wissen oder seelisches training für einen zugang dazu vorbereitet ist – das gefühl davon, wenn nicht das volle verständnis –, kann in den geist und sinn des gedichtes eindringen und auf seinen poetischen reiz ansprechen...

Nirgends in SAWITRI habe ich etwas um irgendeines bildhaften oder rhetorischen effektes willen geschrieben; überall in dem gedicht versuche ich, etwas gesehenes, gefühltes oder erfahrenes genau auszudrücken...

Wenn ich z.b. in reich befrachteten zeilen oder passagen schwelge, ist es nicht wegen des vergnügens daran, sondern weil jene fracht in der schau oder der erfahrung liegt. Wenn der ausdruck gefunden ist, darf ich nicht mit dem verstand oder nach irgendwelchen poetischen regeln urteilen, sondern mit intuitivem empfinden, ob es völlig der treffende ausdruck ist, und wenn nicht, muss ich ändern und weiter ändern, bis ich die absolut richtige inspiration und die richtige umsetzung davon empfangen habe...

Es ist natürlich einfacher poetisch zu sein, wenn man eine lerche besingt, als wenn man versucht, ein dichterisches gewand um die eigenschaften des Brahman zu weben. Das heißt aber nicht, dass es in der dichtung kein denken oder spirtliches denken oder keinen ausdruck der wahrheit geben dürfe... Es gibt höhenflüge unübertrefflicher poesie in der *Gita* und in den *Upanischaden*...

Das ist die eigentliche schwierigkeit mystischer dichtung, und vor allem mystischer dichtung dieser art. Der mystiker empfindet wahrheiten als wirklich und gegenwärtig, sogar immer gegenwärtig für seine erfahrung und als seinem wesen innig vertraut, die für den gewöhnlichen leser intellektuelle abstraktionen oder metaphysische spekulationen sind. Er schreibt von erfahrungen, die der üblichen mentalität fremd sind. Entweder sind sie ihr unverständlich und sie tappt dabei wie in einem dunklen abgrund herum, oder sie hält sie für poetische fantasien in ausgedachten bildern...

Mystische dichtung hat einen vollkommen konkreten sinn, viel mehr als intellektuelle dichtung, die viel abstrakter ist. Die natur des intellekts ist abstraktion; spirtlichkeit und mystik befassen sich ihrer eigentlichen natur nach mit dem konkreten...

Den sinn verstehen? Wie denn? Durch allegorisieren?... Man klebt eine intellektuelle etikette auf das ›weiße licht‹, der geist ist befriedigt und sagt: »Jetzt weiß ich bescheid, es ist das reine göttliche bewusstseinslicht«, und in wirklichkeit weiß er gar nichts. Lässt man aber das göttliche weiße licht sich offenbaren und durch das wesen strömen, dann erkennt man es und empfängt all seine wirkungen. Auch wenn da kein etikettiertes wissen ist, so gibt es doch die leuchtende erfahrung seiner ganzen bedeutung.

Der ausdruck [in SAWITRI] strebt nach einer gewissen kraft, unmittelbarkeit und spirtlichen klarheit und wirklichkeit...

Das denken ist nicht intellektuell, sondern intuitiv und mehr als intuitiv, drückt immer eine schau, einen spirtlichen kontakt aus oder ein wissen, das durch eintreten in die sache selbst gekommen ist, durch wesenseinheit...

SAWITRI äußert eine umfassende und vielseitige schau und erfahrung aller seinsebenen und ihrer wirkung aufeinander. Was für eine sprache, was für begriffe auch immer nötig sind, um diese geschaute und erfahrene wahrheit zu vermitteln, sie werden bedenkenlos verwendet, ohne irgendeine geistige regel, was poetisch sei oder nicht. Ich zögere nicht, begriffe zu gebrauchen, die man als technisch betrachten könnte, wenn sie dazu gebracht werden können, etwas unmittelbares, lebendiges und kraftvolles auszudrücken...

Das ziel ist nicht nur, eine geheime wahrheit in ihrer wahren form und wahren schau zu zeigen, sondern sie auch wirklich eingehen zu lassen durch das finden des wahren wortes, der wahren wendung, des *mot juste*, des wahren bildes oder symbols,

wenn möglich des unausweichlichen worts... (1946)
 Die länge [des gedichtes] ist eine unerlässliche voraussetzung, um eine absicht auszuführen, und diese länge ist überall, in jedem teil, an jeder stelle, in beinah jedem gesang und abschnitt eines gesangs; ...es zielt nicht auf eine möglichst knappe, sondern auf eine erschöpfende darlegung seiner weltschau oder weltdeutung. *Eine* künstlerische methode ist es, einen beschränkten gegenstand auszuwählen und auch dazu nur zu sagen, was unbedingt nötig ist, den hauptgehalt, und das übrige der vorstellung und dem verständnis des lesers zu überlassen. Eine andere methode, die ich für ebenso künstlerisch halte, architektonisch sozusagen, besteht darin, eine große und weite, eine vollständige deutung zu geben, nichts auszulassen, was nötig und grundlegend zu seiner vollständigkeit ist: das ist die methode, die ich für Sawitri gewählt habe. (1947)
 Wiederholung derselben schlüsselideen, schlüsselbilder und -symbole, schlüsselwörter oder -sätze, schlüsselattribute, gelegentlicher schlüsselzeilen oder -halbzeilen, ist ein ständiger zug. Sie geben eine atmosfäre, ein bedeutungsgefüge, einen psychologischen rahmen, eine architektur...
 Ich denke nicht über technik nach, weil denken nicht mehr in mein fach gehört. Aber ich schaue und fühle nach ihr, wenn die zeilen kommen, und dann bei der durchsicht. Ich kümmere mich nicht um einzelheiten, während ich schreibe, das würde nur die einspirtung hemmen. Ich lasse sie ohne einzugreifen durch und halte nur bei einer offenkundigen unzulänglichkeit ein, wobei ich den schluss ziehe, dass es eine falsche eingebung ist oder eine niedrigere ebene dazwischengefunkt hat. Wenn die einspirtung die richtige ist, brauche ich mich um technik nicht zu sorgen, auch nachher nicht; denn dann kommt die vollkommene zeile durch, mit dem volkommenen rytmus untrennbar verflochten oder eher in ein unteilbares und einziges verschmolzen; wenn mit dem ausdruck etwas nicht stimmt, bringt das auch eine unvollkommenheit im rytmus mit sich, und wenn es im rytmus einen makel gibt, dann trägt auch der ausdruck nicht sein volles gewicht, ist nicht mehr völlig unausweichlich. Ist die eingebung nicht durchgehend die richtige, dann kommt es zu einer nachprü-

fung und umarbeitung von teilen oder des ganzen. Am meisten wert lege ich darauf, dass jede zeile in sich unausweichlich ist, als ganzes und auch in jedem wort, dass die satzlängen richtig verteilt sind (sehr wichtig bei dieser art blankvers) und dass die zeilen an ihrem richtigen platz stehen; denn alle zeilen mögen zwar vollkommen sein, aber nicht vollkommen zusammenpassen – brücken mögen nötig sein, stellungswechsel, um die richtige abwicklung und perspektive zu schaffen usw. Pausen gibt es bei diesert art blankvers kaum; variationen im rytmus der zeilen untereinander, der zäsur, der verteilung von langen und kurzen, verschluckten und offenen silben, vielfältige gebilde von vokal- und konsonantenlauten, stabreimen und gleichklängen usw., verteilung in einer zeile, zwei zeilen, drei, vier oder fünf zeilen, sätzen aus vielen zeilen, ferner die sorgfalt, jede zeile in ihrer eigenen fülle und kraft sprechen zu lassen und gleichzeitig harmonisch in einen ganzen satz sich zu fügen – auf diese dinge kommt es an. Gewöhnlich aber achtet die einspirtung selber auf das alles; denn weil ich die technik kenne und sie gewohnt bin, liefert die einspirtung, was ich wünsche, der üblichen bestellung gemäß. Wenn etwas schadhaft ist, wende ich mich an die zentrale, bis eine einwandfreie fassung kommt oder der schaden behoben ist durch einen wort- oder satzersatz, der blitzt – mit dem nötigen klang und sinn. Diese dinge geschehen nicht durch denken oder suchen nach der richtigen sache – die beiden mittel sind schau und anruf. Auch gefühl – das sonnengeflecht muss zufriedengestellt werden, und bis dahin muss es mit überarbeitungen weitergehen. Ich kann noch hinzufügen, dass sich die technik nach keiner festgelegten geistigen regel richtet – denn das ziel ist nicht perfekte technische eleganz nach vorschrift, sondern klangbedeutung, welche die wortbedeutung ausfüllt. Wenn sich das durch brechen einer regel tun lässt, nun, dann hat die regel pech gehabt. (1936)

Ich habe in der jetzigen fassung von SAWITRI mehrere der von den modernen eingeführten freiheiten angenommen, wie innerer reim, genauer silbengleichklang, unregelmäßigkeiten im jambischen fluss des metrums und andere, die einem früheren geschmack ebenso schmerzhaft gewesen wären. Aber ich habe dies nicht als mechanische methode oder manierismus verwendet, sondern nur, wo ich es für rytmisch gerechtfertigt hielt; denn freiheit muss eine wahrheit und eine ordnung in sich haben, entweder eine vernünftige oder eine instinktive und intuitive. (1946)

Alle schöpfung verfährt auf einer grundlage der einheit und gleichheit mit einem überbau der vielfalt, und dort ist die höchste schöpfung, wo das intensivste vermögen grundlegender einheit und gleichheit und auf dieser tragenden basis das intensivste vermögen ausdrucksvoller vielfalt sich findet. In dichterischer sprache gibt uns das versmaß diese intensivste grundeinheit und -gleichheit; rytmische abwechslung gibt uns das intensivste vermögen ausdrucksvoller vielfalt. Im denken der Wedischen dichter war das versmaß die sprachliche wiedergabe von großen schöpferischen weltrytmen; es ist keine bloß formale konstruktion, obgleich es der geist auch zu solcher leblosen form machen kann; aber sogar aus dieser leblosen form oder konvention wird es, wenn genie und einspirtung ihr lebenskraft einhauchen, wieder zu dem, wofür es bestimmt war, kommt zu sich selbst und dient seinem eigenen wahren und großen zweck. Es gibt einen tonfall der poesie, der von dem flacheren und loseren der prosa verschieden ist, und mit ihm eine erhöhte oder gesammelte intensität der sprache, eine vertiefte, schwingende intensität des rytmus, eine intensive einspirtung in der gedankensubstanz. Man springt mit dieser rytmischen sprungkraft oder fliegt auf diesen schwingen rytmischer erhebung zu einer höheren bewusstseinsstufe, die gewöhnliche dinge mit ungewöhnlicher kraft, sowohl der schau als auch der äußerung, und ungewöhnliche dinge in deren eigenem angestammten und enthüllenden klang ausdrückt; das geschieht, wie keine bloße prosa es kann, mit einer gewissen tief ansprechenden innigkeit der wahrheit, die einzig poetischer rytmus der ausdrucksform und gewalt der sprache gibt: je größer dieses element ist, desto größer ist die dichtung. Das wesentliche dieser kraft kann auch ohne versmaß dasein, aber das versmaß ist ihre spontane form, hebt sie zu ihrem gipfel. Die überlieferung des versmaßes ist keine hohle und törichte tradition, der die großen dichter der vergangenheit in primitivem unwissen und blind für ihre gebundenheit gefolgt wären; trotz seines anscheins menschlicher konvention ist das versmaß ein gesetz der Natur, einer innersten geistnatur, einer höchsten sprachnatur. (aus: *On Quantitative Metre* in COLLECTED POEMS)

(*Zum Ersten Gesang*)
...Die physische nacht und der physische morgen sind, wie der titel besagt, ein gleichnis, ein real-symbol einer inneren wirklichkeit, und der hauptzweck ist dabei, durch andeutung das symbolisierte aufzuzeigen; hier handelt es sich um einen rückfall ins Unbewusste, unterbrochen von einer langsamen und schwierigen rückkehr des bewusstseins, gefolgt von einem kurzen, aber glänzenden und prophetischen ausbruch spirtlichen lichts, das hinter sich den ›tag‹ gewöhnlichen menschenbewusstseins lässt, in dem sich die prophetie ausarbeiten muss. Das ganze SAWITRI ist eine legende und ein gleichnis, und dieser eröffnungsgesang ist sozusagen ein schlüsselbeginn und eine ankündigung. (1947)

Das Unbewusste und die Unwissenheit können bloß leere abstraktionen sein und als bedeutungsloser jargon abgetan werden, wenn man nicht mit ihnen zusammengestoßen oder in ihre dunkle bodenlose wirklichkeit hinabgetaucht ist. Für mich aber sind sie wirklichkeiten, greifbare gewalten, deren widerstand in seiner ungeheuren und grenzenlosen masse immer und überall gegenwärtig ist. Ich hatte bei dieser zeile (*teased the Inconscient to wake Ignorance* [I,1,34]) tatsächlich nicht im sinn, philosophie zu lehren oder eine belanglose metaphysische idee hereinzubringen, obwohl die idee impliziert sein mag. Ich stellte ein geschehen dar, das für mich etwas fühlbares, etwas psychologisch und spirtlich konkretes war... (1946)

In der neuen form wird SAWITRI eine art dichterische philosophie des Spirtes und Lebens sein, viel tiefer in seiner substanz und größer in seiner reichweite, als im ursprünglichen gedicht vorgesehen war. Ich versuche natürlich, es auf einer sehr hohen einspirtungsebene zu halten, aber in einem so breit angelegten plan, der die meisten gegenstände philosophischer untersuchung und schau und spirtlicher erfahrung umfasst, muss sich viel abwechslung im ton ergeben; doch das ist wohl notwendig für den reichtum und die vollständigkeit der behandlung. (1946)

Das gedicht wurde ursprünglich von einer niedrigeren ebene aus geschrieben, einer mischung vielleicht aus dem Inneren Geist*, dem seelischen, der poetischen intelligenz, dem sublimierten lebentlichen, nachher mit dem Höheren Geist, oft vom Erleuchteten und Intuitiven Geist beeinflusst... Mehrere überarbeitungen nacheinander waren der versuch, die allgemeine höhe näher und näher zu einer möglichen Obergeist-dichtung zu heben. In der jetzigen fassung kommt ein allgemeiner Obergeisteinfluss durch, glaube ich, manchmal voll, manchmal die dichtung der vermischten andern höheren ebenen färbend, manchmal irgendeine von diesen zu deren gipfel hebend oder das seelische, die poetische intelligenz oder das lebentliche auf diese zu. (1936)

SAWITRI ist ein experiment in mystischer dichtung, spirtliche dichtung in symbolischer gestalt. Nach diesem grundsatz ausgeführt, ist es wirklich ein neuer versuch und kann sich nicht nach alten technischen ideen richten, außer wenn sie sich angleichen lassen. Am allerwenigsten nach einem der rein intellektuellen und abstrakten poesie eigenen maßstab mit ›vernunft‹ und ›geschmack‹ als höchsten schiedsrichtern und harmonisiertem, poetisch-intellektuell ausgewogenem ausdruck des sinns, sprachlicher eleganz, nüchternem und feinem gefühlselement usw. Die bemühung um eine mystische spirtliche dichtung von der art, womit ich mich befasse, erfordert vor allem eine spirtliche objektivität, eine intensive seelisch-leibhafte konkretheit. (1946)

Es bedarf einer neuen weitung des bewusstseins und der ästhesie, um an einer neuen art mystischer dichtung gefallen finden zu können...

Obergeist und ästhetik lassen sich offensichtlich nicht auf die gleiche stufe stellen. Ästhetik beschäftigt sich vor allem mit schönheit, allgemeiner mit *Rasa*, der antwort des geistes, des lebentlichen gefühls und der sinne auf einen gewissen ›ge-

---

*Die ästhetik, zu der diese begriffe gehören, wird in den folgenden briefen erläutert.
(a.d.ü.)

schmack‹ in den dingen, der oft ein spirtliches gefühl sein kann, aber nicht zu sein braucht. Ästhetik gehört zum geistigen bereich und allem, was davon abhängt; sie kann zum ästhetizismus ausarten oder sich in eine spielart von *l'art pour l'art* verengen. Der Obergeist ist seinem wesen nach eine spirtliche kraft. In ihm übersteigt der geist sein übliches selbst und stellt sich auf einen spirtlichen grund. Er hält schönheit in sich und verfeinert sie; er hat eine wesenhafte ästhesie, die durch keine regeln und vorschriften begrenzt wird; er sieht eine allumfassende und ewige schönheit, nimmt auf und verwandelt alles, was beschränkt und stückhaft ist. Außerdem ist er mit anderem beschäftigt als mit schönheit und ästhetik. Er befasst sich vor allem mit wahrheit und wissen, ja mit einer weisheit, die das übertrifft, was wir wissen nennen; seine wahrheit geht über wahrheit von tatsache und denken hinaus, auch über das höhere denken, das der erste spirtliche bereich des denkens ist. Er hat die wahrheit spirtlichen denkens, spirtlichen gefühls, spirtlichen sinns und zuhöchst die wahrheit, die mit der innigsten spirtlichen fühlung oder durch wesenseinheit kommt. Letzten endes kommen wahrheit und schönheit zusammen, aber vorher gibt es einen unterschied. In all seinen handlungsweisen setzt der Obergeist wahrheit an erste stelle; er bringt die wesenhafte wahrheit (und wahrheiten) in den dingen heraus und auch die unendlichen möglichkeiten; er bringt sogar die wahrheit heraus, die hinter der falschheit und dem irrtum liegt; er bringt die wahrheit des Unbewussten und die des Überbewussten heraus und alles dessen, was dazwischen liegt. Spricht er durch dichtung, so bleibt dies seine erste wesenhafte eigenschaft; ein beschränktes ästhetisch-künstlerisches ziel liegt nicht in seiner absicht. Er kann irgendeinen oder jeden stil aufnehmen und höherheben oder ihm mindestens einen stempel von sich aufprägen...

In aller dichtung muss irgendeine art ästhesie vorhanden sein, beim verfasser und beim leser; aber ästhetik ist von vieler art, und die übliche genügt nicht, um für das Oberhaupt-element in der dichtung aufgeschlossen zu sein. Eine grundlegende und allheitliche ästhesie ist nötig, auch etwas intensiveres, das von tief innen lauscht, fühlt und sieht und auf das anspricht, was hinter der oberfläche ist. Eine größere, weitere und tiefere ästhesie also, die sogar auf das transzendente ansprechen und auch fühlen kann, wasimmer an transzendentem oder spirtlichem in die dinge des lebens, des geistes und der sinne eintritt.

Der Obergeist ist streng genommen kein transzendentes bewusstsein – diese bezeichnung gilt genauer für das übergeistige und das Satschidananda-bewusstsein –, obwohl er zum transzendenten aufschaut und von ihm etwas empfangen mag und obwohl er den gewöhnlichen menschengeist transzendiert und in seiner vollen ihm angestammten selbstkraft, sofern er sich nicht herabneigt und teil des geistes wird, für uns überbewusst ist. Er ist richtiger ein kosmisches bewusstsein, ja die eigentliche grundlage des kosmos, wie wir ihn wahrnehmen, verstehen und empfinden. Er steht darin hinter jedem besonderen und ist die quelle all unsrer geistigen, lebentlichen und leiblichen tatsächlichkeiten und möglichkeiten, die herabgesetzte und verminderte ableitungen von ihm sind und, ausgenommen in gewissen gestaltungen und tätigkeiten von genie und intensivem selbstübersteigen, nichts von der ursprünglichen eigenschaft und kraft des Obergeistes an sich haben. Trotzdem, weil er dahinter steht, gleichsam von einem schleier verdeckt, kann etwas durchbrechen oder durchscheinen oder wenigstens schwach durchschimmern, und das bringt die berührung oder note des Obergeistes. Wir können diese berührung nicht oft empfangen, bevor wir den schleier zerrissen, eine öffnung gemacht oder ihn weit weggezogen und das angesicht von dem geschaut haben, was darüber ist, und in dessen licht gelebt oder eine art von ständigem verkehr damit begründet haben. Oder wir können von zeit zu zeit aus ihm schöpfen, ohne in es aufzusteigen, wenn wir eine verbindungslinie zwischen dem höheren und dem gewöhnlichen bewusstsein angelegt haben...

Natürlich stammt nicht alle Oberhaupt-dichtung aus dem Obergeist, häufig kommt sie aus dem Höheren Denken, Erleuchteten Geist oder der reinen Intuition. Diese letztere ist von der geistigen intuition verschieden, die häufig genug vorkommt in dichtung, die die geistige stufe nicht übersteigt. Sprache und rytmus aus diesen anderen Oberhaupt-ebenen können sehr verschieden sein von dem, was dem Obergeist eigen ist; denn der Obergeist denkt gesamthaft, sein denken, fühlen, schauen ist hoch, tief, weit oder alles zusammen – um die Wedische wendung über das feuer, den götterboten, zu brauchen: er schreitet gewaltig auf seinem weg, den göttlichen reichtum zu bringen, und dem entsprechen sprache und rytmus. Das *Höhere Denken* hat einen kräftigen gang, oft mit unbeschuht barem fuß, und geht in klar umrissenem licht: eine göttliche macht, gemessenheit und würde ist am häufigsten sein charakter. Der ausfluss des *Erleuchteten Geistes* kommt in einer glänzenden flut von enthüllenden worten und wimmelnden bildern, manchmal überlastet von seiner bürde der enthüllungen, manchmal mit einer strahlenden wucht. Die *Intuition* ist im allgemeinen ein blitz und zeigt der überraschten ekstase des inneren auges einen einzigen landschaftsfleck in einer umfassenden und wunderbaren vollständigkeit der schau; sein rytmus hat einen entschiedenen, unausweichlichen klang, der nichts wesentliches ungehört lässt, gewöhnlich auf einen einzigen schlag. Das sind aber nur die allgemeinen oder hauptsächlichsten merkmale; jede menge variationen sind möglich.

Es gibt die seelische quelle der einspirtung, die eine schöne spirtliche dichtung erzeugen kann. Das seelische hat zwei aspekte – das seelen-prinzip selbst, das alle seelischen möglichkeiten enthält, und die seelische persönlichkeit, die das darstellt, wasimmer an seelenkraft von leben zu leben entwickelt ist oder in unserer gegenwärtigen lebensformation zum tragen kommt.

Das gepräge des seelischen ist verschieden von dem der Oberhaupt-ebenen – es hat weniger größe, macht, weite, mehr von einer kleineren süße, zarten schönheit der empfindung, eine feinheit unverfälschter wahrnehmung, eine innige sprache... Die spirtlichen ebenen geben diesen dingen, wenn sie sie aufnehmen, eine weitere äußerung, größere lichtherrlichkeit, stärkere süße, einen atem mächtiger kühnheit, stärke und raumes...

Wenn die vollständige Obergeistkraft oder auch die der unteren Oberhaupt-ebenen in den geist herabkommen und seine tätigkeit völlig umwandeln würde, dann entstünde zweifellos eine größere dichtung, als der mensch je geschrieben hat, geradeso wie ein größeres übermenschliches leben aufträte, wenn der Übergeist ganz ins leben herabkommen und es in sich selbst hineinheben und umwandeln würde.

Das mantra, wie ich es in THE FUTURE POETRY zu erläutern versucht habe, ist ein wort der macht des lichts, das aus der Obergeist-einspirtung oder einer sehr hohen ebene der Intuition stammt. Seine kennzeichen sind eine sprache, die unendlich viel mehr vermittelt als der bloße äußere wortsinn zu sagen scheint, ein rytmus, der sogar noch mehr ausdrückt als die sprache, und der aus dem Unendlichen geboren wird und darein entschwindet, sowie das vermögen, nicht nur die geistigen, lebentlichen und leiblichen inhalte oder hinweise und beschreibungen des ausgesagten mitzuteilen, sondern seine bedeutung und gestalt in einem grundlegenden und ursprünglichen bewusstsein, das hinter diesen allen und größer ist....

Unter ästhesie verstehen wir die reaktion des bewusstseins – des geistigen, lebentlichen und sogar des leiblichen –, das ein gewisses element in den dingen empfängt, etwas, das man ihren geschmack nennen könnte, *Rasa*, der durch den geist oder die sinne oder beides geht und einen lebentlichen genuss am geschmack weckt, *Bhoga*, und das wiederum kann uns, sogar die seele in uns, zu etwas noch tieferem und grundlegenderem erwecken als bloßem vergnügen und genuss, zu einer form der daseinswonne des spirtes, *Ananda*. Dichtung, wie alle kunst, dient dem suchen nach diesen dingen, dieser ästhesie, diesem Rasa, Bhoga, Ananda; sie bringt uns einen Rasa des wortes und klangs, aber auch der idee und, durch die idee, des durch wort, klang und denken ausgedrückten, ein geistiges, lebentliches und manchmal spirtliches bild ihrer form, eigenschaft und wirkung auf uns oder gar, wenn der dichter stark genug ist, ihrer weltessenz, ihrer kosmischen wirklichkeit, ihrer eigentlichen seele, des spirtes, der in ihnen wohnt, so wie er in allen dingen wohnt. Dichtung vermag mehr als dies, aber dies muss sie leisten, in wie geringem ausmaß auch immer, sonst ist es keine dichtung. Ästhesie gehört daher zum eigentlichen wesen der dichtung wie aller kunst. Sie ist jedoch nicht das einzige element, und auch die ästhesie ist nicht beschränkt auf die aufnahme von dichtung und kunst, sie erstreckt sich auf alles in der welt: es gibt nichts, was wir fühlen, denken oder irgendwie erfahren können, auf das es nicht eine ästhetische reaktion unsres bewussten wesens gäbe. Gewöhnlich nehmen wir an, dass ästhesie sich auf schönheit bezieht, und das ist gewiß vor allem ihre sache; aber sie bezieht sich auch auf vieles andere. Das allheitliche Ananda ist urheber der ästhesie, und dieses nimmt drei hauptsächliche und ursprüngliche formen an: schönheit, liebe und wonne, die wonne allen daseins, die wonne in dingen, in allen dingen. Allheitliches Ananda ist der künstler und schöpfer des Alls, ist bei seiner entstehung zeuge, erlebt sie und findet freude daran. Im niedrigeren bewusstsein schafft es seine gegensätze, das gefühl von hässlichkeit wie das von schönheit; hass, widerwillen und abneigung wie liebe, anziehung und zuneigung; leid und schmerz wie freude und wonne, und zwischen diesen dualitäten oder wie eine grautönung im hintergrund gibt es eine allgemeine farbe der unbestimmtheit und unentschiedenheit, entstanden aus der allumfassenden stumpfheit, worein das Ananda bei seiner dunklen verneinung im Unbewussten absinkt. Dies alles ist das feld der ästhesie, ihre matteste reaktion ist gleichgültigkeit, ihre höchste ist ekstase. Denn beim sinken des bewusstseins von seiner höchsten ebene durch verschiedene stufen auf das Unbewusste zu ist das allgemeine zeichen des abstiegs eine ständig sich vermindernde intensität des seins, der bewusstheit, der kraft, der wonne in dingen und der daseinslust. Entsprechend nehmen diese intensitäten bei unserm anstieg zur höchsten ebene zu. Wenn wir über den Geist hinausklimmen, lösen höhere und weitere werte die unsres begrenzten geistes, lebens und leiblichen bewusstseins ab. Die ästhesie hat an dieser intensivierung des vermögens teil. Das vermögen für vergnügen und schmerz, für neigung und abneigung ist auf der ebene unsres geistes und lebens verhältnismäßig klein; unser vermögen für ekstase ist flüchtig und beschränkt; diese töne erheben sich von einem allgemeinen grund der unbestimmheit, der sie ständig zu sich zurückzieht. Beim eintritt in die Oberhaupt-ebenen wandelt sich die gewöhnliche ästhesie in lautere wonne und wird einer hohen, weiten oder tiefen bleibenden ekstase fähig. Der grund ist keine allgemeine unbestimmtheit mehr, sondern reines spirtliches wohlbehagen und glück, wovon sich die besonderen tönungen des ästhetischen bewusstseins abheben oder erheben. Dies ist die erste grundlegende wandlung.

Eine weitere wandlung dieses übergangs ist eine wendung zum allheitlichen anstelle der gesondertheiten, der widerstreitenden verallgemeinerungen, der einander entgegengesetzten dualitäten des niederen bewusstseins. Im Obergeist haben wir eine erste sichere grundlage für die erfahrung einer allheitlichen schönheit, liebe und wonne. Diese dinge können auf der geistigen und lebentlichen stufe kommen, noch bevor jene ebenen vom spirtlichen bewusstsein unmittelbar berührt oder beeinflusst werden; doch sind sie hier eine vorübergehende und keine bleibende erfahrung, oder sie sind in ihrer reichweite begrenzt und rühren nicht an das ganze wesen. Sie sind ein schimmer und nicht ein wandel der schau oder der natur. Der künstler zum beispiel kann auf dinge blicken, die auf den gewöhnlichen sinn nur platt, schäbig, hässlich oder gar abstoßend wirken, und kann aus ihnen schönheit und die sie begleitende wonne herausbringen. Das ist jedoch eine art besondere gnade für das künstlerische bewusstsein und ist auf das feld seiner kunst beschränkt. Im Oberhaupt-bewusstsein, vor allem im Obergeist, werden diese dinge mehr und mehr das gesetz der schau und der natur. Wohin auch immer der im Obergeist spirtliche mensch sich wendet, sieht er eine allheitliche schönheit alle dinge berühren und erheben, sich durch sie ausdrücken, sie in ein feld oder gegenstände ihrer göttlichen ästhesie prägen; eine allheitliche liebe geht von ihm selbst auf alle wesen aus; er fühlt die Seligkeit, die die welten geschaffen hat und sie aufrechterhält, und alles seiende äußert ihm die allheitliche wonne, besteht daraus, ist eine offenbarung davon und in ihr bild geformt. Diese allheitliche ästhesie der schönheit und wonne übersieht oder missversteht nicht die unterschiede und gegensätze, die abstufungen, die harmonie und die disharmonie, die sich dem gewöhnlichen bewusstsein zeigen; vor allem aber schöpft sie einen *Rasa* aus ihnen, und mit diesem kommt der genuss, *Bhoga*, und die berührung oder die gesamtheit des *Ananda*. Sie sieht, dass alle dinge ihren sinn, ihren wert, ihre tiefere oder völlige bedeutung haben, die der geist nicht sieht, weil er nur mit einer oberflächenschau, mit oberflächenkontakten und seinen eigenen oberflächenreaktionen beschäftigt ist. Wenn etwas vollkommen ausdrückt, was es ausdrücken sollte, bringt diese vollständigkeit ein gefühl von harmonie, von künstlerischer vollendung; sie gibt sogar dem misstönenden einen platz in einer anordnung kosmischer einklänge, und die missklänge werden teil einer weiten harmonie, und wo harmonie ist, da ist ein gefühl von schönheit. Sogar in der form selbst, neben ihrer bedeutung, sieht das Obergeistbewusstsein den gegenstand mit einer gänze, die dessen wirkung auf den betrachter verändert, obwohl er dieselbe sache bleibt. Es sieht linien und gesamtheiten und ein zugrundeliegendes muster, die das leibliche auge nicht sieht und die sogar der schärfsten geistigen sicht entgehen. Für es wird jede form schön in einem tieferen und weiteren sinn von schönheit als dem gewöhnlich bekannten. Der Obergeist blickt auch unmittelbar auf die seele jeden dinges und in sie hinein, und nicht nur auf dessen form und bedeutung, die es für den geist und das leben hat; dies bringt ihm nicht nur die wirkliche wahrheit des dinges, sondern auch dessen wonne. Es sieht auch den einen spirt in allem, das antlitz des Göttlichen überall, und es kann kein größeres Ananda geben als dieses; er spürt einheit mit allem, mitgefühl, liebe, die seligkeit des *Brahman*. In einer höchsten, ganzheitlichen erfahrung sieht es alle dinge wie aus sein, bewusstheit, kraft und seligkeit gemacht, jedes atom von ihnen geladen und gebildet von *Satschidananda*. An all diesem hat die Obergeist-ästhesie anteil und gibt ihre antwort darauf; denn diese dinge kommen nicht nur als eine idee im geist oder als wahrheitsschau, sondern als erfahrung des ganzen wesens, und eine umfassende antwort ist nicht nur möglich, sondern oberhalb einer gewissen stufe zwingend.

Ich habe gesagt, dass die ästhesie nicht nur auf das schöne anspricht, sondern auf alle dinge. Wir unterscheiden wahrheit und schönheit; aber es kann auch auf wahrheit eine ästhetische antwort geben, eine freude an ihrer schönheit, eine durch ihre anmut erweckte liebe, ein entzücken am finden, eine inbrunst im umfangen, ein ästhetisches glück an ihrem ausdruck, eine befriedigung der liebe im weitergeben an andere. Wahrheit ist nicht bloß eine trockene aussage von tatsachen oder ideen für oder durch den verstand: sie kann eine glänzende entdeckung sein, eine entzückende enthüllung, »ein ding der schönheit, das ein glück für immer«. Auch der dichter kann ein sucher und liebender von wahrheit wie von schönheit sein. Er kann eine poetische und ästhetische freude am ausdruck des wahren wie des schönen empfinden. Er macht nicht eine bloß intellektuelle oder philosophische aussage über die wahrheit, ihre kraft, sein schauerndes empfangen von ihr; seine freude an ihr ist es, was er durch eine äußerste vollkommenheit in wort und rytmus zu vermitteln sucht. Wenn er leidenschaft hat, kann er sogar eine philosophische aussage über sie mit diesem gefühl von macht, kraft, licht und schönheit erfüllen. Auf gewissen ebenen des Obergeistes, wo das geistige element über das der gnosis vorherrscht, ist die unterscheidung zwischen wahrheit und schönheit noch gültig. Es ist in der tat eine der wichtigsten aufgaben des Obergeistes, die hauptsächlichen gewalten des bewusstseins zu scheiden und jeder ihre volle gesonderte entwicklung und befriedigung zu verschaffen, ihren äußersten sinn und wirkgehalt, ihre eigene seele und bedeutungsform herauszubringen und auf ihrem eigenen weg so weit zu führen, wie sie zu gehen vermag. Er kann jede fähigkeit des menschen aufnehmen und ihrem spiel die freieste bahn einräumen, ihre höchste charakteristische entwicklung. Er kann dem intellekt seine strengste intellektualität und der logik ihre schierste, unerbittlichste folgerichtigkeit geben. Er kann der schönheit ihre herrlichste inbrunst leuchtender gestalt und dem empfangenden bewusstsein eine erhabenste höhe und tiefe der ekstase verleihen. Er kann eine pure unvermischte dichtung schaffen, deren urgründe der verstand niemals erloten oder ganz erfassen, geschweige denn mentalisieren und analysieren kann. Die funktion des Obergeistes ist es, jeder möglichkeit ihre volle gelegenheit zur verfügung zu stellen, ihr eigenes reich für sich. Es gibt aber auch eine andere tätigkeit des Obergeistes, die in gesamtheiten sieht und denkt und schafft, die die gesonderten dinge wieder vereint, die gegenteile versöhnt. Auf jener ebene werden wahrheit und schönheit nicht nur ständige gefährten, sondern sie werden eins, ineinander eingefaltet, unzertrennlich: auf jener ebene ist das wahre immer schön und das schöne immer wahr. Ihre höchste verschmelzung findet allerdings erst im Übergeist statt; aber der Obergeist schöpft auf seinen gipfeln genug übergeistiges licht, um zu sehen, was der Übergeist sieht, und zu tun, was der Übergeist tut, wenn auch auf einer tieferen skala und mit einer weniger unbedingten wahrheit und macht. Auf einer niedrigeren ebene mag der Obergeist sich der sprache des verstandes bedienen, um seine eigene größere bedeutung und botschaft zu vermitteln, soweit jene sprache dafür taugt, aber auf seinen gipfeln gebraucht der Obergeist seine eigene heimische sprache und gibt seinen wahrheiten ihre eigene höchste äußerung, und keine intellektuelle sprache, keine mentalisierte dichtung kommt jener gewalt und schönheit gleich, ja nicht einmal nahe.

Dort wohnt und dort entspringt das mysterium des unausweichlichen wortes, des höchsten unsterblichen rytmus, der unbedingten bedeutung und der unbedingten äußerung.

(1946)

...Durch diese beispiele [aus der geistesgeschichte] ermutigt, lass uns hoffen, dass die heftig ablehnenden urteile nicht endgültig und absolut seien und dass der papierkorb nicht der ort ist, der SAWITRI gebührt. Es mag doch einen platz geben für eine dichtung, die das feld poetischer schöpfung auszudehnen sucht und für das innere, spirtliche leben des menschen und sein jetzt okkultes oder mystisches wissen und seine erfahrung vom ganzen verborgenen umfang seines wesens und dem der welt nicht bloß einen winkel und einen beschränkten ausdruck zu finden trachtet, wie er in der vergangenheit zur verfügung stand, sondern einen weiten raum und einen ebenso mannigfaltigen und umfassenden ausdruck von den grenzlosen und unzähligen reichtümern, die gleichsam unter dem unmittelbaren blick des Unendlichen gehütet verborgen liegen, wie er früher gefunden wurde für die oberfläche und die endliche sicht und erfahrung des menschen von sich und der stofflichen welt, in welcher er gestrebt hat, sich selbst so gut zu erkennen, als er mit begrenztem geist und begrenzten sinnen vermochte. Das tor, das für alle außer ein paar verschlossen war, mag sich öffnen; das reich des Spirtes mag nicht nur im inneren wesen des menschen, sondern auch in seinem leben und in seinen werken begründet werden. Auch die dichtung mag an jener umwälzung teilhaben und zum spirtlichen imperium gehören. (1947)

EINFÜHRUNG IN *SAWITRI*

SAWITRI —
dies wundervolle
prophetische gedicht,
das die menschheit
zu ihrer künftigen
verwirklichung
führen wird.

— Die Mutter

Die Mutter: Über Sawitri*

Mutter: Liest du Sawitri?
Schüler: Ja.
Mutter: Hast du das ganze gedicht gelesen?
Schüler: Ja, Mutter, zweimal.
Mutter: Hast du verstanden, was du gelesen hast?
Schüler: Nicht viel. Aber ich liebe dichtung, darum lese ich es.
Mutter: Es macht nichts, wenn du nicht alles verstehst; aber lies es immer. Du wirst sehen, daß dir jedesmal etwas neues aufgeht. Verse, die du früher gelesen hast, erscheinen dir in neuem licht. Jedesmal findest du etwas neues, jedesmal eine neue erfahrung. Aber du musst nicht lesen, wie du andere bücher oder zeitung liest. Lies mit leerem kopf, ohne einen andern gedanken, gesammelt, ruhig und offen. Dann werden die worte, rytmen und schwingungen unmittelbar durch die gedruckte seite dringen, ihren stempel auf den geist prägen und sich selbst erklären, ohne dass du eine anstrengung zu machen brauchst. Jeden tag, wenn du daran gehst, Sawitri zu lesen, tu es in der richtigen haltung; besinne dich ein wenig, bevor du die seiten aufschlägst und mach den geist still. Der unmittelbare weg geht über das herz. Wenn du in solcher sehnsucht versuchst, kannst du eine flamme, die flamme der läuterung, in sehr kurzer zeit entfachen, vielleicht in ein paar tagen. Lies mit dieser einstellung, mit diesem etwas im hintergrund deines bewusstseins, gleichsam als eine darbringung an Sri Aurobindo. Weißt du, es ist geladen, voll geladen mit bewusstsein, als wäre Sawitri ein wirklicher führer. Wer den joga ausüben will, wer den drang dazu verspürt und es aufrichtig versucht, der wird mit hilfe von Sawitri die höchsten stufen erklimmen können, er wird das geheimnis herausfinden, das Sawitri darstellt – und das ohne die hilfe eines guru. Und er wird es überall tun können. Wenn du niedergeschlagen bist, wenn du dich elend fühlst, wenn dir nicht gelingt, was du unternimmst,

*Aus einem längeren gespräch zusammengestellt

oder stets das gegenteil eintrifft, wie sehr du dich auch mühst, wenn das leben ganz unmöglich wird – nimm SAWITRI oder die GEBETE UND MEDITATIONEN zur hand, schlag irgendwo auf und lies. Dann siehst du alles ungemach wie rauch sich verziehen und hast die kraft, den schlimmsten trübsinn zu überwinden. Du fühlst nicht mehr, was dich quälte. Stattdessen empfindest du ein wundervolles glück, einen umschwung des bewusstseins, und dazu eine energie, die alles bewältigt. Du erfährst auch eine unerschöpfliche freude, die alles läutert. Lies ein paar zeilen, und das genügt, um einen kontakt mit deinem innersten wesen herzustellen. Ja, du sammelst dich tief, öffnest SAWITRI ohne zu überlegen irgendwo, und du findest die antwort auf das, was dich plagte. Versuch es und erzähl mir dann darüber.

Sri Aurobindo hat das ganze weltall in ein einziges buch gepackt. Alles ist darin, mystik, okkultismus, philosophie, die geschichte der ausfaltung, die des menschen, der götter, der schöpfung, der natur, wie die welt geschaffen wurde, warum, zu welcher bestimmung. Alle geheimnisse, die der mensch besitzt, und auch alle, die in der zukunft auf ihn warten, sind in den tiefen von SAWITRI zu finden. Man muss es nur im richtigen bewusstsein lesen.

SAWITRI ist eine meditation, eine suche nach dem Unendlichen, dem Ewigen. Liest man es mit der sehnsucht nach unsterblichkeit, dann dient das lesen selbst als führer zur unsterblichkeit. Alles ist da, was nötig ist, um das Göttliche zu verwirklichen, jeder schritt des joga, die geheimnisse aller jogas. Du findest die ganze reise in allen einzelheiten, und beim weitergehen findest du dinge, die dem menschen völlig unbekannt sind. Wer dem enthüllten aufrichtig folgt, wird bestimmt die umwandlung des übergeistigen joga erreichen. Sri Aurobindo gibt hier den schlüssel, die wahrheit zu finden, das bewusstsein zu entdecken, so dass das licht hereindringen und alles umwandeln kann. Er hat den weg gezeigt, auf dem man sich vom Unwissen befreien und ins Überbewusste steigen kann, durch jede bewusstseinsebene bis zum Übergeist, sogar die erfahrung des sieges über den Tod.

Er lebte diese erfahrungen so, wie man physische freude oder

Einführung in Sawitri

kummer erfährt. Er ging in die finsternis des Unbewussten, sogar in die nachbarschaft des Todes, erduldete die leiden der verderbnis und tauchte aus dem dreck und elend der erde wieder auf, atmete die unumschränkte fülle und trat in das höchste Ananda. Er hat all die bereiche durchschritten, hat die konsequenzen auf sich genommen, physisch gelitten und erduldet was man sich nicht vorstellen kann. Niemand vor ihm hat so gelitten wie er. Er hat das leiden akzeptiert, um es in die freude der einung mit dem Höchsten umzuwandeln. Etwas einzigartiges und unvergleichliches ist es in der geschichte der welt, etwas, das vorher noch nie geschehen ist; er hat als erster diesen pfad im unbekannten aufgespürt, so dass wir mit gewissheit zum Übergeist schreiten können. Er hat uns die arbeit leichtgemacht. SAWITRI ist sein ganzer joga der umwandlung, und dieser joga kommt zum ersten mal ins erdbewusstsein.

Was für ein werk hat er geschaffen! Ja, es ist wirkliche schöpfung, und alles darin ist in so einfache und klare form geprägt. Jeder vers ist wie ein enthülltes mantra; die worte sind so ausgedrückt und angeordnet, dass der klang des rytmus zum urlaut zurückführt, OM.

A. B. Purani*

Die in das epos verwobne geschichte fußt auf dem *Mahabharata* (Aranjak Parwa, kap. 248). Sie geht so: Aswapati, der könig von Madra, war kinderlos geblieben. Um dies schicksal zu ändern, begann er askese zu üben, er lebte enthaltsam, fastete und opferte; nach achtzehn jahren erschien vor ihm aus dem opferfeuer die göttin Sawitri, die belebende macht der sonne. Sie erklärte sich ihm wohlgeneigt und versprach, der schöpfergott Brahma werde ihm nachkommen gewähren, und als eine besondere gnade würde sie ihm eine tochter schenken. Diese wurde geboren und Sawitri genannt. Ihr leib war von goldiger tönung, und sie glich der schönheitsgöttin Lakschmi. Doch als sie heranwuchs, hielt kein prinz um ihre hand an, weil sich der ruf von ihrer überaus starken und leuchtenden persönlichkeit verbreitet hatte. Darum trug Aswapati ihr auf, selbst durch die lande zu reisen und sich ihren gemahl zu suchen; einen alten minister gab er als begleiter mit. Als sie nach gut zwei jahren heimkehrte, war gerade der große seher Narad auf besuch. Sie erzählte, dass ihre wahl auf Satjawan gefallen war, den sohn von könig Djumatsena, der in einer waldeinsiedelei verbannt lebte, nachdem feinde den erblindeten aus seinem reich hatten vertreiben können. Die eltern hießen ihre wahl gut, weil Satjawan tapfer, klug, großherzig und milde war. Aber Narad stellte dem seine schau entgegen, wonach es Satjawans schicksal sei, nach einem jahr zu sterben. Dennoch bestand Sawitri auf ihrer wahl. Die hochzeit fand statt, und sie teilte das einfache und harte leben in der einsiedelei. Trotz ihres großen glücks mit Satjawan vergaß sie die schlimme voraussage nie und bereitete sich beständig auf die krise vor; die letzten drei tage fastete sie und stand reglos auf ein und demselben fleck.

An dem schicksalsmorgen wollte Satjawan im wald holz für das opferfeuer schlagen. Sawitri erbat von seinen eltern die erlaubnis, ihn zu begleiten; sie wolle den wald nun auch kennenlernen, gab sie vor. Gesammelt auf das was bevorstand, blieb ihr freilich kaum muße, den wald zu betrachten. An einem

---

*Nach THE LEGEND, aus SAVITRI, AN APPROACH AND A STUDY

Einführung in Sawitri 183

Satjwan wohlbekannten ort begann er holz zu hacken; nach ein paar starken streichen klagte er über einen jähen schmerz im kopf; er hielt ein, sank nieder, legte seinen kopf in Sawitris schoß und schlief ein: da sah Sawitri den Todesgott vor ihr stehen. Er erklärte, das leben Satjawans nehmen zu müssen, und er tat es. Sawitri folgte Satjawans geist, der vom physischen leib getrennt war und in der schlinge des Todesgottes Jama mitgeführt wurde; sie verwickelte diesen beim fortschreiten in gespräche, die ihn so günstig stimmten, dass er ihr mehrere gnaden gewährte, schließlich sogar die rückgabe von Satjawans leben. So siegte Sawitri über Tod und Schicksal und kehrte dann mit Satjawan in die einsiedelei zurück. König Djumatsena hatte sein augenlicht wiederbekommen, sein reich wurde ihm zurückerstattet und Satjawan zum tronfolger gekrönt.

Den inhalt dieser sage hat Sri Aurobindo weitgehend beibehalten, ihn aber nicht nur in dessen sinnbildern ausgedeutet, vielmehr in ein lebendiges gleichnis umgestaltet. Der erste, dritte, vierte und fünfte Gesang des ersten Buches zum beispiel enthalten seine eignen erfahrungen vom ursprung, aufbau und sinn der welt. Das leben des kinderlosen königs Aswapati, der *tapasja* übt, um ein kind zu erhalten, ist in ein sinnbild der menschenseele erhöht worden, die aus göttlichen welten herabkam, um auf der erde wissen vom Selbst und von der gesamten welt zu erwerben. Das ganze zweite Buch stellt tatsächlich Aswapatis reise durch eine vielschichtige kosmogonie dar, in der sich welt auf welt häuft, aufsteigend vom sockel der Materie zu den höheren Geiststufen und den ebenen kosmischen seins und größeren wissens. Aswapati steht für die emporstrebende menschenseele durch jahrtausende der entwicklung auf der suche nach der wahrheit ihrer selbst, der welt und Gottes. Er erwirbt durch diese seine *tapasja* unermessliche kenntnis der möglichkeiten des menschenbewusstseins, der tieferen tiefen und der höheren und höchsten höhen. In seinem herzen brennt die sehnsuchtsflamme, hier auf erden ein bild der vollkommenheit zu erschaffen, von der seine seele weiß, dass sie für den menschen und die erde erreichbar ist. Das dritte Buch schildert Aswapatis eintritt in die überkosmischen ebenen und seine begegnung mit der höchsten Schöpferin, der Bewusstseinskraft des allmächtigen Göttlichen. Am ende seiner spirtlichen bemühungen steht somit nicht das formlose Unendliche, das leere Unbedingte, sondern darüber eine göttliche welt des Spirtes – der dichter nennt sie ›Das Haus des Spirtes und der neuen Schöpfung‹ –, gegründet auf Wahrheit und Wissen, Bewusstsein und Kraft, göttlicher Wonne und Harmonie. Und er weiß um die möglichkeit, diese Wahrheitswelt in die erde hereinzubringen, sodass eine neue schöpfung, das reich Gottes, sich hier offenbaren werde. Er empfängt von dieser Göttlichen Macht unmittelbar die inspiration, seine spirtlichen anstrengungen fortzusetzen, die Wahrheitswelt mitten in die menschliche unwissenheit herabzubringen, gegen den widerstand der Gewalten der Finsternis, des Schmerzes, der Falschheit und des Todes: Sie verheißt Aswapati den letztendlichen sieg des Göttlichen. Aber Aswapati weiß, dass dies erst gelingen kann, wenn sich die Göttliche Mutter selbst auf der erde in menschengestalt verkörpert, und das wird ihm versprochen.

So wurde als antwort auf Aswapatis sehnsucht und streben Sawitri geboren. Welch eine entwicklung von der askese übenden sagengestalt zu dieser darstellung von Sri Aurobindos menschheitlichem Joga, ein gleichnis von unermesslicher kosmischer bedeutung! Entsprechend wird aus der vorbildlichen sagenprinzessin die Gnadenoffenbarung des Höchsten, die zur menschheit herniedersteigt, um deren bürde von leid und unwissen auf sich zu nehmen und den sieg über die Widersachermächte zu erringen. Sie rettet Satjawan, die seele des menschen, aus der schlinge von Tod und Nacht, indem sie ihre eigne unendlichkeit und unsterblichkeit in der menschenform verwirklicht. Auch das übrige geschehen – kindheit und wachstum, reise und suche, begegnung mit dem ihr bestimmten gemahl, rückkehr und bestehen auf ihrer wahl vor dem weisen Narad, sowie ihr Joga und ihre überwindung des Todes (viertes bis zehntes Buch) geht zwar von der sage aus, überhöht und erweitert sie jedoch ebenfalls in ein gültiges gleichnis dessen, was für erde und menschen vollbracht worden ist.

Einführung in Sawitri

> »Herr, Du hast gewollt und ich vollbringe,
> Ein neues Licht bricht an auf der erde,
> eine neue welt ist geboren,
> und die verheißenen dinge sind erfüllt.«
> *Die Mutter*, 29. Februar-29. märz 1956

Als die niederlage der dunklen seite des Todes besiegelt war, schildert Sri Aurobindo im elften Buch – indem er den recht konventionellen sagentext weiter übersteigt –, wie jener mit herrlichster lockung Sawitri von ihrer arbeit auf der erde abzubringen sucht, jedoch ohne erfolg: auf erden muss sich ihre liebe erfüllen, die erde selbst muss himmel sein, muss göttlich werden. Sie wird noch höher entrückt und vor die wahl gestellt, in die ewige ekstase über der schöpfung zurückzukehren; sie lehnt ab. Mit ihrem verzicht hat sie in wahrheit den willen des Höchsten erfüllt, und so wird ihr die letzte gutheißung erteilt. Die göttlichen absichten werden sich verwirklichen, die göttliche seinsoffenbarung wird vollständig werden.

Sawitri und Satjawan kehren auf die grüne erde zurück. Ihre arbeit ist vollbracht, und alles beginnt neu. Eine neue menschheit wird auf erden erstehen. So erfuhr die sage durch den schöpferischen genius von Sri Aurobindo eine umgestaltung in ein epos von größter tragweite, in ein kosmisches gleichnis.

K. D. Sethna*

Sri Aurobindo beabsichtigte, eine lange einleitung zu Sawitri zu schreiben; doch hat er dazu die muße nicht gefunden.

Ein paar monate vor seinem ableben (5. dez. 1950) sagte er wie im vorherwissen des ereignisses: »Ich will Sawitri bald fertig haben.« Diese worte überraschten seinen schüler und schreiber zutiefst, der an die erhaben-geduldige weise gewöhnt war, in der es bisher gedichtet und oft überarbeitet und erweitert worden war. Auch wenn die abfassung vordem außerordentlich schnell erfolgte – einmal wurden nacheinander vier- bis fünfhundert zeilen diktiert, die kaum einer änderung bedurften –, gab es keine eile in der haltung des dichters zu seinem werk. Jetzt aber steigerte er das allgemeine tempo der abfassung und durchsicht ungemein. Es schien ein wettlauf mit der zeit. Erst gegen das ende, nach einer raschen überarbeitung des langen zweiten gesangs des Buchs vom Schicksal, hielt er mit einer gewissen befriedigung auf. Die verbesserungen und zusätze darin waren das letzte an diesem epos von etwa 24'000 zeilen, woran er fast ein halbes jahrhundert gearbeitet hatte. Im hinblick auf die folgenden ereignisse sind vor allem drei neugeschriebene stellen in der rede Narads bedeutsam. Die erste über das opfer, das der Gottmensch in der geschichte bringt:

> *He who has found his identity with God*
> *Pays with the body's death his soul's vast light.*
> *His knowledge immortal triumphs by his death. (445)*

Wer gefunden hat seine wesenseinheit mit Gott,
bezahlt mit des leibes tod seiner seele licht.
Unsterblich siegt sein wissen durch seinen tod. (405)

Die zweite hebt die innere bedeutung hervor, mit welcher Satjawans weggang von der erde beladen ist:

---

*Aus der nachbemerkung zur engl. ausgabe von Savitri und aus Sri Aurobindo – The Poet und The Poetic Genius of Sri Aurobindo

His death is a beginning of greater life...
A vast intention has brought two souls close
And love and death conspire towards one great end.
For out of danger and pain heaven-bliss shall come,
Time's unforeseen event, God's secret plan. (459)

Sein tod ist eines größern lebens beginn...
Hier brachte weite absicht zwei seelen nah,
zu großem ziel verschwörn sich liebe und tod.
Denn aus schmerz und gefahr wird kommen himmelslust,
der Zeit ereignis, Gottes geheimer plan. (417)

Die dritte ist eine passage von 72 zeilen, die allerletzte dichtung, die Sri Aurobindo diktiert hat, worin Narad mit einem klang wie von wuchtig wiederholten glockenschlägen König Aswapatis gattin ermahnt, als sie gegen das schicksal des einsamseins aufbegehrt, das ihre tochter Sawitri nach dem vorbestimmten ableben von Satjawan befallen würde. Einige zeilen seien hier zitiert:

As a star, uncompanioned, moves in heaven
Unastonished by the immensities of space,
Travelling infinity by its own light,
The great are strongest when they stand alone...
A day may come when she must stand unhelped
On a dangerous brink of the world's doom and hers,
Carrying the world's future on her lonely breast,
Carrying the human hope in a heart left sole
To conquer or fail on a last desperate verge.
Alone with death and close to extinction's edge,
Her single greatness in that last dire scene,
She must cross alone a perilous bridge in Time
And reach an apex of world-destiny
Where all is won or all is lost for man...
For this the silent Force came missioned down;
In her the conscious Will took human shape:
She only can save herself and save the world...

Even though all falters and falls and sees an end
And the heart fails and only are death and night,
God-given her strength can battle against doom...
Think not to intercede with the hidden Will,
Intrude not twixt her spirit and its force
But leave her to her mighty self and Fate. (460ff)

Wie unbegleitet durch himmel zieht ein stern
den nicht erstaunen die übermaße des raums,
bereisend unendlichkeit im eigenen licht,
so sind die großen am mächtigsten allein...
Ein tag mag kommen wo ohne hilfe sie steht
an droh'nder kante vom unheil der welt und ihrem,
tragend auf einsamer brust die zukunft der welt,
tragend, sich selbst überlassen, die menschenhoffnung,
zu siegen oder zu scheitern an letztem rand,
allein mit tod und nahe der auslöschung.
In grauser schlussszene muss ihre einzge größe
gefährliche brücke überqueren in Zeit
und klimmen auf höchsten gipfel vom los der welt
wo alles errungen oder verwirkt dem menschen...
Mit dieser sendung kam ihre stille Kraft;
der bewusste Wille nahm menschengestalt in ihr:
nur sie kaun retten sich und retten die welt...
Wankt alles und fällt zusammen und sieht sein ende,
versagt das herz und gibt es nur tod und nacht,
kann, göttlich, doch ihre kraft verhängnis bekämpfen...
Denk nicht beim verborgnen Willen einzuschreiten,
steh nicht zwischen ihrem spirt und seiner gewalt,
überlass sie dem Schicksal und ihrem mächtigen selbst.

(418f)

Über SAWITRI sprechen heißt über ein einzigartiges abenteuer dichterischer schöpfung sprechen. Von einem gewissen standpunkt aus ist der zweite teil von Goethes FAUST die einzige entsprechung dazu. Goethe behielt ihn mehrere jahrzehnte lang bei sich, fügte neues hinzu, verbesserte, vertiefte, ließ ihn mit

Einführung in Sawitri

dem wachstum seines eigenen geistes sich entwickeln und schloss ihn wenige tage vor seinem tode ab. Hier endet der vergleich. Sri Aurobindos SAWITRI ist nicht nur eine über viele jahre hingezogene arbeit: es ist ein werk, das ungefähr ein dutzendmal neugeschrieben wurde, und dies nicht wegen dichterischer mängel. Jede fassung mochte poetisch befriedigend sein: der unterschied lag in der bewusstseinsebene, von der aus das dichten stattfand. Auch wuchs und reifte Sri Aurobindo nicht in der art wie Goethe bei der abfassung des FAUST; er bewegte sich von ebene zu ebene des joga. Nicht nur die ideen und gefühle machten wie bei Goethe einen wandel durch und gediehen: der ureigenste bewusstseinsstoff wandelte sich vom menschlichen zum übermenschlichen. SAWITRI war ursprünglich zu einem guten teil von der art inspiration, die durch seine frühen erzählenden gedichte URWASIE und LIEBE UND TOD[1] floss, inspiration der lebenskraft mit dem wogen ihrer leidenschaft und ihres gefühls, der geistesenergie mit ihrem hellen oder tiefgründigen schwung der gedanken und hier und da einem ausbruch okkulter sicht, einem durchstoß der lichten eindringlichkeiten des seelischen, ein sichheben in die weite ideenbildung des Höheren Geistes. In SAWITRI waren letztere elemente wirksamer als vorher, da der dichter jetzt tief im joga war. Häufiger waren auch plötzliche besuche des rytmus, der durch zeilen gelangt wie die folgende aus LIEBE UND TOD:

Measuring vast pain in his immortal mind
(Ausmessend weiten schmerz im unsterblichen geist)

oder solche der schau wie bei dieser aus URWASIE:

Time like a snake circling among the stars
(Zeit, sich zwischen den sternen windend schlangengleich)

Aber Sri Aurobindo stieß bald über die ebene hinaus, von wo aus er das ursprüngliche gedicht geschrieben hatte. Er wurde meister

---

1. SIEHE SÄMTLICHE GEDICHTE

– und zwar allezeit, nicht nur in entrückungszuständen – der ebene, die sich nach angabe der jogatraditionen oberhalb des geistzentrums im gehirn befindet, des berühmten ›tausendblättrigen lotos‹ spirtlichen lichts. Eine neufassung wurde gemacht in der sprache dieses bewusstseins. Eine andere wurde nötig, als er zu einer noch höheren erleuchtung aufstieg – und wannimmer entschieden neue ebenen zu den seinen wurden, erfüllte er das gedicht mit frischen klang- und bedeutungswerten. Bisweilen wurden von ein und derselben stufe aus verschiedene fassungen geschrieben, jedesmal mit weiterem gesichtskreis und reicherem stoffgehalt. Die letzten paar überarbeitungen sind solche verzweigungen und ›verkernungen‹ gewesen. Die allerletzte ist sowohl äußerst umfassend wie auch durchgehend intensiv mit der gewaltigen spirtlichen unmittelbarkeit der Weden und Upanischaden.

Die alten indischen schriften sind durchdrungen von einer immer gegenwärtigen bewusstheit eines lebendigen Unendlichen, eines schrankenlosen Einen, das sich in myriaden erscheinungsformen entfaltet, nicht nur transzendent und statisch bleibt, sondern sich auch in einen kosmischen tanz wirft, einen tanz, der auf den höheren ebenen göttlich ist, auf den unteren aber von schatten durchwirkt. Auf den unteren gibt es ein ungeheures versteckspiel, die seele muss masken durchstoßen und ihre eigene weiße wahrheit treffen. Wenn dieser durchstoß einmal geleistet ist, dann wird das licht hier überall und die Natur insgeheim in einem äther der seligkeit erblickt. Die Weden und Upanischaden wurden von solchen gesungen, in denen der trennungsschleier weggefallen war. Sie sprachen aus den tiefen des alldurchflutenden Spirts und aus den höhen der spirtlichen Wahrheitswelt, die sich dunkel spiegelt in unserem raum und zeit. Diese schriften sind also voll einer konkreten schau und komplexen offenbarung von formen, die dem geist nicht völlig fasslich sind, aber im nu das innere herz ergreifen, oder eines mächtigen ausbruchs harmonischer eingebungen, in welchen der geist die erfüllung, das absolute seiner eigenen tappenden begriffe entdeckt. In beiden fällen ist das gefundene sozusagen handgreiflich, weit entfernt von bloßer abstraktion: da gibt es eine feste berührung

Einführung in Sawitri

von enthüllung, einen heißen herzschlag von verwirklichung. Alle dichtung handelt vom sinnfälligen und pulsierenden; hier aber kommt das unermesslich fern gewähnte innig nahe, stößt an unsre glieder und wirkt auf unsern blutstrom. Unser ganzer leib scheint vom Ewigen durchschauert, sich als spiel des Ewigen zu empfinden in fühlung mit dem leuchtenden stoff des Ewigen, mit des Ewigen rytmus und weite. Ja, ein neuer seinsstoff, ein neuer erfahrungsrytmus drängen sich zu verkörpern, so dass nicht unser begrenztes bewusstsein das jenseits wie von hinter unzerbrechlichem glas betrachte, sondern aufgerissene fenster und tore finde in den kristallwänden der vorstellung, wo das strahlende Mysterium hereinströmt und unser geist und herz hinausstürmen können. Aus dieser gewaltigen gemeinschaft und dieser schrankenlosen freiheit ist die Wedische und Upanischadische dichtung verfasst. Und daraus besteht auch SAWITRI.

Aber Sri Aurobindo bringt wieder und wieder den tonfall und die schwingung des *Mantra*, und eine allgemeine mantrische atmosfäre umspielt auch die anderen ›oberhaupt‹-ebenen, die zum ausdruck kommen, um ihn an ein weiteres ziel zu bringen als irgendeines, das die Weden und Upanischaden ins auge fassten. Seine dichtung durchschreitet gebiete, von den alten nie betreten. Der odem der ebenen, von welchen die rischis sangen, dient ihm dazu, ein von den rischis unerlangtes wissen zu enthüllen. SAWITRI ist gleichzeitig ein zurückhorchen und ein vorwärtsspringen. Schon sein grundplan zeigt diese doppelte bewegung. Im MAHABHARATA schildert die geschichte von Sawitri einen kampf zwischen liebe und tod, in der anlage ähnlich den episoden von Prijumwada und Ruru wie auch Urwasie und Pururawas, die Sri Aurobindo schon gedichtet hatte. Das MAHABHARATA berichtet, wie Sawitri, als sie Satjawan zum bräutigam gewählt hatte, vorausgesagt wurde, dass dessen leben kurz und sie bald witwe sein würde. Sie hielt an ihrer wahl fest, entschlossen, ihre liebe gegen das drohende verhängnis zu stellen. Das herzeleid kennend, das hinter der liebesverzückung ihrer harrte, bot sie der zukunft die stirn; die hoffnung brannte in ihr, über den Widersacher menschlichen daseins zu triumfieren. Am grunde dieser geschichte einer mit äußerstem lebenswillen gerüsteten ehelichen hingabe erkannte Sri Aurobindo ein reiches symbol; denn der Rig Weda hatte den namen ›Sawitri‹ dem höchsten schöpferischen bewusstsein gegeben, versinnbildet in der Sonne. Er bedeutet die Wahrheitskraft des göttlichen Lichts, und entsprechend heißt ›Satjawan‹ das Wahrheitswesen jenes Lichts. So verstand Sri Aurobindo das wegführen Satjawans durch Jama, den Gott des Todes, und den kampf von Sawitris herz und geist mit der unerforschlichen finsternis als hinweise auf die in den Wedischen hymnen gefeierte bemühung, durch mittel des joga das zurückzugewinnen, was sie die verlorene Sonne nannten, untergetaucht in einer stofflichen Natur, die als ein blindes Unbewusstsein beginnt und aus der verschiedene formen eines Unwissens zu leben und zu sehen ringen. In Sri Aurobindos gedicht erhält der begriff Tod wieder seinen Wedischen und Upanischadischen gehalt. Tod bedeutet in den Weden und Upanischaden die unwissenheit der welt um ihr eigenes göttliches Selbst: der zerfall des leibes und das ausblasen seines kurzen tages sind nur die äußerlichsten aspekte der sterblichen Nacht, die vor uns unsre eigene Gottheit verborgen hält. Aber Sri Aurobindo begnügt sich nicht mit dieser sinngebung. Er geht über die alte indische idee von Gotterkenntnis hinaus. Die rischis sprachen von der befreiung der seele aus ihrer gefangenschaft und wie sie das licht des Unendlichen in ihr früheres gefängnis bringt. Sie setzten jedoch jener erleuchtung eine grenze. Eine gewisse beimischung von schatten wurde als unvermeidlich betrachtet. Zwar löst sich in seltenen augenblicken ein blitzender zweifel an dieser grauen unausweichlichkeit von ihren lippen: die Erde erscheint dann als eine göttliche Mutter, wartend auf eine schließliche apokalypse ihrer selbst. Aber die schau jenes vollkommenen lebens wird nie klar vor das bewusstsein gehalten: flüchtige symbole seiner möglichkeit schweben aus den hohen entrückungen der seher hernieder, ohne ihr innerstes wesen herzugeben oder dynamisch zu werden. Obwohl das wahrnehmen des kosmischen schauplatzes als ein offenbarungsfeld des Spirtes ausreichend gestützt wird, hält man vollkommene spirtliche erfüllung doch erst für möglich, nachdem der grobe leib abgelegt und ein zustand außerhalb der kosmischen runde der wiedergeburt erreicht wird.

Einführung in Sawitri 193

Nach Sri Aurobindo muss der Höchste die grundlegende und vollkommene wirklichkeit, den makellosen archetyp von allem besitzen, was in raum und zeit in gang gebracht wird. Mit einer befreiung in das Selbst der selbste ein erlangen dieser archetypischen Wahrheit zu verbinden und das göttliche gegenstück zu jeder seite unserer komplexen veranlagung zu entwickeln ist das vollständige ziel des joga: vor einem solchen ziel kann nicht einmal der grobe körper mit seinen energien als unverwandelbar in ein leuchtendes und unsterbliches gefäß vernachlässigt werden. Folglich übersieht Sri Aurobindo nicht, wenn er den Wedischen und Upanischadischen sinn in den begriff Tod liest, den gewöhnlichen physischen sinn, den das MAHABHARATA im auge hatte. Im gegensatz zu den alten schriften weigert er sich, den leiblichen verfall als unausweichliches schicksal anzuerkennen. Der Aurobindische jogi will mehr als seine inneren instrumente umwandeln: er überwindet auch die beschränkungen, die noch der leiblichen hülle durch alter, krankheit oder unfall auferlegt sind: er körpert einen göttlichen leib-archetyp ein; seine eigentliche materielle stofflichkeit entfaltet sich in eine wunderbare neue substanz. So ist Sawitri, wenn sie gegen Satjawans tod streitet, in Sri Aurobindos hand eine offenbarung der unsterblichen Schönheit und Liebe, die in die heimsuchungen irdischen lebens taucht und sie nicht nur in sich selbst zu bezwingen strebt, sondern auch in der welt, die sie als ihre umfangen hat: sie steht dafür, der Gott-entfremdung der erde ein völliges ende zu setzen. Ihre geschichte wird ein dichterisches ereignis- und charaktergefüge, worin er seine ganz besondere suche und entdeckung, seine einzigartige erkundung verborgener welten, seinen anstieg in die gotthaften bereiche des Spirtes einbaut, und sein herabbringen ihres vermögens, die gesamte natur des menschen zu vergöttlichen.

Nolini Kanta Gupta*

(I)

SAWITRI, das gedicht, das wort Sri Aurobindos, ist die kosmische antwort auf die kosmische frage. Und Sawitri, die person, die Gottheit, die göttliche Frau, ist des Höchsten antwort auf die menschliche sehnsucht.

Die welt ist ein großes fragezeichen. Sie ist ein ewiges, immer wieder gestelltes rätsel. Der mensch ist ihm begegnet und hat nach einer lösung gesucht, seit ihm ein geist zum suchen und forschen gegeben war.

Was ist die welt? Woher kommt sie? Wo geht sie hin? Was ist der sinn von allem? Warum ist der mensch hier? Was ist das ziel seines daseins?

Und Aswapati auf seiner suche beginnt die welt zu erkunden, zu sehen, was sie ist und wie beschaffen. Er beobachtet, wie sie schicht um schicht, bewusstseinsebene um bewusstseinsebene sich erhebt. Er besteigt diese treppe, nimmt kenntnis von jeder stufe mit ihren daseins- und wirkensweisen und wandert weiter, bereichert durch die erfahrungen, die jede zur entwicklung seines bewusstseins beiträgt. Er findet den aufstieg vom unwissen zum wissen. Das menschenwesen geht aus vom dunkelsten grund der unwissenheit, der festen felsenunterlage sozusagen, dem leib, der stofflichen existenz. Von dieser unbewusstheit beginnt das wesen zu erwachen in ein allmählich sich entfaltendes – sich ausweitendes, vertiefendes, erhöhendes – bewusstsein. So steigt Aswapati von einem rein körperhaften sein und bewusstsein zur nächsten sprosse der leiter, dem ersten erscheinen und ausdruck der lebenskraft, des lebentlichen bewusstseins. Er geht weiter, aufwärts; ein wachsendes licht mischt sich ins dunkel, das unwissen streift nach und nach seine harten, dichten decken ab und macht platz für ausgerichtete und motivierte kräfte. Ihm begegnen wesen und geschöpfe, die zu diesen ebenen gehören, kriechend,

---

*AUS THE YOGA OF SRI AUROBINDO (ursprünglich vorträge vor kleinen und erwachsenen kindern)

sich rührend, kletternd, von den gesetzen der jeweiligen regionen bewegt. So kommt er ins höhere lebentliche, an die grenze des geistigen.

Aswapati beobachtet nun in lebhafter klarheit, dass all diese welten und wesen und kräfte gleichsam ein brandmal aufgeprägt tragen. Trotz eines innewohnenden aufstiegsdrangs ist der weg nicht gerade, sondern umherirrend und gewunden, mit seitenpfaden und sackgassen. Hier ist eine große verfälschung und verderbtheit der natürlichen bewegungen zur Wahrheit: lüge und trug, anmaßung und verblendung herrschen hier in verschiedenen graden. Aswapati sucht zu erkennen, warum und wozu dies alles so ist. So geht er dahinter, taucht unter und gelangt in eine gegend, die ursprung und basis all des unwissens, all des dunkels und all der falschheit zu sein scheint. Er kommt in das eigentliche herz der Nacht, in den abgrund des bewusstseins. Er trifft da die Mutter des Übels und die Söhne der Finsternis. Er steht vor

> ...*the gate of a false Infinite,*
> *An eternity of disastrous absolutes. (221)*

> ...dem tor eines falschen Unendlichen,
> verheerender unbedingtheiten ewigkeit. (199)

Hier sind die kräfte, die alles niederziehen und ins verderben locken, was des menschen streben und der drang der welt an göttlichen dingen auszudrücken und aufzubauen trachten. Es ist die welt, worin die kräfte des ursprünglichen unbewusstseins ihr primitives spiel treiben. Dunkel sind sie und gefährlich: sie lauern den erdgeschöpfen auf, die sich nicht damit begnügen, untertanen des dunkels zu sein, sondern zum Lichte wollen.

Bedrohlich ist dieser durchgang für den zum himmel strebenden:

> *Where the red Wolf waits by the fordless stream*
> *And Death's black eagles scream to the precipice (230)*

Wo wartet der rote Wolf am furtlosen strom
und am absturz kreischen die schwarzen adler des Tods (207)

Er muss völlig wachsam sein, völlig auf seiner hut, völlig
aufrichtig.

Here must the traveller of the upward Way –
For daring Hell's kingdoms winds the heavenly route –
Pause or pass slowly through that perilous space,
A prayer upon his lips and the great Name. (210)

Hier muss der wanderer auf dem steigenden Weg –
denn Hölle trotzend schlingt sich der himmelspfad –
verweiln oder langsam gehn durch den schlimmen raum,
auf den lippen den großen Namen und ein gebet. (189)

Aber es gibt kein ausweichen. Der göttliche reisende muss durch
dieses gebiet. Denn es liegt auf seinem weg zum ziel. Nicht nur
das, es ist notwendig, durch diese Nacht zu gehen; denn Aswapati

Knew death for a cellar of the house of life,
In destruction felt creation's hasty pace,
Knew loss as the price of a celestial gain
And hell as a short cut to heaven's gates. (231)

erkannte tod als keller des lebenshauses,
spürt' in zerstörung der schöpfung eiligen schritt,
begriff den verlust als preis für höchsten gewinn
und hölle als abkürzung zu des himmels toren. (208)

Aswapati gelangt nun in die höheren, leuchtenden bereiche. Er
betritt gegenden größeren atems und weiterer bewegung – des
höheren lebentlichen und schließlich die noch lichtvolleren des
höheren geistes. Er erreicht die himmel, wo unsterbliche weise
und erhabene götter wohnen. Auch in diesen aber sieht er nur
teilwahrheiten, verschiedene aspekte der Einen Wirklichkeit

Einführung in Sawitri

darüber. So lässt er alles hinter sich und gelangt in die überseiende Wahrheit aller dinge, den unendlichen und ewigen zustand, unwandelbares sein, bewusstsein und seligsein.

A Vastness brooded free from sense of Space,
An Everlastingness cut off from Time... (308)
A stillness absolute, incommunicable... (310)

Weite brütete, frei von Raumessinn,
Dauer, losgelöst von jeglicher Zeit...
Eine stille, unbedingt und unmitteilbar. (278f)

Hier scheint das ende der suche zu sein, und gern bliebe man für immer in jenem zustand

...occult, impenetrable, –
Infinite, eternal, unthinkable, alone. (309)

...okkult und undurchdringlich –
unendlich, ewig, unausdenkbar, allein. (278)

Vielleicht war Aswapati dabei, jener Wonne nachzugeben, doch plötzlich kommt ihm ein zweifel – da ist ein zögern, eine frage, er hört eine stimme:

The ego is dead; we are freed from being and care,
We have done with birth and death and work and fate.
O soul, it is too early to rejoice!
Thou hast reached the boundless silence of the Self,
Thou hast leaped into a glad divine abyss;
But where hast thou thrown self's mission and self's power?
On what dead bank on the Eternal's road? (310)

Das ich ist tot, wir sind frei von sorge und sein,
fertig mit arbeit, schicksal, geburt und tod.
O seele, schon zu frohlocken wäre verfrüht!
Des Selbstes grenzloses schweigen hast du erlangt,

gesprungen bist du in frohe göttliche schlucht;
wohin aber warfst du des Selbstes sendung und macht?
Auf welche böschung an des Ewigen pfad? (279)

Aswapati schwenkt um. Eine neue wahrnehmung, ein neues bewusstsein beginnt sich in ihm zu öffnen. Ein neuer drang bewegt ihn. Er muss eine neue reise antreten, zu neuer suche und errungenschaft. Die welt an und für sich besteht weder als Wahrheit noch als wahn. Sie besteht durch die Mutter der welten und in ihr. Ihr wille ist es, der im dasein herausgearbeitet wird. Die welt drängt nach erfüllung eines sinns, der sich durch irdisches und menschliches leben entfaltet. Das unwissende, unvollständige menschenleben auf erden ist nicht das ganze und nicht das ende des lebens hier. Dies leben muss sich in ein leben voll licht und liebe und freude entfalten, vollkommen hienieden. Natur, wie sie jetzt ist, will umgewandelt werden in eine neue lautere und strahlende stofflichkeit. Aswapati ist erfüllt von diesem neuen drang und inspiriert von dieser neuen schau. Er sieht und versteht nun die wahrheit seines lebens, das zu erreichende ziel, den großen traum, der hier auf erden in und mit der materie wahrgemacht werden muss. Er sieht, wie die Natur sich endlos und unermüdlich vorangeschleppt hat, durch äonen und durch die ewigkeit. Er ist nun fast ungeduldig, die ersehnte vollendung hier und jetzt zu sehen. Die göttliche Stimme zeigt ihm jedoch die weisheit geduldgen wirkens, weiliger eile. Die Stimme ermahnt ihn:

> *I ask thee not to merge thy heart of flame*
> *In the Immobile's wide uncaring bliss...*
> *Thy soul was born to share the laden Force;*
> *Obey thy nature and fulfil thy fate:*
> *Accept the difficulty and godlike toil,*
> *For the slow-paced omniscient purpose live... (335f)*
> *All things shall change in God's transfiguring hour. (341)*

Ich verlange nicht dass du tauchest dein flammenherz
in des Unbewegten weites sorgloses glück...

Einführung in Sawitri

>Deine seele kam mitzutragen die last der Kraft;
>gehorche deiner natur, erfüll dein geschick:
>nimm an die schwierigkeit und gottgleiche müh,
>der allweisen langsam drängenden absicht lebe...
>Gottes verklärnde stunde wird alles wandeln. (301-306)

Aber einmal entfacht, ist die menschliche flamme schwer zurückzudämmen. Sie will ein unmittelbares ergebnis. So ruft Aswapati aus:

>*Heavy and long are the years our labour counts*
>*And still the seals are firm upon man's soul*
>*And weary is the ancient Mother's heart...*
>*Linger not long with thy transmuting hand*
>*Pressed vainly on one golden bar of Time...*
>*Let a great word be spoken from the heights*
>*And one great act unlock the doors of Fate. (345)*

>Schwer und lang sind die jahre unserer fron,
>und noch sind auf menschenseelen die siegel fest,
>und müde ist der uralten Mutter herz...
>Nicht säume mit deiner umgestaltenden hand,
>umsonst auf goldnen riegel der Zeit gelegt...
>Lass hören aus den höhen ein großes wort
>und *eine* großtat öffnen des Schicksals tore. (309f)

Dieser große aufschrei der menschenseele bewegt die Göttliche Mutter; sie erhört die bitte und erquickt die sehnende und dürstende mit ihrem mütterlichen trost:

>*O strong forerunner, I have heard thy cry.*
>*One shall descend and break the iron Law...*
>*A seed shall be sown in death's tremendous hour,*
>*A branch of heaven transplant to human soil;*
>*Nature shall overleap her mortal step;*
>*Fate shall be changed by an unchanging will. (346)*

> O starker vorläufer, ich vernahm deinen ruf.
> Eine wird kommen und brechen das ehrne Gesetz...
> Ein saatkorn wird fallen in Todes furchtbare stunde,
> ein himmelszweig sich verpflanzen auf menschengrund;
> überspringen wird Natur der sterblichen stufe;
> unwandelbarer wille wird Schicksal wandeln. (310f)

Und sie selbst kam auf die erde herab als Aswapatis tochter, um die menschliche arbeit aufzunehmen und das göttliche werk zu vollbringen.

(2)

Die Göttliche Mutter ist auf erden als menschliches geschöpf. Es obliegt ihr, die sterbliche erde in ein unsterbliches paradies zu wandeln. Vorläufig ist die erde ein haufen stofflicher unbewusstheit. Das Höchste Bewusstsein hatte sich als höchstes Unbewusstsein manifestiert. Das Göttliche hatte sich selbst verloren, sozusagen – sich zerstäubt und verstreut. Die aufgabe des eingekörperten Höchsten Bewusstseins ist es, die todverhaftete göttlichkeit wieder zu beleben, das menschliche bewusstsein in seinem irdischen leben aus dem dunkel stofflicher unbewusstheit zu befreien, es wiedereinzusetzen in seinen strahlenden zustand.

Dies ist Sawitris sendung. Zwölf monate sind ihr als vorbereitung zugemessen. Im tiefsten wusste sie von geburt an, was ihr aufgetragen war. Jetzt begegnet sie der krisis, wo alles zum austrag kommen muss, wo der letzte streit ausgefochten wird. Der Tod steht vor ihr. Was ist zu tun? Und wie? Den Tod besiegen, unsterbliches leben auf sterblicher erde begründen. Die göttliche Stimme erschallt:

> *Arise, O soul, and vanquish Time and Death. (474)*

> Steig auf, o seele, besiege Zeit und Tod. (432)

Ja, sie ist bereit, aber nicht für sich selbst, sondern für ihre Liebe, für die seele, die das leben ihres lebens gewesen ist. Sawitri ist

Einführung in Sawitri

das Göttliche Bewusstsein, aber hier im sterblichen leib ist sie ins menschenbewusstsein gekleidet; das menschenbewusstsein ist es, das sie höher und über sich hinausführen soll, und im menschenbewusstsein und durch es muss die göttliche Verwirklichung sich ausdrücken und sich festsetzen. Die menschliche Sawitri erklärt: Wird der tod besiegt, so geschieht das, damit Satjawan ewig bei ihr leben kann. Sie scheint zu sagen: Ich brauche kein irdisches leben ohne ihn; mit ihm aber gehe ich, wenn nötig, lieber in eine andere welt, fern der dunkelheit und wirrsal dieser erde hier.

> *My strength is taken from me and given to Death.*
> *Why should I lift my hands to the shut heavens...*
> *Why should I strive with earth's unyielding laws*
> *Or stave off death's inevitable hour?*
> *This surely is best to pactise with my fate*
> *And follow close behind my lover's steps*
> *And pass through night from twilight to the sun...(474f)*

> Meine kraft ist geraubt mir und gegeben dem Tod.
> Wozu gen verschlossne himmel die arme strecken...
> Was soll gegen starre erdgesetze ich stehn
> oder abwenden Todes unausweichliche stund?
> Am besten füg ich mich wohl in mein geschick
> und folge dicht den schritten meines geliebten
> und steig durch nacht vom zwielicht zur sonne auf...(432f)

Die Stimme von oben jedoch erschüttert Sawitri im tiefsten grund ihres seins.

> *And what shall thy soul say when it wakes and knows*
> *The work was left undone for which it came? (475)*

> Und was wird die seele sagen wenn sie erwacht
> und ungetan das werk sieht wofür sie kam? (433)

So sieht sie sich vor einer krisis, sehr ähnlich jener, der Aswapati die stirn hatte bieten müssen. Beide standen an einem kreuzweg:

entweder fort von der erde in die lauteren seligkeiten der himmel oder inmitten der welt die mühseligkeiten auf dem boden der erde. Sawitris seele wird ihr nun in ihrer ganzen fülle enthüllt. Sie erkennt die gewaltige bestimmung, um deretwillen sie gekommen ist, und das große werk, das sie hier auf erden zu vollbringen hat – keine persönliche oder individuelle befriedigung oder errungenschaft, sondern eine kosmische erfüllung, eine globale menschliche verwirklichung. Die gottheit in Sawitri ist jetzt voll erwacht, in ihrer gänze eingesetzt – das göttliche vom menschlichen eingekörpert. All die gottheiten, all die göttin-emanationen treten in sie ein und gestalten die gesamtheit ihrer machtvollen größe. Hier beginnt der zweite teil ihrer sendung; ihre arbeit und vollbringung, die überwindung des todes. Einzig das göttliche menschenwesen kann den tod bezwingen. Schritt um schritt folgt Sawitri dem Tod, stufenweise sein mysterium enthüllend, seine persönlichkeit und seine wahre sendung, obwohl der dunkle Gott wähnt, er sei es, der Satjawan und Sawitri mit sich nehme in seine eigene heimat, seine schwarze auslöschung. Denn das ist der Tod seinem ersten anschein nach: äußerste zerstörung, nichtsheit. So erklärt die mächtige Gottheit dem sterblichen weib Sawitri gebieterischen tons:

> *This is my silent dark immensity,*
> *This is the home of everlasting Night,*
> *This is the secrecy of Nothingness*
> *Entombing the vanity of life's desires...*
> *Hopest thou still always to last and love? (586)*

> Dies ist meine dunkle unermesslichkeit,
> dies ist die heimat immerwährender nacht,
> dies ist die schweigende heimlichkeit des Nichts,
> das die eitelkeit der lebensbegierden begräbt...
> Hoffst ewig zu dauern und zu lieben du noch? (532)

Tatsächlich ist der Tod nicht einfach die zerstörung des leibes, er ist in wirklichkeit nichtsheit, nichtsein. Im augenblick, wo sein, dasein, wirklichkeit sich offenbarte, als materielles faktum sich festsetzte, kam zugleich und stellte sich entgegen das entsprechende nicht-sein, nicht-dasein, nicht-wirklichsein; einem immerwährenden Ja stand ein immerwährendes Nein gegenüber. Aber Sawitris schau dringt über alles hinaus, was der Tod im stofflichen leben bedeutet, und sie sieht, der Tod ist ein mittel, das ziel schneller und vollständiger zu erreichen. Die verneinung ist ein scheinbares hindernis, das den vorgang der neugestaltung, neuschöpfung der welt und der menschheit steigert, läutert und beschleunigt. Diese schreckliche Gottheit verfolgt das menschliche streben bis ans ende – bis sie nichts mehr zu tun findet; dann ist ihre sendung erfüllt.* So dringt ein letzter ruf, der schrei verzweifelten sterbenden Todes, durch das weltall und wirft Sawitri seine letzte herausforderung zu:

O human claimant to immortality,
Reveal thy power, lay bare thy spirit's force,
Then will I give back to thee Satyavan.
Or if the Mighty Mother is with thee,
Show me her face that I may worship her;
Let deathless eyes look into the eyes of death... (664)

O menschliche anwärterin auf unsterblichkeit,
enthüll deine macht, leg bloß deines spirtes kraft,
dann will ich dir zurückgeben Satjawan.
Oder wenn die mächtige Mutter bei dir ist,
zeig mir ihr antlitz dass ich sie anbeten mag,
lass todlose augen blicken in Todes augen... (602f)

---

*Wir werden hier an Goethes auffassung der rolle Luzifers (des negativen Prinzips) erinnert. Er ist nicht nur ein zerstörender teufel, sondern auch ein weiterhelfender engel. Denn er ist
    ...ein Teil von jener Kraft,
    die stets das Böse will und stets das Gute schafft. (FAUST 1335).
Und in *Prolog im Himmel* (340-344) spricht der Herr:
    Des Menschen Tätigkeit kann allzu leicht erschlaffen,
    Er liebt sich bald die unbedingte Ruh;
    Drum geb' ich gern ihm den Gesellen zu,
    Der reizt und wirkt und muss als Teufel schaffen.

Des Todes begehren, seine bitte wird erfüllt. Er sieht sich Sawitri gegenüber, aber was für einer Sawitri? Wessen stimme ist dies?

> *I hail thee, almighty and victorious Death,*
> *Thou grandiose Darkness of the Infinite...*
> *I have given thee thy awful shape of dread*
> *And thy sharp sword of terror and grief and pain*
> *To force the soul of man to struggle for light... (666)*

> Ich grüße dich, allmächtger siegreicher Tod,
> du großartge Finsternis der Unendlichkeit...
> Ich gab dir deine grause unheilsgestalt
> und dein scharfes schreckens-, leidens- und schmerzesschwert
> zu zwingen des menschen seele, um licht zu ringen... (604)

Was dann geschieht, ist etwas seltsames, ungeheures und wunderbares. Licht blitzt ringsumher, eine lohende feuerzunge breitet sich aus, und die dunkle form des Todes verbrennt nicht zu asche, sondern in leuchtende helle. So findet der Tod seinen tod – tod nicht eigentlich, sondern eine neue daseinsform. Er geht wieder ein in seine Urwirklichkeit, eine ausstrahlung der Göttlichen Mutter.

> *A secret splendour rose revealed to sight*
> *Where once the vast embodied Void had stood.*
> *Night the dim mask had grown a wonderful face. (679)*

> **Geheime herrlichkeit erschloss sich der schau**
> **wo gestanden das weit verkörperte Leer. Die nächtge**
> **maske war worden ein wundervolles gesicht. (616)**

In jenem bereich lauteren überseienden Lichtes stehen sich Sawitri und der umgewandelte Satjawan aug in in auge gegenüber.

Einführung in Sawitri

(3)

Sawitri befindet sich in todloser welt, wo es nur makellose schönheit, reine wonne und unermessliche, gesammelte stärke gibt. Sawitri hört die melodische stimme des Göttlichen: Du hast nun der erde elend und unmögliche bedingungen hinter dir gelassen, hast das gebiet unvermischter glückseligkeit erreicht und brauchst nicht ins alte stürmische leben zurückzukehren: bleibt beide hier und genießt ewige freude. Aber fest und unbewegt erwidert Sawitri:

> I climb not to thy everlasting Day,
> Even as I have shunned thy eternal Night...
> Earth is the chosen place of mightiest souls;
> Earth is the heroic spirit's battlefield...
> Thy servitudes on earth are greater, King,
> Than all the glorious liberties of heaven. (686)

> Ich steig nicht in deinen immerwährenden Tag,
> so wie ich gemieden auch deine ewige Nacht...
> Die erde ist mächtigster seelen erwählter platz,
> die erde ist heldischen spirtes schlachtenfeld...
> Deine dienstbarkeiten auf erden, O König, sind
> größer als himmels glorreiche freiheiten all. (622)

Und noch einmal muss Sawitri wählen, ebenso wie Aswapati einst, zwischen zwei bestimmungen, zwei seelenhaltungen – obwohl die wahl irgendwo schon getroffen ist, bevor sie geboten wird. Aswapati hatte, wie wir bereits wissen, den schweigenden, unwandelbaren, überseienden zustand reinen lichts zu verlassen, um in diesem niederen erdenlicht zu baden. Auch Sawitri als inbegriff des menschenbewusstseins trifft ihre wahl und wendet sich diesem licht der erde zu.

Der rischi einer Upanischad erklärte: Wer nur dem Unwissen huldigt, betritt die finsternis; wer aber einzig dem wissen huldigt, betritt noch dunklere finsternis. Diese welt absoluten Lichtes, die Sawitri ›immerwährenden Tag‹ nennt, ist jene, die der rischi als das goldene lid auf dem antlitz der Sonne sieht und beschreibt. Die Sonne ist das volle, ganzheitliche licht der Wahrheit. Die goldene decke muss entfernt werden, wenn man die Sonne selber sehen will – wer das ganzheitliche leben leben will, muss die ganzheitliche wahrheit besitzen.

So kommt Sawitri wieder auf die erde herab, und auf ihrem boden spricht sie zu Satjawan, ihn gleichsam dafür tröstend, dass sie ihre gemeinsame himmelsheimat verlassen haben, um unter sterblichen menschen zu wohnen:

> Heaven's touch fulfils but cancels not our earth...
> Still am I she who came to thee mid the murmur
> Of sunlit leaves upon this forest verge...
> All that I was before, I am to thee still... (719)

> Der Himmel erfüllt die erde, hebt sie nicht auf...
> Ich bin noch die zu dir kam inmitten des rauschens
> sonnbeschienener blätter am waldesrand...
> Was vorher ich war, das bin ich dir alles noch... (653)

Satjawans gedanken und gefühl ausdruck verleihend, ist es, als äußerte die ganze menschheit, die ganze schöpfung voller freude und dankbarkeit dies *mantra* der huldigung:

> If this is she of whom the world has heard,
> Wonder no more at any happy change. (723)

> Wenn sie es ist von welcher die welt gehört,
> so staunt über keinen glücklichen wechsel mehr! (656)

(4)

Die ablehnung der Göttlichen Gnade durch den menschen* ist in SAWITRI sehr anschaulich in dramatischer form gestaltet. Diese ablehnung kommt nacheinander von den drei bestandteilen des menschenwesens. Zuallererst ist der mensch ein stoffliches, leibliches geschöpf. Als solches ist er ein wesen in unwissenheit

---
*Siehe dazu des autors (N.K. Gupta) büchlein SÜSSE MUTTER, s. 3

und not, mit roher blindheit geschlagen. Er weiß nicht, dass es etwas anderes gibt als seinen gegenwärtigen zustand voll unglück und finstern geschicks. Er lebt mit einem erdbewusstsein, bewegt sich hilflos durch wechselfälle, über die er keine gewalt hat. Trotzdem ist auch das stoffliche leben nicht einfach ein verächtliches vegetieren; hinter seinem dunkel, hinter seiner traurigkeit, hinter all seinen schwächen steht die Göttliche Mutter, stützt und hält es und erfüllt es mit ihrer anmut und schönheit. Ja, sie ist eins mit dieser leidenswelt, ist tatsächlich diese selber in unendlicher erbarmung und liebe, auf dass dieser ihr stofflicher leib sich seiner göttlichen substanz bewusst werden und ihre wahre gestalt offenbaren möge. Das menschenwesen jedoch, vereinzelt und gesondert im ichhaften bewusstsein, hat den sinn seiner inneren wirklichkeit verloren und ist dafür umso lauter, was die äußere formulierung betrifft. Es ist darum für den physischen menschen nur natürlich, die physische Gottheit in ihm abzulehnen und zu verneinen; er verflucht sie sogar und will so bleiben, wie er ist. Er schreit daher in seinem unwissen und in seiner angst:

> *I am the Man of Sorrows, I am he*
> *Who is nailed on the wide cross of the universe...*
> *I toil like the animal, like the animal die.*
> *I am man the rebel, man the helpless serf...*
> *I know my fate will ever be the same,*
> *It is my nature's work that cannot change...*
> *I was made for evil, evil is my lot;*
> *Evil I must be and by evil live;*
> *Naught other can I do but be myself;*
> *What Nature made me, that I must remain. (505ff)*

Ich bin der Mann der Schmerzen, ich bin er
der ans weite kreuz des weltalls genagelt ist...
ich schufte dem tier gleich und verreck wie das tier.
Ich bin mensch der empörer, mensch der hilflose knecht...
Ich weiß, mein schicksal wird stets dasselbe sein,
ich kann nicht ändern das wirken meiner natur...
geschaffen fürs böse, ist das böse mein los;

böse muss ich sein und vom bösen leben,
nichts andres kann ich tun als ich selber sein;
bleiben muss ich wozu Natur mich gemacht. (459ff)

Die Göttliche Glorie offenbart sich für einen augenblick im erdbewusstsein; doch der mensch lehnt es ab, sich aus seinem pfuhl heraushelfen zu lassen; die Gnade zieht sich zurück, aber in ihrem Höchsten Bewusstsein der einheit und liebe tröstet sie die gefallene kreatur und gibt das versprechen:

> *One day I will return, a bringer of strength...*
> *Misery shall pass abolished from the earth;*
> *The world shall be freed from the anger of the Beast... (507)*

> Eines tages kehr ich zurück, eine kraftbringerin...
> elend wird weichen, abgeschafft von der erde,
> die welt befreit sein von der Bestie wut... (461)

Der grundlegende zustand, das fundament des menschen, ja der schöpfung, ist die erde, die stoffliche organisation. Nach dem leib kommt als nächstes das leben und die Lebenskraft. Hier erlangt der mensch ein weiteres, dynamisches wesen der energie und schöpferischen tätigkeit. Auch auf dieser stufe ist, was der mensch darstellt und erreicht, nur eine spiegelung, ein schatten, meist aber ein missgestaltetes abbild der göttlichen wirklichkeit, die sich dahinter verbirgt und dennoch halb enthüllt. Diese gottheit ist die Machtform der Mutter. Dank dieser verwirklichungskraft

> *Slowly the light grows greater in the East,*
> *Slowly the world progresses on God's road.*
> *His seal is on my task, it cannot fail;*
> *I shall hear the silver swing of heaven's gates*
> *When God comes out to meet the soul of the world (510)*

Langsam wächst im Osten das licht herauf,
langsam schreitet auf Gottes straße die welt.
Meine arbeit trägt sein siegel, sie geht nicht fehl:

Einführung in Sawitri

ich werd silbrig aufschwingen hören das himmelstor
wenn Gott heraustritt und trifft die seele der welt. (463)

Der mensch in der stärke seiner unwissenheit und anmaßung aber erkennt die göttin nicht. Er wähnt, sein eigener wille bringe alles zustande. Mächtige vitale selbstherrlichkeit verdunkelt sein bewusstsein, und er sieht und versteht nichts, was darüber hinausgeht. Das ist der Rakschasa, der Asura im menschen. Dies ist seine lebensphilosophie:

> *I climb, a claimant to the throne of heaven.*
> *The last-born of the earth, I stand the first...*
> *Immortal spirit in the perishing clay,*
> *I am God still unevolved in human form;*
> *Even if he is not, he becomes in me...*
> *No magic can surpass my magic's skill.*
> *There is no miracle I shall not achieve. (511f)*

Ich klimm empor und fordre des himmels tron.
Der erde letztgeborner, steh ich zuvorderst...
Im vergänglichen lehm bin ich unsterblicher spirt,
noch unentfalteter Gott in menschenform;
auch wenn er nicht ist, wird jedenfalls er in mir...
kein zauber übertrifft meiner kunst magie.
Kein wunder gibts das ich nicht vollbringen werd. (464f)

Die göttin aber verheißt ihre rückkehr, und

> *The cry of the ego shall be hushed within,*
> *Its lion-roar that claims the world as food,*
> *All shall be might and bliss and happy force. (514)*

Zum schweigen kommt dann innen des ego schrei,
sein löwengebrüll das heischt als futter die welt,
und alles wird macht und wonne und glückskraft sein. (467)

Wenn der mensch zum geist aufsteigt, erreicht er sein eigentliches menschentum. Er empfängt ein licht der erkenntnis, ein weiteres und tieferes bewusstsein, er enthüllt die geheimnisse der Natur, bringt unerschlossene kräfte ins spiel. Dies alles ist möglich, weil die Mutter des Lichts, die dahinter ist, nach vorne kommt, um etwas von ihrer leuchtenden gegenwart zu verbreiten. Doch der mensch hat keine ahnung davon; sein eigenes licht ist ein schleier vor dem inneren göttlichen licht. Es ist dem menschengeist nicht möglich, das höhere licht zu erfassen: sein bewusstsein, sein wissen ist zu eng, zu oberflächlich, zu stumpf, um zu begreifen was darüber ist. Das Göttliche Licht ist auch ein ding der wonne, das ihm eigene bewusstsein auch der kern von freude und glückseligkeit. Das alles aber ist für menschliche erkenntnis ›okkult‹. Der mensch betrachtet Wahrheit als sein eigentum; was da auch immer an wahrheit vorhanden ist, das kann sein verstand ergreifen und verwenden. Wovon andere sprechen, spirtliche wirklichkeiten, überseiende wahrheit, ist wahn und einbildung. So erklärt er in seinem stolz:

> *I have seized the cosmic energies for my use.*
> *I have pored on her infinitesimal elements*
> *And her invisible atoms have unmasked...*
> *If God is at work his secrets I have found. (519)*

> Ich nahm die allenergien mir zum gebrauch.
> Ich habe gebrütet über dem winzigsten
> und habe die unsichtbarn atome entlarvt...
> Ist Gott am werk, fand seine geheimnisse ich. (471)

Doch diese vordergründige überheblichkeit ist hohl: denn trotz all seinem wissen ist schlussendlich keine gewissheit erlangt. Es gibt etwas dahinter, und die ganze prahlerei hat etwas hilfloses an sich, manchmal fast kindlich bemitleidenswertes; denn zuletzt finder er

> *All is a speculation or a dream.*
> *In the end the world itself becomes a doubt. (519)*

Einführung in Sawitri

Nur spekulation ist alles oder traum.
Zum zweifel wird am ende sogar die welt. (471f)

Zwar hat ihm sein forschender blick aufs weltall, auf die unerschöpfliche mannigfalt der Natur einen begriff vom endlosen und unendlichen gegeben; doch fehlt ihm das nötige licht und vermögen, jenen richtlinien zu folgen, im gegenteil: etwas in ihm schreckt bei der berührung solcher weite zurück; sein kleines menschentum macht ihn verzweifelt erdverhaftet, sein streben folgt den wegen des geringsten widerstands:

> *Our smallness saves us from the Infinite.*
> *In a frozen grandeur lone and desolate*
> *Call me not to die the great eternal death...*
> *Human I am, human let me remain*
> *Till in the Inconscient I fall dumb and sleep.* (520)

> Unsre kleinheit schützt uns vor dem Unendlichen.
> Nicht ruf mich zu sterben den großen ewigen tod
> in kalter größe, verlassen und allein...
> Menschlich bin ich und menschlich lass mich bleiben
> bis ich im Unbewussten verstummt entschlaf. (472)

So wird auch die Mutter des Lichts abgelehnt. Sie klagt nicht; ruhig schenkt sie trost und hoffnung:

> *One day I shall return, His hands in mine,*
> *And thou shalt see the face of the Absolute.*
> *Then shall the holy marriage be achieved,*
> *Then shall the divine family be born.*
> *There shall be light and peace in all the worlds.* (521)

> Eines tages kehr ich zurück, Seine hand in meiner,
> und du wirst des Unbedingten angesicht schaun.
> Dann wird der heilige bund geschlossen werden,
> dann wird die göttliche familie erstehn.
> In allen welten wird licht und friede sein. (475)

Der unbewussten und unwissenden menschennatur stellt Sawitri, die bevollmächtigte des Göttlichen, die kräfte und persönlichkeiten vor, die hinter des menschen jetzigen unzulänglichkeiten gegenwärtig sind, diesen vor dem dasein verstreut herumliegenden zerbrochenen bildern wahrer wirklichkeiten. Der mensch wird nach und nach bewusstgemacht, gerade durch solche beziehungen hin und wieder. Das Wedische bild ist das einer ewigen aufeinanderfolge von morgenröten, deren anfang und ende keiner kennt: dass die schöpfung von licht zu licht schreitet, von bewusstsein zu höheren bereichen des bewusstseins. Vom stofflichen durch das lebentliche und geistige dasein erlangt er das spirtliche und zuletzt das Göttliche Leben. Vom tierhaften steigt er zum menschentum und schließlich zum gottestum.

Hierfür kommen mittler in den krisenzeiten, den zeiten des übergangs. Die fülle der verwirklichung hängt ab von der fülle der verkörperung. Das Böse im leiblichen, das Böse im lebentlichen, das Böse im geiste sind, wie giftig und unversöhnlich auch immer, doch nur untergeordnete gewalten, denn sie dienen einem mächtigeren herrn. Die erste, die Ursünde ist Tod, der Gott der Verneinung, des Nichtseins. Das ist der eigentliche quell – *fons et origo* – allen unglücks, allen schicksals, das erdenleben mit sich bringt. Dieser Dämon, dieses Widergöttliche muss aufgespürt und zerstört oder in seinen ursprung aufgelöst werden. Darum verfolgt Sawitri den Tod bis zu seinem ende. Die leuchtende Kraft des Höchsten tritt seinem eigenen Schatten entgegen und lässt ihn in helligkeit aufgehn. Das flammende Licht brennt sich in den stoff der Finsternis und macht daraus seine eigene verklärte substanz. Das also ist das geschenk, das Sawitri dem menschen bringt, des Göttlichen eigene unsterblichkeit.

Angesichts des bedürfnisses der zeit ist für die entscheidende, kritische und in gewissem sinne endgültige erfüllung des evolutionären drangs der Natur das Göttliche selbst in seiner ganzen fülle herabgekommen; denn einzig so kann die erde grundlegend verändert und völlig umgewandelt werden.

Jesse Roarke*

Sawitri ist das epos der Göttlichen Schakti, der Mutter, die herniederkommt auf den ruf der nach göttlichkeit strebenden erdnatur. Es ist die geburt der menschenseele und das wachsen des menschenwesens zum wissen und zur erlösung seiner ganzen natur durch das wirken und die göttliche Liebe der Mutter; es ist die herabkunft des Lichts in die unteren bezirke, das bewältigen und ausräumen des unbewussten und der finsternis, und die auflösung des Todes im nie endenden göttlichen Leben: die bereitung der erde zu einem entwicklungsfeld im Wissen, statt wie bisher in der Unwissenheit. Es ist gleichnis und sinnbild, ausdruck und schilderung der arbeit des Awatars: die herabkunft entspricht darin dem aufstieg, größeres spirtliches wissen bringt ein größeres ringen mit dem ungöttlichen, größeres licht eine größere finsternis, und größere seligkeit einen größeren schmerz – bis zum entscheidenden sieg.

I. Die Verheißung

Das gedicht beginnt mit der gewaltigen zeile

It was the hour before the Gods awake. (1)

Die stunde vorm erwachen der Götter wars. (1)

Hier ist zugleich das vergangene, das immer gegenwärtige und das niemals endende, das gleichnis und die lebende wirklichkeit: die nacht und das erwachen, das immer wiederkehrt, wenn die natur bereit ist. Die physische morgenröte selbst ist ein symbol des göttlichen morgens im bewusstsein; entdeckung und aufbau der eigenen natur in ihrer fülle ist die schöpfung der welt. Die erde rollt verlassen, aber nicht für immer; denn die götter erwachen. Man wird wirklich erweckt, das alte schlafwandeln nimmt ein ende. Die hülle der nacht fällt ab, der leib der göttlichkeit enthüllt sich.

AUS: SRI AUROBINDO, 1973

Die erde trat frisch in den morgen, und auch Sawitri erwachte in jenen fernen und jetzt immergegenwärtigen tagen. Sie ist die tochter des königs Aswapati, und im garten seines reichs die holdeste blume. In sterbliches dasein hat sie gewilligt, doch ihre göttlichkeit nicht vergessen, und andere gewahren beinah

> The white-fire dragon bird of endless bliss
> Drifting with burning wings above her days. *(16)*

weißfeuriger drachenvogel endloser lust,
über ihren tagen schwebende fittiche. (15)

Ihr wesen aber ist noch nicht völlig offenbart, und sie kennt sich nicht ganz, weil sie gekommen ist, unter den herrschenden bedingungen der welt zu wirken: die schwierigkeit und den schmerz zu teilen, die sehnsucht und das streben anzuführen und zu stützen bis zum entscheidenden, siegreichen austrag. Erst nach und nach heben sich die schleier, und doch empfängt sie beständig winke und eingebungen, und zutiefst in ihr wohnt unerschöpfliche gewissheit und unerschütterlicher friede. Sie hat die kraft, die menschliche bürde von gattentod und trennung zu tragen, dass sie siege und die grundvoraussetzungen des lebens ändere. So steht sie jetzt in der morgenröte jenes tages, wo nach nur einem jahr vermählten lebens ihr Satjawan sterben muss. Er kennt sein schicksal nicht, wohl aber sie, und während des gemeinsamen lebens hat sie sich stark gemacht und vertieft, dem ereignis zu begegnen – das verhängnis und den tod, »der vom menschen lebt«, zu überwinden.

Sie ist zur erde gerufen worden durch deren bereitschaft im wesen von Aswapati selbst: er ist ein unvergleichlicher jogi, der repräsentant der menschheit und insgeheim ihr führer. Er ist der brennpunkt von »der welt verlangen«, das »ihre geburt erwirkt« hat. Er hat gelernt, der innere zeuge nicht nur, sondern auch der meister und veränderer zu sein. Den ich-sinn hat er überwunden und sein wahres Selbst verwirklicht; ihm eignet das spirtliche bewusstsein, individuell, universal und transzendent, gleichermaßen im vollkommenen frieden wie im unermüdlichen und

Einführung in Sawitri 215

sicheren dynamismus, der wahrhaft handelt und unumschränkt; die ebenen spirtlichen geistes hat er erstiegen und jenseits den Übergeist geschaut. In seiner einzigen person erhebt er die rasse, zieht die verwandelnden energien herbei, wirkt mit einer Kraft, die keiner kennt. In ihm haben der ruf und das bedürfnis der erde Göttlichkeit erklommen und sie herniedergebracht.

So weit zu gehn, so viel zu vollbringen ist nicht nur eine sache rascher entrückung aus der welt hinaus, einer trance des geistes. Wiederholt steigt er empor und nieder, jedesmal mit größerer und vollerer errungenschaft, denn es gilt die erde zu erlösen. Schließlich

> *Admitted through a curtain of bright mind*
> *That hangs between our thought and absolute sight,*
> *He found the occult cave, the mystic door*
> *Near to the well of vision in the soul,*
> *And entered where the Wings of Glory brood*
> *In the sunlit space where all is for ever known. (74)*

> *Gelassen durch einen vorhang aus hellem geist*
> *der zwischen unserm denken und reiner sicht,*
> *fand er die okkulte höhle, das mystische tor*
> *nahe dem quell der schauung in der seele*
> *und trat dort ein wo die Schwingen der Glorie schweben*
> *im schweigenden raum wo alles ewig bekannt. (66)*

Er betritt das unbedingte Wissen und die Wahrheit, wo alles, was die hohen götter gelernt, bereits selbsterkannt ist; dort sieht er die weiten gebiete, die sich noch höher oben erstrecken und erblickt die lautere Gottheit. Er erkennt, wie die vielen daseinsebenen sich ausbreiten und wie sie im göttlichen mittelpunkt zusammentreffen; er erkennt, wie die schöpfung gebildet wird von einer abgeordneten kraft, dem spirtlichen geist – was etwas sehr großes ist, aber nicht ausreicht, die welt wahrhaft zu einen und zu vergöttlichen.

Auf seiner suche nach der Göttlichen Mutter durchreist und erfährt er die mannigfaltigen welten und ebenen ihrer offenbarung, all die ausgedehnten daseinsbereiche, die dem gewöhnlichen bewusstsein noch verschlossen sind, unterschwellig, hinter und über der schwelle. (Die bis ins einzelne gehende schilderung dieser reise, Buch II, ist mit über 6000 zeilen der längste teil des gedichts; doch gemessen am behandelten thema ist sie nicht lang, vielmehr äußerst knapp.) Er ersteigt die weltentreppe; vom schönen und selbstgenügsamen, doch engen feinstofflichen kommt er in die lebentlichen welten, ihre kleinheit und ihre weite, ihre mischung von licht und dunkel, schmerz und vergnügen, hass und zwist und ungestüm und harmonie, liebe und freude; er sieht die streiter des Wissens, des Guten und des Lichtes gegen jene des Unwissens, des Bösen und der Finsternis kämpfen; er fühlt den wechselseitigen austausch der lebenskraft, doch ohne das spirtliche einssein. Von dem kleineren leben, geringeren spirtlichen einfluss, verdrehung und abkehr geht er zum größeren leben und in den bereich von nie ganz verwirklichten träumen, und er wird sich beinah selbst zum rätsel in der strahlenden, doch verwirrten welt einer »Sphinx, die schaut zu verborgner Sonne empor«. Alles ist magisch, kryptisch, veränderlich; endloses begehren gibt es ohne befriedigung, doch freude des verlangens und strebens. Vergessen herrscht, jedoch nicht völliges, des göttlichen ziels. Er wird des unaufhörlichen wechsels müde, der unbeständigen, schönen, aber sinnleeren neuheit, des spiels von gegensätzen, der drehung des rades ohne ergebnis, ohne sichere wahrheit; er möchte herauskommen, findet aber keinen weg. Er sucht die ursache des versagens dieser lebentlichen welt; so muss er abwärts gehen: langsam steigt er nieder in die unheilvollen drachenwindungen der untergründe, dauernd bedroht von allem, was das Göttliche und das, was großherzig und weit ist, befeindet. Er gelangt in die eigentliche festung von Unwissen, ichsucht, trägheit und hass, erlebt den verderblichen griff des unterbewussten, gestützt auf Unbewusstheit und zutiefst auf das Vorbewusstsein; er befindet sich in der urverneinung von allem, der völligen und letzten Finsternis, im bereich des Todes, am ort unerbittlicher niedertracht, verräterei und äußerster gefahr, in der Hölle, die durchqueren und überwinden muss, wer die welt erheben will. Er kommt ans tatsäch-

liche ende, den leibhaften tiefpunkt – wobei ihn einzig das
göttliche feuer im herzen rettet und trägt; da zuunterst verborgen
erkennt er die Gottheit, die von dort aus geduldig ihren äonischen
plan entfaltet; dann stößt er durch in das licht. Er befindet sich
jetzt im paradies der lebensgötter, wo alles glückseligkeit und
schönheit ist, und ein tropfen vom ewigen schenkt ihm das
entzücken jener götter und läutert und stärkt ihn. Dann steigt er
höher auf dem schlangenförmig gewundenen pfad; er kommt in
die reiche des kleinen geistes: der mechanischen und physischen
mentalität, erdverhaftet, eng, gewohnheitsmäßig und ängstlich,
zweckgebunden und schwerfällig; dann die anfänge der vorstellungskraft und des eigentlichen wissbegierigen geistes. Er erkennt
den lebentlichen geist, unbeständig, doch betriebsam, feurig und
ungestüm, bis zu einem gewissen grad intuitiv und schöpferisch,
aber im dienst der begierdenatur. Vernunft, die größte der
geringeren mächte, erkennt er, die unduldsam ist gegen alles
außer sich selbst und ihre besonderen bestimmungen, alles zu
reduzieren suchend auf ihre regel, ihr richtmaß und ihre starre
norm. Sie ist von grund auf unwissend, sucht jedoch allem
gesetze aufzuerlegen; ohne ende tüftelt sie theodizeen, philosophien und ›wissenschaften‹ aus. Ihre zweifel sind ebenso vielfältig und endlos wie ihre gedanken; ihr wissen hat »millionen
gesichter«, und jedes trägt »eines zweifels hut«. Nichts erscheint
ihr als sicher – kann es naturgemäß auch gar nicht. Auf diese
niedrigen mächte blickt ein reiner Gedankengeist herab, ist aber
vom leben geschieden und unvermögend zu handeln. Über diesen
steigt er hinaus in den größeren Geist, der zunehmend stärker
wird und einfluss hat auf die unteren dinge, kraft, sie zu ändern –
doch trennt er des Spirtes einheit, schafft eine ordnung, die nur
eine abstraktion der wahrheit ist, ohne leben und ohne fülle,
erhascht myriaden kleine, stückhafte herrlichkeiten und versucht,
jede zum einzigen, vollständigen, höchsten Licht zu machen.
Bestenfalls schafft er endliche bilder einer Wahrheit, die unendlich bleibt. Weiter geht er, in die himmel des urbildlichen
Geistes: auf der einen seite die seelenreiche der todlosen Rose,
nie welkender sehnsucht, glut, süße und schönheit, die des leibes,
lebens und geistes natur stützen, auf der andern seite die reiche

der todlosen Flamme, die durch den verspirtlichten geist zum Unbedingten steigt. Er verlässt die himmel großer Ideen, doch nur teilweisen lichts und betritt das eigentliche Selbst des Geistes, das weit, entlegen, gleichmütig in einem seiner winkel das gesamte leben hält: der grund allen denkens ist es, der Zeuge und nicht der Täter. Doch immer noch wird nichts wirklich gewusst. Es hat keinen ausblick in ein Übersein, und es sieht die ganze schöpfung nur als sinnlosen aufzug im leeren, letztlich nichtig. Hier kann er nicht bleiben, und von einem rosigen feuer geführt taucht er tief in die Seele der welt. Liebe und wonne ist alles hier, süße über süße; allerorten ist harmonie und göttliche innigkeit. Da gibt es ein reich, wo die sich entfaltenden wesen weilen zwischen ihren erdenleben, ruhend, entrückt wartend, sich bereitend. Und weiter geht er, einen pfad lauteren lichts entlang auf den Ursprung zu, und er sieht die Zwei-in-Einem und das Eine darüber: er ruft die Mutter und erhält antwort, blickt in ihre augen – und wirft sich ihr zu füßen, ohnmächtig hingestreckt.

Er wacht auf und steht in diamantener klarheit von licht und ewiger schau, oberhalb der schöpfung und wo sie beginnt. Er gewahrt die ganze offenbarung und ist über ihr: alles kennt er außer dem allerletzten Mysterium. Er kann nun den Obergeist in seiner gänze übersehen und die wonnen der Überseele ertragen, die untere hemisfäre der oberen verbinden und mit seinem willen die zügel kosmischer Kraft ergreifen: denn sein wille ist spirtlich, ist jenseits von ichhaftigkeit, erfüllt von Weisheit und stark im ertragen und vollbringen. Alles aufgebend und über alles hinaussteigend in seiner schieren Selbst-entdeckung wird er alles gewinnen für die welt; nicht wird er verzückt im Alleinen, Unmitteilbaren bleiben. Die Göttliche Mutter sucht er und ihr gnadengeschenk für die schöpfung. Sein ruf und seine sendung ist Liebe, Leben und das Wort. In die flamme der Mutter wird er genomen; ihr überantwortet er sich ganz und gar, die allein die welt zu wandeln und eine neue schöpfung zu offenbaren vermag; jetzt steht er vor seiner schwierigsten aufgabe, und die alte natur kehrt wieder und sucht ihn unter ihrem einfluss zu halten und nachsicht zu gewinnen für all ihre gewohnten weisen. Jetzt gilt es, völlig und endgültig alles in seiner natur zu entdecken und zu

Einführung in Sawitri

vertreiben, was das Göttliche verrät, auch den kleinsten fleck, die geringste verdrehung und öffnung. Schließlich reißt er begierde »samt den blutenden wurzeln« aus und bietet »den Göttern dar den leeren platz«. Da strömt seine seele nach vorn wie ein großes meer, geeint mit den spirtlichen höhen; nun ist alles errungene gesichert, auf dem weg zur gesamten vollkommenheit. Seine ganze natur wird in ihre wahrheit befreit. Dann kam die Göttliche Mutter und nahm ihn in besitz, und bis in die zellen seines fleisches gab sein wesen auf ihre glorie bebende antwort. Sie sprach zu ihm und riet, sich mit dem erreichten zu begnügen und auf seine weise für die erde und die menschheit zu wirken, die für die göttliche ankunft noch nicht bereit sei. Aber er beharrt: in ihm lebt die schau einer göttlichen rasse, größer als die menschheit, und er ersucht die Mutter, sich selbst in sterblicher form zu verkörpern und schicksal und zeit zu ändern. Sie willigt ein:

O strong forerunner, I have heard thy cry.
One shall descend and break the iron Law,
Change Nature's doom by the lone spirit's power. (346)

O starker vorläufer, ich vernahm deinen ruf.
Eine wird kommen und brechen das ehrne Gesetz,
der Natur verhängnis wandeln durch spirtes kraft. (310)

Sie zog sich zurück, und er kehrte wieder in seinen leib; abermals schritt er auf sterblicher erde. Die Mutter sandte dann ihre emanation, verkörpert in seiner eigenen tochter, Sawitri. Jetzt tritt sie ihrem verhängnis entgegen, an dem tage, wo Satjawan, die verheißung der menschheit, sterben muss.

II. Die Verweigerung

Ihn hat sie gefunden, der fähig ist, ihr leben zu teilen, und er darf nicht sterben: die menschheit darf nicht dem tod unterworfen und von göttlichkeit abgetrennt bleiben. Sie muss sich in ihrer hoheit dem Licht vermählen, muss wachsen in ihrer freiheit und unsterblichkeit. Der weise Narad, herabgestiegen aus seiner heimischen sfäre, hat Sawitri und ihren eltern das verhängnis vorausgesagt, den tod von Satjawan nach einem jahr: sie hat es angenommen und sich darauf gefasst gemacht. Ihr geschick, ihre aufgabe hat sie gesehn, und sie ist erstarkt in der schau: sie wird noch stärker werden in dem jahr der liebe. Ihre mutter aber, die königin, ist erschüttert; obwohl selbst eine frau von ungewöhnlichem rang, ist dieser schlag, der ihre tochter trifft, zu viel für sie; sie lässt sich zur üblichen menschenweise herab, klagt, verliert den glauben, findet das dasein hoffnungslos zerbrochen. Sie begehrt auf gegen leid und übel und tod, als wären deswegen ewigkeit und unsterblichkeit bloß eitle träume. Weder den schmerz noch die aussicht, ihn zu überwinden, kann sie annehmen; sie ist im »problem des bösen« verfangen, das Gott auf menschliche begriffe reduzieren möchte. Narad erklärt die rolle des leids in der entwicklung, des sporns, ohne den die menschen sich nicht regen, nicht wachsen würden; er legt dar, dass das gefühl von schmerz eine entstellung des Göttlichen Ananda, der Urseligkeit ist, die mark und leben der dinge ausmacht: die reaktion einer natur, die noch zu klein und eng ist, die wahre Lust zu ertragen. Menschenfreuden und menschenschmerzen sind gleichermaßen entstellungen der göttlichen ekstase. Der bruch im dasein kann nicht geheilt werden, außer durch die herabkunft von Göttlichkeit in eine menschliche form, wo sie die menschliche bürde trägt, bis hinunter in die tiefen des Vorbewusstseins, und dort das Licht erweckt. Dies ist Sawitris aufgabe: sie ist eine meisterbildnerin der großen baukunst im lebensplan, und rechtfertigen wird sie des menschen ablehnung von schicksal und tod, und seinen willen, zu überwinden. Sie wird ihre sendung nicht aufgeben, und niemand wird dasein, der ihr helfen kann: ihr mächtiges selbst wird allein sich und dem Schicksal überlassen sein. Schicksal, das heißt die im Unwissen sich herausarbeitende wahrheit, unterliegt immer der veränderung durch die strebende natur und den entschlossenen willen; und Sawitri ist auf den ruf der menschlichen sehnsucht die antwortende stimme, die auf erden den urgesang ewiger liebe einführt.

So ist sie allein gelassen in ihrem menschlichen stand, wird eine beute von zweifel, schwäche, hoffnungslosigkeit und dem

Einführung in Sawitri 221

verlangen, den kampf aufzugeben: dann gehorcht sie einer göttlichen Stimme, tief innen zu suchen. Sie übt spontan und intensiv joga; die innere beschaffenheit der welt und deren wirkungsweisen lernt sie kennen, entdeckt völlig ihre eigene wahre seele. Dann erfährt sie das Nirwana, das allverneinende Unbedingte. Schließlich wird sie bereit, das positive, allbejahende Unbedingte dem abgrund aufzuerlegen und zu siegen.

> *The cosmos flowered in her, she was its bed.*
> *She was Time and the dreams of God in Time;*
> *She was Space and the wideness of his days.*
> *From this she rose where Time and Space were not;*
> *The superconscient was her native air,*
> *Infinity was her movement's natural space;*
> *Eternity looked out from her on Time. (557)*

> Der kosmos blühte in ihr, sie war sein beet.
> Sie war die Zeit und die träume Gottes darin;
> sie war seiner tage weite und war der Raum.
> Von da stieg über Zeit und Raum sie hinaus;
> das Überbewusste ward ihre heimatluft,
> das Unendliche ihr natürlich bewegungsfeld;
> das Ewige blickte aus von ihr auf die Zeit. (505f)

Sie weiß, Schicksal ist wahl der seele, getroffen um des eigenen wachstums willen, und sie ist bereit für das volle maß, den vollen einsatz – und die wende. Als das jahr um ist, wird Satjawan ihr genommen, und die urverweigerung, Tod, steht vor ihr.

III. Der Sieg

Sie folgt dem Tod und ihrem gatten; sie kehrt nicht um. Auf der langen reise ist sie ruhig, unerschütterlich und fest, getragen von ihrer göttlichen sendung und ihrem inneren licht, das unumschränkte kraft ist. Die absolute kälte des Todes kann nicht an ihre flamme rühren, seine verneinung ist zutiefst machtlos gegen ihr bejahendes wesen. Immer wieder versucht er sie zurückzuschicken, in ihrem herzen die alte verzweiflung und schwachheit zu wecken – umsonst. Er macht ihr zugeständnisse; doch genügen sie ihr nicht, sie will alles. Sie folgt ihm; tatsächlich aber führt sie und ist der meister; sie streitet mit ihm, widerlegt alles, was er vorbringen kann, die ganze alte geschichte von begrenzung, scheitern, verfallen an die allzu gewaltige finsternis. Sie weiß, das dunkel ist nur die zeitweilige hülle des Lichts; sie weiß, Tod selbst ist ein helfer des Göttlichen und des immerwährenden, unendlichen, ewigen Lebens: er spornt die menschen an, ihre wahre natur und ihre unsterblichkeit zu suchen und zu finden. Sie sagt es ihm, und endlich hat er keine erwiderung mehr; er kann sie nur noch herausfordern, ihre größere macht zu zeigen, die volle natur der Gottheit zu offenbaren, wenn sie wahrhaft eine Verkörperung ist. Dies tut sie, und sie richtet auf ihn ihr unduldsames, unerträgliches licht und feuer: er ist bezwungen und weicht ins leere dunkel zurück und verschwindet. Jedoch wird er weiterbestehn, weil er noch nötig ist –

Live, Death, awhile, be still my instrument (666)

Lebe, Tod, eine weile, mein werkzeug noch (605)

sagt Sawitri zu ihm –, aber seine zweitrangigkeit und endgültige niederlage ist besiegelt. Sawitri hat Satjawan zurückgewonnen. Da richtet Nacht, Tod und Finsternis sich auf und strahlt mit seinem anderen antlitz von immerwährendem Tag, Leben und Licht. Mit ausbrüchen herrlichster lockung sucht er das werk der Mutter zu vereiteln oder aufzuhalten: er sucht Sawitri zu überreden in der himmelswelt zu bleiben, erde und menschheit langsam in der alten weise sich entwickeln zu lassen und nicht zu streben, zwei von natur getrennte dinge zusammenzubringen. Sie aber ist für größere natur geboren, ein alles einschließendes leben, und den himmel hat sie nicht verlassen, bloß um zurückzukehren. Die erde muss selbst himmel sein, muss göttlich werden. Nicht einmal mit Satjawan zusammen will sie ein leben annehmen, das die menschheit ohne hoffnung lässt. Auf erden muss ihre liebe sich erfüllen. Auf erden werden die großen dinge vollbracht, die wahren schlachten gewonnen und die vorstöße gemacht. Noch höher wird sie entrückt und vor die wahl gestellt, in die ewige ekstase über der schöpfung sich zurückzuziehen. Sie hört den ruf von der erde und lehnt ab. Und verzichtend hat sie in wahrheit mit der stimme des Höchsten gesprochen, und die letzte gutheißung wird erteilt. Denn die göttlichen absichten müssen und werden sich verwirklichen, die göttliche seinsoffenbarung muss vollständig werden.

> O Savitri, thou art my spirit's Power,
> The revealing voice of my immortal Word,
> The face of truth upon the roads of Time
> Pointing to the souls of men the routes to God...
> Some shall be made the glory's receptacles
> And vehicles of the Eternal's luminous power.
> These are the high forerunners, the heads of Time,
> The great deliverers of earth-bound mind,
> The high transfigurers of human clay,
> The first-born of a new supernal race...
> Even should a hostile force cling to its reign
> And claim its right's perpetual sovereignty
> And man refuse his high spiritual fate,
> Yet shall the secret Truth in things prevail...
> Even the multitude shall hear the Voice
> And turn to commune with the Spirit within
> And strive to obey the high spiritual law...
> Intuitive beams shall touch the nature's peaks,
> A revelation stir the nature's depths...
> The frontiers of the Ignorance shall recede,
> More and more souls shall enter into light,
> Minds lit, inspired, the occult summoner hear
> And lives blaze with a sudden inner flame...
> Thus shall the earth open to divinity...
> Nature shall live to manifest secret God,
> The Spirit shall take up the human play,
> This earthly life become the life divine. (703-711)

O Sawitri, du bist meines spirtes Macht,
die kündende stimme meines unsterblichen Worts,
der Wahrheit antlitz auf den wegen der Zeit
weisend den menschenseelen die pfade zu Gott...
Ein paar werden dann gefäße der glorie
und träger der leuchtenden macht des Ewigen.
Dies sind die hehren vorläufer, häupter der Zeit,
die großen befreier erdgebundenen geists,
die hohen umgestalter menschlichen lehms,
die erstgebornen neuer himmlischer art...
Und sollt an ihr reich sich klammern feindliche kraft
und fordern bleibende vorherrschaft ihres rechts
und der mensch verschmähn sein hohes spirtliches los,
obsiegt die geheime Wahrheit in dingen doch...
Sogar die vielen werden die Stimme hören
und mit dem Spirt zu verkehren nach innen gehn,
sich mühn zu folgen spirtlich hohem gesetz...
Eingebungsstrahlen werden treffen die höhn,
enthüllung wird aufrührn die tiefen ihrer natur...
Zurückweichen werden weit des Unwissens schranken,
immer mehr seelen werden schreiten ins licht,
inspirierte geiste hörn den okkulten boten,
leben in jähem inneren feuer loh'n...
So wird sich die erde öffnen der göttlichkeit...
Natur wird offenbaren geheimen Gott,
der Spirt wird übernehmen das menschliche spiel,
dies irdsche leben werden ein göttlich leben. (630-644)

Sawitri and Satjawan kehren auf die grüne erde zurück und wandern im dämmerlicht durch die wälder heim. Ihre arbeit ist getan, und alles beginnt gerade; sie lebt in liebe, und die nacht hegt in der brust einen größeren tag.

IV. Die Zukunft

SAWITRI ist ein sinnbild und ein gleichnis, verheißung des wachsens vom Dunkel zum Licht, vom Unwirklichen zum Wirklichen, vom Unwissen zum Wissen, vom Tod zur Unsterblichkeit. Es ist lang, weil es voll ist: es ist durch und durch von leben und tiefer bedeutung erfüllt, über jede andere dichtung der welt hinaus.

Es ist der ausdruck von etwas, das jetzt unter uns gegründet und am werk ist, zwar menschliche mitarbeit erfordert, jedoch auch ohne sie gelingen wird. Die ausfaltung des eingefalteten Göttlichen (involution – evolution) geht weiter. Mit der ankunft der menschheit ist selbstbewusstsein gekommen, also muss sie mitarbeiten: will die menschheit sich weiter entfalten, so muss sie dies wählen. Die zeit für die wahl ist jetzt und nicht später. Die menschheit kann sich an ihre entartung und ihr unvermögen klammern, oder sie kann sich dem Göttlichen zuwenden. Sie kann Wahrheit haben, oder den abgrund; ihr kann fortdauernde und wachsende größe eignen, oder sie kann untergehn. Ob sie ein erfolg sein wird oder ein versager, das entscheidet sich jetzt. Eines steht fest: die menschheit ist ein zwischenglied und nicht der gipfel des daseins. Glorreich ist ihre aussicht; um aber einzulösen, was sie zutiefst verspricht, muss sie ihre ichhaftigkeit und ihr einverständnis mit dem dunkel aufgeben.

Wie schwierig des menschen wachstum zu etwas größerem auch sein mag – mit sehnsucht, glauben, aufrichtigkeit, anstrengung und geduld ist es möglich. Denn die hilfe ist da, und

All can be done if the god-touch is there. (3)

Alles kann werden wo Gottes atem weht. (3)

Doch mit oder ohne menschliche mitarbeit geht das werk voran, mit oder ohne den glauben und die einwilligung der menschheit. Glaube ist nötig und ein wille, sich zu wandeln: überantwortung an die Mutter und übereinstimmung des persönlichen willens mit dem Willen des Göttlichen. Das geschieht nicht auf einen schlag; doch kann jetzt, in dieser Stunde Gottes, eine ehrliche bemühung wunder wirken. Wir befinden uns tatsächlich in einem neuen Zeitalter, und

> *A few shall see what none yet understands;*
> *God shall grow up while the wise men talk and sleep;*
> *For man shall not know the coming till its hour*
> *And belief shall be not till the work is done.* (55)

> Ein paar werden sehen was noch keiner begreift;
> Gott wächst heran wenn die weisen reden und schlafen;
> denn vor der zeit wird der mensch nicht wissen was kommt
> und glaube wird nicht sein bis das werk getan. (40)

ANHANG

DEUTSCHPROBLEME: EINSICHTEN UND AUSBLICKE

Jetzt aber tagts! Ich harrt und sah es kommen,
Und was ich sah, das heilige sei mein wort.[1]

⚜

... so kam
Das Wort aus Osten zu uns...[2]

⚜

Kommt, eine fremdlingin sie,
Zu uns, die erweckerin,
Die menschliche stimme.[2]

⚜

... denn es gilt ein anders
Zu sorg und dienst den dichtenden anvertraut!
Der Höchste, der ists, dem wir geeignet sind,
Dass näher, immerneu besungen
Ihn die befreundete brust vernehme.[3]

Aus Gedichten von Friedrich Hölderlin (1770-1843):
[1] ›Wie wenn am Feiertage‹
[2] ›Am Quell der Donau‹
[3] ›Dichterberuf‹

Ein Gespräch mit der Mutter über zwei deutsche Wörter

26. Juni 1965

S: Ich möchte Dir ein kleines problem unterbreiten. Ich wäre froh, wenn Du mir einen hinweis geben oder Sri Aurobindo fragen würdest. Es geht um die übersetzung gewisser wörter ins deutsche: das wort *Mind* und das wort *Spirit*.
Mutter: Nun denn?
S: Die deutschen übersetzer können sich darüber nicht einigen.
Mutter: Ja, ich weiß.
S: Seit langem stehe ich mit C. in verbindung wegen der übersetzung dieses buches über Sri Aurobindo. Er hat viel darüber nachgedacht – ich auch – und schließlich hat P. einen vorschlag gemacht. Das wort, das im deutschen für Spirit verwendet wurde, Geist, wird in beliebiger weise gebraucht, vor allem natürlich, um Mind zu bezeichnen – auch im französischen ist ja seine anwendung sehr unbestimmt; deshalb schlägt P. vor, das wort Geist für Mind beizubehalten. Doch bleibt dann kein wort für Spirit. Es gibt im deutschen zwar ableitungen von Spirit: spirituell, spiritualisten usw. Folglich schlägt P. vor, der Spirit zu verwenden. Was sagst Du dazu?
Mutter: Doch es ist nicht gesagt, dass sie es annehmen werden.
S: Wenn das wort schon in dieser übersetzung eingeführt wird und dies buch eine genügend große leserschaft findet, kann es eine grundlage dafür werden, dass man es annimmt.
Mutter: Aber C. will den Spirit nicht?
S: Er ist ein wenig zurückhaltend. Er wendet ein, es sei ein lateinisches und kein deutsches wort.
Mutter: Und die deutschen verwenden also für Spirit und für Mind dasselbe wort?
S: Ja, Geist.
Mutter: Das geht nicht, *Geist geht überhaupt nicht – für Mind passt es gut*.
S: Ja, das war auch mein gefühl: Für Mind passt es gut,

zumal man dann für Supermind sehr gut *Übergeist* sagen könnte.

Mutter: (Gibt sogleich und ohne zu zögern mit einer kopfbewegung ihre zustimmung.)

Was werden die menschen der zukunft sprechen!?

Alle diese sprachen sind armselig. Es gibt nichts besseres... Es ist *ein notbehelf*.[1] Aber auch im französischen ist alles, was man sagt, nur eine annäherung. Man entwickelt seine eigene sprache und ist der einzige, der sie wirklich versteht...

S: Wenn man ein neues wort aufgreift, muss es vor allem kraft haben.

Mutter: Wörter wie TAT, SAT, TSCHIT sind kraftvoll.... Man kann nur *Spirit* vorschlagen.

Sri Aurobindo über Neuwortprägungen

Wenn man ein neues wort prägt, muss man's drauf ankommen lassen. Ist das wort richtig gebildet und nicht hässlich oder unverständlich, scheint mir das wagnis in ordnung.[2]

---

1. Die eindeutschung *Spirt* (sprich: Schpirt) scheint manchen mehr als ein »notbehelf«, auch hat es größere kraft. (a.d.ü.)

2. Aus dem Briefwechsel mit Nirodbaran

Geist und Spirit

Bist du beschränkt, dass neues Wort dich stört?
Willst du nur hören, was du schon gehört?
Dich störe nichts, wie es auch weiter klinge,
Schon längst gewohnt der wunderbarsten Dinge.

Goethe, FAUST II

Die übersetzung der englischen wörter *Spirit* und *Mind* stellt die übersetzer vor große schwierigkeiten, und verschiedene wege diese zu lösen oder zu umgehen sind eingeschlagen worden. Jeder entspricht einer strömung in der sprache, wie sie heute gebraucht wird, oder einer möglichkeit, die in ihr schlummert. Denn die sprache ist kein geschlossenes begriffssystem, und sie hat nie aufgehört, sich zu entwickeln, weil sie ein geschmeidiges gefäß des wachsenden bewusstseins ist.

Dem leser, der sich in diese wort- und bewusstseinsgeschichte vertiefen möchte, empfehlen wir Jean Gebsers werk URSPRUNG UND GEGENWART, aus dem wir hier nur weniges zitieren möchten:

»Anfänglich besteht kein Unterschied zwischen den Inhalten der Wörter *Seele* und *Geist*; sie bezeichnen dasselbe. Eine deutliche Unterscheidung tritt erst mit dem Beginn des mentalen Denkvermögens ein; in Griechenland mit Anaxagoras und Parmenides, in dessen Axiom ›Denken und Sein ist daselbe‹ es seine Formulierung findet. *Dem damals neugewonnenen und damit höchsten Vermögen des Menschen wurde Geistcharakter zugesprochen: dieses Vermögen ist eben das Denken*, das ›noein‹, der Nous. Wir wissen, dass es ein seelisches Vermögen ist, in der mentalen Struktur das ›höchste‹ seelische Vermögen, das sich im Verlauf der weiteren Bewusstwerdung immer stärker emanzipiert: so nimmt es nicht wunder, wenn schließlich sogar die Ratio (beziehungsweise der Intellekt) als Geist angesprochen wird, wie es beispielsweise durch Klages geschehen ist. Es ist auch nicht verwunderlich, wenn die philosophische und religiöse, vor allem die christliche Spekulation dieses neue Vermögen entweder in den Kosmos projiziert und hineinspiegelt oder dort tatsächlich eine diesem neuen menschlichen Vermögen, dieser neuen menschlichen Mächtigkeit entsprechende Mächtigkeit wiederzufinden glaubt: es ist die Geburt des *pneuma hagion, des Heiligen Geistes* des Neuen Testamentes, von dessen psychischer bedingtheit wir bereits gesprochen haben. Und ihm entspricht weitgehend die *mens divina,* der spiritus sacer und der *animus divinus,* der *göttliche Weltgeist* des Cicero, der nicht nur von Seneca übernommen wurde, sondern auch von den Kirchenvätern, vor allem von Augustin.«

Gebser macht nun einen »grundlegenden Unterschied zwischen *Geist* und dem *Geistigen*«, und er schreibt, »dass im Ganzen gesehen das Phänomen Geist die Spiegelung des Urprinzips, des Geistigen, sei.«
Das meint offenbar auch Sri Aurobindo:

»Die christen sehen Gott oberhalb des geistes (mind), aber obgleich oberhalb des geistes, dennoch als *im geist gespiegelt.*« (MOTHER INDIA, Jan. 70)

Gebser führt aus:

»Wir sprechen besonnenerweise vom *Geistigen* und nicht etwa einfach von *Geist.* Unsere Ausführungen habe ersichtlich gemacht, dass der Begriff *Geist* durch die Ausdrucksweisen der bisherigen Bewusstseinsstrukturen, sei es erlebnismäßig, sei es bild- oder vorstellungsmäßig, derart vielaspektig besetzt ist, dass diese quantitive Aspektierung der sauberen Umschreibung dessen, was Anliegen des Himmels und der Erde, Gottes und des Menschen ist, die Wahrgebung versagen muss.«

»Welche Schwierigkeiten das Geistproblem der Philosophie gemacht hat, geht aus ihren *vielfältigen und vieldeutigen Interpretationen* hervor, die sich in ihren Spekulationen spiegeln.«

Bezüglich der Theologie:

»Der Entscheid über die *Unterordnung des Geistes unter den trinitären Gott* erfolgte auf dem Konzil von Nicäa im Jahre 325 n. Chr.«

Die unterscheidung Gebsers zwischen *Geist* und dem *Geistigen* genügt für unsere zwecke allerdings nicht.–

Auf welch interessante weise die deutsche sprache zu ihrem christlichen *heiligen geist* gekommen ist, schildert Prof. Hans Eggers in seiner DEUTSCHEN SPRACHGESCHICHTE.

»Dieses Wort (heilig) ist nun sicher aus Altenglisch *halig* entlehnt und hat sich vom angelsächsischen Missionsgebiet aus rasch über alle deutschen Dialekte verbreitet. Einer der Gründe mag gewesen sein, dass die fränkische Kirche dem gotisch-süddeutschen *wîh* Widerstand entgegensetzte. Aber entscheidend war doch wohl das Vorkommen des Wortes in der festen Verbindung lat. *spiritus sanctus*: altengl. *sé hálga gást*, das in der Form *der heilago geist* ins Althochdeutsche übernommen wurde. Das in Süddeutschland dafür geltende und ältere *der wîhe âtum* musste der neuen Formel weichen, die sich rasch durchsetzte. Die gründe dafür kann man vermuten. Die wörtliche Übersetzung von spiritus durch âtum ›Atem‹ gibt ständig zu Verwirrungen Anlass. Die Alltagsbedeutung ›Hauch, Atem‹ drängt sich irritierend vor, und es ist *höchst ungeschickt, ein so viel gebrauchtes Alltagswort* in christlicher Terminologie *in einem völlig anderen, sehr prägnanten Sinne zu verwenden*. Das Wort ahd. *geist* dagegen, ursprünglich ›Gespenst, Geist, übersinnliches Wesen‹ bedeutend und, wie es scheint, in den vordeutschen Dialekten fast nicht mehr gebraucht, konnte desto leichter nach angelsächsischem vorbild die christliche Bedeutung annehmen.«

Im Kapitel »Gelehrte Angelsächsische Einflüsse« lesen wir,

»dass es sich keineswegs um einfache Entlehnung von englischen Wörtern handelt. Sie wurden vielmehr auf englische Anregung hin aus deutschem Sprachmaterial neu gebildet.«

Und prägnant zusammengefasst:

»Die Übersetzung von *spiritus sanctus* durch *heilag geist* ist ja... eines der ganz wenigen *angelsächsischen Importstücke*, das sich in überraschend schnellem Siegeszug sofort über das gesamte deutsche Sprachgebiet verbreitete. *Geist* hat... in heidnischer Zeit vermutlich »die geistige Gestalt des Menschen‹ bedeutet, die nach germanischer Vorstellung den schlummernden Leib verlassen konnte. Von dieser Grundlage aus ist eine Bedeutungserweiterung zu ›Spuk, Schreckgespenst‹ und andererseits zu ›Schutzgeist‹ möglich. Da ist also schon in den heidnischen Vorstellungen eine gewisse Anwendungsbreite gegeben, die die Übernahme der Lehnbedeutungen des christlichen *spiritus* erleichtert. Es kommt dazu, dass das Wort im deutschen Sprachgebiet anscheinend zwar noch bekannt, aber fast außer Gebrauch gekommen war. Sein heidnischer Vorstellungsgehalt war mithin schon stark verblasst, und desto leichter konnte es sich mit dem neuen christlichen Inhalt füllen.«

Erwähnenswert ist auch, dass das wort *der Spirit* im DUDEN und im KNAUR als deutsches wort gebracht wird, in ungefähr der bedeutung, die das althochdeutsche *geist* im 9. jahrhundert hatte. Dass es bekannt (auch von *spirituell* her) und kaum gebräuchlich ist, hat es ebenfalls mit dem *geist* von damals gemein.

Dass wörter ihren sinngehalt durch die zeiten ändern, ist

bekannt. Beim *geist* drückte sich das am deutlichsten an den häufigen änderungen seines adjektivs aus, die, mit neuem sinn (oder dem »eigentlichen«, alten) erfüllt, auf das substantiv zurückstrahlen und es somit wieder aufwerten sollten, von *geistreich* und *geistlich* bis zum modernen *spirituell*. (Ob letzteres allerdings diesen zweck erfüllen kann, darf bezweifelt werden; es ist ja kein adjektiv von geist und also ein klares eingeständnis dafür, dass *geist* dessen sinn nicht oder nicht mehr tragen kann.)

Professor Ernst Benz hat in einem brief u.a. folgendes geschrieben:

> »Das von Ihnen erwähnte Übersetzungsproblem ist in der Tat für die deutsche Sprache, soweit ich sehe, unlösbar. Hegel hat es für sich privat nur dialektologisch gelöst, indem er den Logos als *Geist*, den Heiligen Geist auf gut schwäbisch als *Gaischt* bezeichnete. Aber das kann man literarisch nicht festhalten – obwohl ja Heidegger in einer ähnlichen Situation dem Seyn neben dem Sein zu seinem Erstgeburtsrecht verholfen hat. Nun hat Hegel für die deutsche philosophische Sprache schon die Identifikation von Geist und Vernunft vollzogen, und niemand wird es im nachhegelschen Zeitalter mehr gelingen, diese beiden Begriffe auseinanderzudividieren...«

Jean Gebser bedauert die »Identifizierung von Geist und Intellekt« bei Th. Lessing und Klages. Eine solche kommt auch für uns nicht in betracht; denken wir nur an die vielen und weiten bedeutungen, die Sri Aurobindo dem wort *mind* gegeben hat, z.b. *mind of God, eternal mind, spirit of mind, God-mind, mind and form, mind and matter, ear of mind* und viele andere.

Geht nun nicht aus alledem die zuordnung *Mensch-Geist, Übermensch-Übergeist* klar hervor? Diesen wortgebrauch als »falsch« zu bezeichnen, dürfte jedermann fern liegen. Dass Die Mutter dazu ausdrücklich ihre sanktion erteilt hat, mag den einen oder anderen auch nicht unbeeindruckt lassen, zumal es nahe gelegen hätte, nachdem der fragesteller auf die analogie zur französischen situation hingewiesen hatte, einen gleichen rettungsversuch für *geist* zu empfehlen, wie er bei *ésprit* durchgeführt worden war. Es ist nun aber eine tatsache, dass im französischen *ésprit* weder in den geistes- noch in den naturwissenschaften die weite und klare verwendung findet wie *geist* im deutschen.¹ Es ist also kein widerspruch, wenn Die Mutter zu *geist* als übersetzung von *spirit* gesagt hat: »Das geht nicht. Geist geht überhaupt nicht – für *mind* passt es gut.«

Nun mag das wort *Spirt*², das einige übersetzer in entsprechung zu jener tat der angelsächsischen und altdeutschen pioniere eingeführt haben, nicht jedem auf anhieb gefallen:

»Gute Neuwörter haben immer dasselbe Schicksal; in den ersten zehn Jahren werden sie verlacht, in den nächsten zehn Jahren aufgenommen und in weiteren zehn als selbstverständlich empfunden.« (Ludwig Reiners, STLKUNST)

Und zum abschluss nochmals Goethe:

»Die Gewalt einer Sprache ist nicht, dass sie das Fremde abweist, sondern dass sie es verschlingt.«

---

1. Z.b. schreibt Erich Neumann: »Manas, menos, mind usw, stellt die *Geist*-Wurzel par excellence dar.«
2. *Spirit* wird zu *spirt*, entsprechend der entwicklung von *prosit* zu *prost*. Der alkoholische *sprit* kommt von *ésprit* und braucht mit *spirt* ebensowenig verwechselt zu werden wie *frost* mit *forst*.
Im rätoromanischen (in der Schweiz) wurde *spirit* zu *spiert*.

Sri Aurobindo Großschreibung

Sri Aurobindo verwendet die majuskeln, die großbuchstaben so, wie es auch im deutschen bis ins 18. jahrhundert möglich und üblich war; damals wurden sie für sogenannte hauptwörter vorschrift, und erst im 19. jahrhundert wurde die großschreibung festgrammatikalisiert.[1] Sie verbreitete sich im 16. jahrhundert für eigennamen und damit verknüpfte bezeichnungen, auch solche der ehrerbietung, sowie für kollektive und für heilige begriffe. So wurden seit der frühen neuzeit die sinntragenden wörter hervorgehoben (zunehmend auch, um das schriftbild zu schmücken). Als der begriff des hauptworts zu einer orthografischen kategorie gemacht wurde, blieb ihm sein schwankender charakter anhaften. Der bedeutende sprachforscher Prof. Dr. Hans Glinz erklärte die derzeitige großschreibung für *wissenschaftlich unhaltbar*, ja sprachwidrig. Heute ist es allein das deutsche, das noch daran festhält. (Alle andern sprachen haben diese verirrung überwunden, z. b. Dänemark noch 1948 – ohne probleme.) Heute lässt sich bei den schreibenden eine deutliche tendenz zur minuskel feststellen. Es bleibt zu hoffen, dass auch bei uns *die ausdrucksmäßige großschreibung mit der freien möglichkeit zu großbuchstaben, die dem darstellungsbedürfnis des schreibenden gerecht wird*, sich wieder durchsetzt, »*eine großschreibung, einfach genug für den schüler und praktiker, und zugleich für den dichter und philosophen schmiegsam genug*«. (Hans Glinz)

Will Sri Aurobindo mit einem wort etwas besonderes ausdrücken, etwas überindividuelles, kosmisches oder transzendentes, auch namen, dann schreibt er dies wort oft groß. Diese möglichkeit müssen wir auch in der übersetzung offenhalten und schreiben daher ein wort im text nur dann groß, wenn es in solcher weise, innerlich begründet, zu einem hauptwort wird.

---

1. Siehe für diese und andere hier verwendete informationen Prof. Dr. Hugo Moser: GROSS- ODER KLEINSCHREIBUNG? (Dudenverlag 1958)

Zur Übersetzung

In seinem aufsatz ON TRANSLATING KALIDASA spricht Sri Aurobindo von der wahl des versmaßes, die der übersetzer zu treffen hat und die für das gelingen seiner arbeit entscheidend wichtig ist. »Wenn das richtige versmaß kommt, kommt alles andere auch richtig.«

Aber: »In der dichtung wie in allen anderen erscheinungen ist es der spirt, der am werk ist, und die form ist lediglich ausdruck und werkzeug des spirts.«

»Muss das richtige metrum dasselbe sein wie das des urtextes? Auf den ersten blick scheint es so. Doch kompliziert sich die frage durch die tatsache, dass die gleiche anordnung von längen oder betonungen in zwei verschiedenen sprachen sehr selten den gleichen spirtlichen und gefühlsmäßigen wert hat. Der hexameter, wie geschickt er im englischen auch gehandhabt wird, hat nicht den gleichen tonwert wie der homerische; der englische alexandriner gibt nicht den französchen wieder; terzinen klingen im latinisierten sächsischen ganz anders als der edle gang der *Divina Commedia*; der starre deutsche blankvers von Goethe und Schiller ist nicht die goldene Shakespeare'sche harmonie...«

»Dem übersetzer bleibt einzig, sich in den urtext zu versenken, indem er in sich überwindet, was mit dessen spirt nicht übereinstimmt, und innerlich der richtigen metrischen stimmung gewärtig zu sein. Bekommt er das richtige versmaß zu fassen, so hat er alle aussicht – sein dichterisches vermögen vorausgesetzt – eine übersetzung zu schaffen, die nicht nur klassisch, sondern *die* übersetzung sein wird.«

Soviel zum grundsätzlichen des übersetzens. Dass auch eine bestmögliche übertragung von SAWITRI keinesfalls den urtext ersetzen könnte, haben die ausführungen über das mantrische dieser dichtung in den vorstehenden beiträgen dem leser gewiss klargemacht.

Was das äußerlich handwerkliche des in dieser übertragung verwendeten blankverses betrifft, so braucht sich der leser kaum gedanken darüber zu machen. Es genügt, sich unbefangen einzulesen und vom strom des rytmus forttragen zu lassen. Doch sei für den daran interessierten das wichtigste hier angemerkt; Jede zeile besteht aus fünf versfüßen. Der jambus (˘ −) wird mit anderen beliebig variiert: trochäus (− ˘), anapest (˘ ˘ −), daktylus (− ˘ ˘), pyrrhichius (˘ ˘), spondäus (− −). Der letzte fuß der zeile kann um eine zusätzliche senkung (˘) verlängert werden, so dass aus einem jambus ein amphibrachys wird (˘ − ˘) und aus einem anapest ein päon (˘ ˘ − ˘).

Dieser neue deutsche blankvers hat sich während der langjährigen übersetzungsarbeit an dem gedicht − die vorliegende fassung ist die siebte − nach und nach eingestellt.

Satzzeichen: Die kommas sind auf ein mindestmaß beschränkt: sie dienen einzig dem *sinn*, den eine häufung von einschnitten oft nur verschleiern würde; relativsätze werden meist nicht durch komma abgetrennt.

Rechtschreibung: Eine kleine zahl von wörtern wird um einer inneren schönheit und richtigkeit willen auch dann eindeutschend geschrieben, wenn die wörterbücher es noch nicht tun. Diese dinge sind ja, wie alles sprachliche, stets im fluss. (ph für f, th für t, rh für r sind nicht nicht nur undeutsch, sondern auch ungriechisch.) Im übrigen werden hier einige der orthografischen neuregelungen befolgt, z.b. ›ß‹ nur nach langem vokal und nach doppellaut, das zusammentreffen dreier gleicher buchstaben, sinnvollere worttrennung u. ä. Unabhängig von politischen und wirtschaftlichen zwängen und von gewohnheiten gibt es auf allen ebenen der sprache eine innere wahrheit, und je mehr diese gewährleistet ist, desto durchlässiger für die höheren schwingungen wird der ausdruck und kann zum gefäß des *mantras* werden.

Worthinweise

Agni: die gottheit des Feuers; der göttliche wille, inspiriert von göttlicher Weisheit, ja eins mit ihr; die tätige und wirksame macht des Wahrheitsbewusstseins

Ananda: das wesensprinzip der wonne, eine selbstseligkeit, die die eigentliche natur des überseienden (transzendenten) und allheitlichen (universalen) seins ist

Ausfaltung: evolution, die fortschreitende selbstoffenbarung (manifestation) der Natur im menschen, folgend auf die einfaltung (involution) des Göttlichen

Ästhesie: empfindungsvermögen; reaktion des bewusstseins, geistig, lebentlich und körperlich, das ein bestimmtes element in den dingen empfängt, das ihr geschmack genannt werden kann, *Rasa*, welcher, durch den geist oder die sinne oder beides gehend, eine lebentliche freude am geschmack weckt, *Bhoga*, was uns weiter erwecken kann, sogar die seele in uns, zu etwas noch tieferem und grundsätzlicherem als der genießenden freude, zu einer form von des Spirtes daseinswonne, *Ananda*

Brahmā: Die Macht des Göttlichen, die durch das Wort die welten erschafft: die schöpferische Gottheit; des Ewigen seinspersönlichkeit

Brahman: das heilige oder eingespirtete (inspirierte) wort; das *Mantra* in seinem tiefsten aspekt als ausdruck der eingebung, die aus den tiefen der seele oder des wesens aufsteigt; das Wirkliche, Ewige, Unbedingte, der Spirt, das Höchste Wesen

Einspirtung: Inspiration

Joga: vereinigung mit dem Selbst, dem Spirt, dem Göttlichen; spirtliche übung und selbstzucht, die diese vereinigung möglich macht

Lebentlich: zur Lebenskraft gehörig, ›vital‹

Mantra: wirkmächtige sprache als ausdruck einer enthüllten schau und seherischen denkens

Psychisch: gemeinhin etwas zum inneren geist, lebentlichen oder physischen gehöriges; übersinnlich

Rasa: geschmack, wesenhafte empfindung
Sadhana: übung des Joga
Schakti: der weibliche aspekt der Gottheit, die Bewusstseinskraft
Spirt, spirtlich: eindeutschung von Spirit, spirituell; daraus einspirten, einspirtung, spirtlichkeit, verspirtlichen

Das WORT von Sri Aurobindo und der Mutter
in deutscher Sprache[1]

Sri Aurobindo:
Das dichterische Gesamtwerk:
1) DIE SCHAUSPIELE (563 s.)
2) SÄMTLICHE GEDICHTE (540 s.)
3) SAWITRI (680 s.)

DAS GÖTTLICHE LEBEN IM WERDEN (307 s.)
BRIEFWECHSEL MIT NIRODBARAN (360 seiten, von denen über 70 der dichtung und dem dichten gewidmet sind)
DIE MUTTER (83 s., zweisprachig, kalligrafiert)
EIN JAHRHUNDERT DES LICHTS UND DES WIRKENS (44 s.)

Die Mutter:
GEBETE UND MEDITATIONEN (291 s.)
LEHRGESPRÄCHE UND WORTE DER LIEBE (200 s.)
AUF DEM WEG NOTIERT (339 s.)
WEISSE ROSEN (109 s.)
DIE HÖCHSTE ENTDECKUNG (19 s.)

Sri Aurobindo und die Mutter:
GEDANKEN UND APHORISMEN, MIT ERLÄUTERUNGEN DER MUTTER
(434 s.)
BOTSCHAFTEN UND VERWIRKLICHUNGEN, EINBLICKE IN IHR KOSMISCHES WERK (72 s.)
ÜBER DIE LIEBE (83 s.)

Gesamtverzeichnis und Bestellungen:
SABDA, Sri Aurobindo Ashram
Pondicherry 605 002, India

---

1. Bei der arbeit an diesen werken ist es ein hauptanliegen der übersetzer gewesen, etwas von der mantrischen schwingung der urtexte ins deutsche hereinfließen zu lassen.